한 권으로 끝내는 상속과 증여

법무법인 화우 전문 변호사들이
알기 쉽게 풀어주는 최신 지식과 노하우!

한 권으로 끝내는

상속과 증여

양소라 · 허시원 지음

SAY KOREA

추천의 글

상속과 증여는 우리 삶의 후반부에 많은 고민과 어려움을 안겨주는 숙제다. 단순히 기술적인 방법과 절차가 아니라, '평생 일궈온 인생을 어떻게 마무리하고 기업의 발전적 영속성을 모색할까'라는 삶의 문제다. 자산관리 실무 경험이 풍부한 변호사들이 상속과 증여에 관련된 거의 모든 상황을 알기 쉽게 정리한 이 책은 모든 생활인의 교양서이자, 나아가 전문가들에게도 총체적으로 지식을 정리하는 데 긴요한 필독서가 되리라 믿는다.

_김덕중, 전 국세청장

우리나라는 인구의 20% 이상이 65세를 넘는 초고령사회에 이미 접어들었다. 부모로부터 물려받는 재산이 개인의 자산 형성에 기여하는 정도도 커지고 있다. '상속'과 '증여'에 대한 사전 대비가 부모와 자식 세대 모두에게 절실한 시점이다. 법률 지식과 세무 지식을 두루 갖춘 두 명의 전문가가 쓴 이 책은 빈틈없는 상속과 증여를 통해 개인의 이익을 최대화할 수 있도록 안내한다. 집집마다 한 권씩 갖춰야 할 '경제 필독서'라 할 수 있다.

_김동은, 「매일경제」 산업부 부장

우리는 자산 축적의 시대를 지나 자산 관리 및 운용의 시대에 살고 있다. 생전에는 물론 사후에도 스마트한 재산관리가 필요하게 되었다. 우리가 상속법, 신탁법 그리고 세법의 기초지식을 갖춰야 하는 이유다. 이 책은 이들 분야를 사례와 함께 쉽고 직관적이며 간결하게 소개하고 있다. 두 저자의 풍부한 실무 경험과 노하우가 빛난다. 그야말로 실용성과 접근성을 모두 품은 책이다. 재산을 효율적으로 지키고 관리하며 보존하고 싶은 모든 사람에게 적극 추천한다.

_오영걸, 서울대 법학전문대학원 교수·『신탁법』 저자

인생에서 제일 어렵고 복잡한 숙제인 상속과 증여를 한 권으로 쉽게 설명했다. 복잡한 상속·증여에 대해 법률적인 측면과 세무적인 측면을 모두 아우르면서 유언대용신탁까지 다룬 독보적인 책이다. 독자들은 이 책을 통해 상속과 증여를 미리 현명하게 계획하고 실행하는 방법을 배울 수 있을 것이다.

_오영표, 신영증권(주) 헤리티지솔루션본부장·전무

서울 요지에 있는 아파트 한 채만 물려받아도 상속세를 부담하는 시대다. 이제 상속과 증여는 일부 부유층의 고민거리가 아니라 상당수 국민들의 일상 문제가 되었다. 이런 시대에 꼭 필요한 책이 출간됐다. 두 저자가 법무법인 화우에서 상속·증여에 관한 법률 자문을 제공하며 쌓아온 노하우를 토대로 상속·증여 관련 분쟁과 세금 문제에 관하여 꼭 알아야 할 내용들을 이해하기 쉽게 풀어 썼다. 이 책에는 저자들뿐만 아니라 법무법인 화우에 소속된 최정예 전문인력들의 지식과 다양한 실무 경험도 함께 녹아 있다. 이 책만 읽어도 이제는 가까운 일상이 된 상속·증여 문제에 대해 혜안을 얻을 수 있으리라 확신한다.

_이명수, 법무법인(유) 화우 대표 변호사

후손들에게 갈등의 여지를 남기지 않는 말끔한 자산의 승계와 정리는 품위 있는 삶을 위한 중요한 요소다. 이 책은 상속과 증여 그리고 이에 따르는 세금 문제에 관심을 가진 이들을 위해, 각 분야의 최고 전문 법률가들이 쓴 입문서다. 유언대용신탁까지 소개하고 있어 자산승계 수단을 종합적으로 잘 정리했다. 무엇보다 법을 잘 모르는 일반 독자들도 이해할 수 있도록 쉽게 설명하고 있으므로, 초고령사회에서 노후를 고민하는 많은 이들에게 좋은 길잡이가 될 것이다.

_이인복, 전 대법관

서울에 집 한 채만 가지고 있어도 상속세가 나온다? 상속세나 증여세는 더 이상 소수의 부유층에만 국한된 문제가 아니다. 하지만 두려워하기보다는 어떻게 미리 준비하면 좋을지 전문가의 의견을 들어보면 어떨까. 다양한 사례를 쉽게 풀어 설명한 『한 권으로 끝내는 상속과 증여』는 고객의 자산관리를 전담하는 금융기관 종사자들에게는 필독서가, 기본 지식을 갖추고자 하는 개인 독자들에게는 훌륭한 안내서가 될 것이다. 미리 준비할수록 절세 폭도 커질뿐더러 남은 자녀 간의 분쟁도 최소화할 수 있는 만큼, 이 책을 통해 현명하게 부의 이전에 대비하길 바란다.

_최인희, 한화생명 상속연구소장

이 책은 저자들이 다년간 대형 로펌에서 다양한 사건들을 경험하며 축적한 노하우와 정확한 법지식을 바탕으로 재산을 지혜롭게 물려주고 싶은 사람들을 위해 최적의 솔루션을 제공한다. 제시된 풍부한 사례와 쉬운 설명은 사후에 자녀들이 상속재산을 놓고 싸우는 일을 막거나 과중한 상속세로 겪게 될 부담을 덜어주고 싶은 부모들부터, 부모님의 느닷없는 죽음으로 상속재산을 어떻게 처리해야 할지 막막한 자식들까지 누구라도 자신에게 맞는 해결책을 찾을 수 있도록 길잡이를 제공한다.

_현소혜, 성균관대 법학전문대학원 가족법 교수·변호사

차례 ————————————————————

1부 상속과 분쟁

1장 상속과 상속인

2부 상속·증여와 세금

1장   상속과 세금

2장   증여와 세금

들어가는 글

───── 2008년 화우에서 처음 변호사 생활을 시작한 후 우연히 상
속 사건을 맡게 되었다. 하다 보니 재미를 느껴 송무변호사로서 아
예 이 분야를 내 전문 분야 중 하나로 삼아보기로 했다. 그때만 해도
가사 분야를 전문으로 하려는 대형 로펌 변호사가 많지 않았던 터
라, 내가 나선 이후로는 화우의 주요 가사·상속 사건을 거의 도맡아
처리하게 되었다.

처음 상속 분야를 담당할 당시만 해도 유류분이나 상속재산분할
심판 사건 등 이미 발생한 상속분쟁을 처리하는 업무가 대부분이었
다. 그러나 세월이 지나며 상속분쟁을 피하면서 자산을 승계하려는
고객들에 대한 자문이 늘어났다. 그 과정에서 유언장을 작성하는 것
은 물론 유언집행자가 되어 유언을 직접 집행해 보기도 했다. 상속
과 관련한 여러 웃지 못할 에피소드도 많았다. 한번은 유족들 앞에
서 엄숙하게 망인의 유언장을 보여주고 내용을 낭독했는데, 그 자리
에서 상속인 중 하나가 내가 낭독한 유언장보다 나중에 작성된 유언

장을 꺼내 분위기가 한순간에 싸해진 적도 있다.

상속 분야를 담당할 초기만 해도 자산승계 수단으로 유언이나 사전증여, 저가매수 정도가 주요하게 활용되었는데, 유언대용신탁이 국내에 도입되면서 금융기관으로부터 유언대용신탁에 관한 질의가 늘어났다. 늘어나는 질의에 따라 약관도 쓰고 계약서도 쓰고 하다 보니, 유언대용신탁에도 관심을 가지게 되었다. 검토해 본 결과 신탁이 자산승계·관리 수단으로 활용도가 높겠다는 판단이 섰다. 실제로 실무에서 활용해 보니, 신탁을 잘만 활용하면 그동안 생각지도 못했던 기발한 방법으로 자산승계·관리가 가능했다. 신탁을 잘 몰라 주저하던 고객들의 반응도 매우 긍정적이었다.

신탁 없이는 초고령화 시대의 자산승계·관리가 불가능하다는 확신으로 국내 최고 신탁 전문가인 하나은행 전前 신탁센터장 배정식 전무님과 박현정 상무님을 영입하여 2024년 말 자산관리팀을 자산관리센터로 확장했다. 국내 최초로 유언대용신탁을 도입했을 뿐만 아니라 10만 건 이상의 신탁 상담을 진행하고 국내에서 가장 많은 신탁계약을 체결해 본 두 분의 영입으로 화우의 자산관리센터 신탁 분야에 한 획을 긋게 되었다고 생각한다. 두 분이 오신 뒤로 자산관리센터에서는 상속과 신탁 이야기만으로도 밤늦도록 대화가 끊이지 않을 정도라 개인적으로도 무척이나 즐겁다.

자산관리센터 출범 및 신탁 분야 강화 등으로 다사다난한 시간을 보내던 2024년에 이 책의 출간을 결심하게 되었는데, 이는 전적으로 동료이자 후배인 허시원 변호사 덕분이다. 세이코리아에서 상속에 대한 책을 출간하기 위해 먼저 기업조세 및 상속세 전문가인 허시원 변호사에게 연락해 왔고, 그 덕분에 나도 덩달아 책을 쓰게 된 것이다. 허 변호사는 자신은 소개만 했을 뿐 결국 책을 쓰기로 결심하게 된 것은 내 덕분이라고 하지만, 허 변호사가 없었다면 나 혼자서는 엄두도 내지 못했을 것이다.

출판사와의 첫 미팅 때 편집자님은 일반 독자들이 더 쉽게 이해할 수 있는 책을 출간했으면 좋겠다고 했다. 상속은 누구에게나 일어나는 일인데, 법률 서적 등에는 너무 어렵게 설명되어 있는 게 사실이다. 나도 그 취지에 공감해 비전문가인 일반 독자들이 가능한 쉽게 이해할 수 있도록 시간과 노력을 많이 들였다. 특히 실제 사례를 어떻게 각색할지, 법률용어를 어디까지 어떻게 풀어서 사용할지 고민되었다. 예를 들면, '피상속인'이라는 법률용어를 그대로 쓸지 아니면 좀 더 일상적인 '사망자'라는 단어를 쓸지 고민했는데, 결과적으로는 앞에 설명을 덧붙여 '피상속인'으로 표기하기로 했다.

법적으로 정확한 용어는 아니더라도 법조인이 아닌 사람이 이해 가능한 수준의 문장과 용어를 사용하려고 노력했지만, 솔직히 유류분과 구체적 상속분에 대한 장을 쓸 때는 '대체 이 주제를 어떻게 쉽게 풀어 쓰지?'라는 생각이 들기도 했다. 결국 슬쩍 법률용어를 그대로 썼다가 편집자님으로부터 날카로운 지적을 받고 대폭 수정했다. 집필을 독려해 준 세이코리아의 손성원 수석님, 편집을 맡아준 양재화 수석님이 독자의 입장에서 촌철살인 같은 많은 조언을 주었다. 두 분의 도움이 없었다면 이 책을 출간하기 어려웠을 것이다. 최선을 다했지만, 그럼에도 불구하고 독자분들이 이해가 안 되는 부분이 있다면, 책 구매 영수증을 첨부해 개인 이메일(sryang@hwawoo.

들어가는 글

com)로 문의를 주시면 1회에 한해 AS를 해드리겠다.

또한 이 책의 출간에 도움을 주신 고마운 분들로 화우의 현 경영진인 이명수 대표님, 강영호, 시진국 변호사님도 빼놓을 수 없다. 두 파트너 변호사가 업무 외적으로 책을 집필하는 일을 헌신적으로 지지해 주셨다(이 책이 잘 팔려서 나와 허 변호사가 개정판을 내게 되면, 그때도 다시 한번 강하게 지지해 주시길 부탁드린다).

마지막으로 화우의 동료 변호사 겸 나의 가장 친한 친구이자 사랑하는 남편인 최영관 변호사에게도 감사하다는 말을 전하고 싶다. 사내 커플인 남편은 화우가 내게 준 가장 큰 선물이다. 나는 상속 외에도 이혼 전문 변호사를 표방하고 있는데, 다수의 이혼 사건을 처리해 본 결과 우리 부부 사이가 괜찮은 이유는 남편 덕분이라는 결론을 내렸다. 항상 감사하게 생각한다.

2025년 1월
양소라

──── 조세 전문 변호사로 일을 시작한 이후 날이 갈수록 상속·증여에 대한 관심과 문의가 증가하고 있다. 업무에서뿐만 아니라 사적으로도 내게 상속·증여 문제로 고민을 털어놓는 사람들이 늘어나고 있다. 현행법상 상속·증여에 대한 과세표준과 세율의 기본적인 얼개가 27년 가까이 변화가 없었다는 점을 고려하면 당연한 현상이다. 지금의 상속·증여세율은 1997년 상속세법이 상속세 및 증여세법(이하 '상증세법')으로 전면 개정될 때 결정됐다. 1999년 상증세법이 개정됐으나 최고세율을 45%에서 50%로 상향한 것 외에 나머지 과세표준 구간과 세율은 그대로 유지했기 때문에, 현행법상 상속세율은 1997년부터 27년이 넘도록 그대로인 셈이다. 상속세제가 수십 년간 제자리걸음을 하는 동안 우리나라 경제규모와 소득수준, 자산규모는 쉬지 않고 증가했으니, 시간이 지날수록 더 많은 사람들이 상속세와 증여세를 부담할 수밖에 없었다.

그렇게 상속이나 증여 문제에 직면하는 사람들은 늘어났지만, 일상적이고 반복적으로 일어나는 일이 아니다 보니 막상 일이 벌어지고 나서야 어떻게 처리해야 될지 몰라 우왕좌왕하거나 급하게 처리하다가 오히려 일을 그르치는 경우도 많이 보았다. 이 책은 이런 사람들에게 작은 도움이라도 주었으면 하는 마음으로 썼다. 법률 지식이 전혀 없는 일반인들도 이 책을 통해 막연한 불안이나 두려움 없이 상속·증여를 준비하고, 최선의 길을 찾을 수 있도록 도움을 주고 싶었다. 이 책을 쓰면서 나도 조각난 지식들을 정리하는 기회를 가질 수 있었다. 앞으로 많은 분들이 이 책을 통해 상속·증여에 관한 실마리를 얻었으면 하는 바람이다.

책의 출간을 앞두니 감회가 남다르다. 우선 출판사에서 연락을 받기 훨씬 전부터 게으른 나에게 책을 한번 써보는 것이 어떻겠냐고 격려해 주신 양소라 변호사님께 감사하다는 말씀을 드리고 싶다. 또 원고가 제때 나오지 않을 때마다 적절한 자극을 통해 저자들을 이끌어준 손성원 수석님과 양재화 수석님이 없었다면 이 책은 완성되지 못했을 것이다. 세 분이 없었다면 이 책을 쓰는 일은 불가능했을 것이다.

마지막으로 항상 옆에서 묵묵히 나를 바라보며 응원해 주는 우리 가족, 지금도 처음 만난 그날처럼 아름다운 아내, 나날이 철이 들고 있는 개구쟁이 첫째 아들, 맑고 순수한 말괄량이 둘째 딸에게 고맙고 사랑한다는 말을 꼭 전하고 싶다.

2025년 1월
허시원

일러두기

1. 본문의 사례들은 개인이 특정되지 않도록 각색을 거쳤습니다.
2. 본문의 '관련 법률'은 생략을 거쳐 일부 관련 항목만 인용했습니다. 예를 들어, ①항과 ②항 뒤에 ④항이 나오는 부분은 오류가 아니라 중간 항목을 생략한 것입니다. 전문은 법제처 국가법령정보센터 사이트(https://www.law.go.kr)에서 검색해 확인할 수 있습니다. 다만 띄어쓰기와 숫자 표기 등은 이 책의 본문에 맞춰 통일했습니다.

1부

상속과 분쟁

1장

—

상속과 상속인

상속이란 무엇인가

상속은 언제부터 어떻게 개시될까?

　사람은 누구나 죽는다. 그리고 죽는 순간 고인은 피상속인이 된다. 재산이 얼마나 있든, 심지어 빚만 있더라도 마찬가지다. 상속은 피상속인이 사망하는 시점부터 개시되며, 상속인은 고인(피상속인)이 소유했던 모든 재산상의 지위와 권리, 의무를 포괄적으로 승계한다. 이와 같이 고인의 재산에 관한 권리와 의무를 모두 물려받는 것을 상속이라고 한다.

　상속이 개시되면 상속인은 고인의 죽음을 알았든 몰랐든 상속을 받게 되며, 재산과 권리 및 의무 전부를 물려받게 될 뿐 어떤 재산은 물려받고 어떤 재산은 물려받지 않겠다고 정할 수 없다. 만약 고인에게 빚이 있다면 이 또한 상속이 된다. '한정승인'이라는 방법을 통해 상속재산을 넘지 않는 범위에서 상속채무를 책임지거나 '상속포기'를 할 수는 있지만(2장 뒷부분에서 다룰 것이다), 이러한 절차를 거치기 전까지는 모든 재산상 권리와 의무를 무조건 승계받는다.

외국 국적을 취득한 이민자의 한국 내 재산은 어느 나라 법에 따라 상속될까?

A의 어머니가 사망한 후 A의 아버지는 한국에서 호주로 이민을 가 호주 국적을 취득하고 대한민국 국적을 상실했다. A의 아버지는 호주에서 대한민국 국적을 가진 여성과 재혼했고, 호주 뉴사우스웨일스주에 거주하다가 2013년 6월경 사망했는데 유언을 남기지는 않았다. A의 아버지가 사망 당시 가지고 있었던 재산은 대한민국 은행에 있는 예금 1000만 원이 전부였다.
A는 계모와 자신이 모두 대한민국 사람이므로 대한민국법에 따라 상속재산을 계모와 나눠 가지려고 했으나, 계모는 호주법에 따라 위 예금을 자신이 단독으로 상속받아야 한다고 주장했다. 이런 경우 어느 나라 법에 따라 상속될까?

대한민국 국민이 대한민국에서 거주하다가 사망했다면 당연히 대한민국 민법이 적용되므로 이에 따라 상속을 처리하면 된다. 그러나 최근 해외 이민이 늘어나면서, 대한민국 국민이었다가 외국에서 국적을 취득한 후 사망하는 사람도 늘고 있다. 외국 국적을 취득했더라도 대한민국에 재산을 보유한 경우도 많은데, 이럴 때 대한민국에 있는 상속재산을 상속인들이 어떻게 나눠 가질지를 두고 분쟁이 발생하기 쉽다. 한국에 재산이 있는 외국인이 사망하는 경우 어느 나라 법에 따라 상속을 처리할지가 문제가 되는 것이다.

대한민국 국제사법에 의하면 상속은 원칙적으로 사망 당시 피상속인의 본국법에 따르도록 되어 있다. 즉, 사망한 사람의 국적지법에 따라 상속이 처리된다.

사례에서 A의 아버지는 호주 국적을 가지고 있었고, 호주 뉴사우스웨일스주에 거주하다가 사망했다. 호주 역시 미국처럼 연방법과 주정부관할법이 있는데, 유언과 상속에 대한 절차는 주정부관할법에 따른다. 따라서 A의 아버지가 거주하던 호주 뉴사우스웨일스주 상속법에 따라 상속을 처리해야 한다.

A의 아버지가 사망한 2013년 당시 뉴사우스웨일스주 상속법에 의하면 유언을 남기지 않은 피상속인에게 배우자와 자녀가 있고 그 자녀가 배우자의 자녀가 아닌 경우, 35만 호주달러 이하의 돈을 소비자물가지수에 따라 조정한 금액에 대해서는 배우자에게 단독상속권이 있었다. 1호주달러의 환율이 대략 900원이라면 약 3억 1500만 원 이하의 예금은 배우자가 단독으로 상속받을 수 있는 것이다.

따라서 A의 아버지가 소유하고 있던 대한민국 은행예금 1000만 원은 계모에게 단독으로 상속된다. 만약 A의 아버지가 호주 뉴사우스웨일스주 상속법을 적용받지 않고 아들도 예금을 상속받기를 바랐다면 '아들에게도 예금을 물려준다'라는 내용으로 별도의 유언장을 작성했어야 한다.

국제사법 제77조(상속) ① 상속은 사망 당시 피상속인의 본국법에 따른다.
② 피상속인이 유언에 적용되는 방식에 의하여 명시적으로 다음 각 호의
어느 하나에 해당하는 법을 지정할 때에는 상속은 제1항에도 불구하고 그
법에 따른다.

　1. 지정 당시 피상속인의 일상거소지법. 다만, 그 지정은 피상속인이 사
　　망 시까지 그 국가에 일상거소를 유지한 경우에만 효력이 있다.

　2. 부동산에 관한 상속에 대해서는 그 부동산의 소재지법.

상속인은 누구인가

상속 순서는 어떻게 정할까?

A가 사망했다. A는 일찍이 배우자와 사별했기에, 남은 가족은 부모님과 남동생뿐이다. A의 상속인은 누구인가?

피상속인이 사망하여 상속이 개시되면 상속인이 피상속인의 재산을 물려받는다. 따라서 누가 상속인인지를 먼저 특정해야 하는데, 상속인이 누구인지는 법률에 따라 정해지고, 임의로 정할 수 없다. 법에서 정하는 상속인 순위에 대해 간단히 알아보자.

상속인을 확인할 때는 먼저 피상속인에게 배우자가 있는지를 본다. 배우자는 항상 상속인이 되기 때문이다. 여기서 배우자란 혼인신고를 마친 법적 배우자를 의미한다.

피상속인에게 배우자가 있다면, 다음으로 1순위 상속인인 자녀(또는 손주 등의 직계비속)가 있는지를 확인한다. 입양한 양자나 혼외자도 자녀에 해당한다. 피상속인에게 배우자와 자녀가 모두 있다면 배우자와 자녀가 공동상속인이 된다.

피상속인에게 배우자가 있고 1순위 상속인인 자녀가 없다면, 2순위 상속인인 부모(또는 조부모 등의 직계존속)가 생존해 있는지를 확인한다. 부모가 생존해 있다면 배우자와 2순위 상속인인 부모가 공동상속인이 된다. 피상속인에게 배우자만 있고 1순위 상속인인 자녀와 2순위 상속인인 부모가 없다면 배우자가 단독상속인이 된다.

피상속인에게 배우자가 없고 1순위 상속인인 자녀만 있다면 자녀가 상속인이 된다. 배우자와 자녀 모두 없고 2순위 상속인인 부모만 있다면 부모가 상속인이 된다. 배우자, 자녀, 부모가 없다면 3순위 상속인인 형제자매가 상속인이 되며, 배우자, 자녀, 부모, 형제자매가 모두 없다면 4촌 이내 방계혈족이 상속인이 된다.

이때 4촌 이내 방계혈족에는 3촌의 방계혈족인 형제자매의 자녀(조카), 부모의 형제자매(삼촌, 고모, 이모)가 있고, 4촌의 방계혈족인 부모의 형제자매의 자녀(사촌), 조부모의 형제자매(큰할아버지, 작은할아버지, 고모할머니, 이모할머니), 형제자매의 손주(조카의 자녀)가 있다. 가장 가까운 촌수(최근친)가 먼저 상속인이 되므로, 3촌이 있으면 3촌이 상속인이 되고, 3촌이 모두 없는 경우에만 4촌이 상속인이 된다.

위에서 설명한 순서대로 사례에서 A의 상속인을 확인해보자. A에게는 배우자와 1순위 상속인인 자녀가 없고 2순위 상속인인 부모는 생존하고 있으므로 A의 부모가 A의 단독상속인이 된다. 만약 부모가 사망한 상태였다면 3순위 상속인인 남동생이 상속인이 되었을 것이다.

관련 법률

민법 제1000조(상속의 순위) ① 상속에 있어서는 다음 순위로 상속인이 된다.
1. 피상속인의 직계비속
2. 피상속인의 직계존속
3. 피상속인의 형제자매
4. 피상속인의 4촌 이내의 방계혈족
② 전항의 경우에 동순위의 상속인이 수인인 때에는 최근친을 선순위로 하고 동친 등의 상속인이 수인인 때에는 공동상속인이 된다.
③ 태아는 상속순위에 관하여는 이미 출생한 것으로 본다.

민법 제1003조(배우자의 상속순위) ① 피상속인의 배우자는 제1000조 제1항 제1호와 제2호의 규정에 의한 상속인이 있는 경우에는 그 상속인과 동순위로 공동상속인이 되고 그 상속인이 없는 때에는 단독상속인이 된다.

법정상속분은 어떻게 계산할까?

A가 사망했다. A에게는 아내와 아들, 딸이 있다. 법정상속분은 각각 얼마인가?

법률로 정해진 상속 비율을 뜻하는 법정상속분은 배우자를 제외한 상속인의 상속분은 동일하게 계산하고, 배우자에게만 50%를 가산하여 계산하면 된다.

즉, A의 상속인 중 아들과 딸은 자녀로서 같은 순위 상속인이므로 상속분이 동일하고, 아내는 자녀의 상속분에 50%를 가산한다. 따라서 아내와 아들과 딸의 상속분은 1.5:1:1이며, 지분으로 표시하면 아들과 딸은 각 2/7, 아내는 3/7이다.

관련 법률

민법 제1009조(법정상속분) ① 동순위의 상속인이 수인인 때에는 그 상속분은 균분으로 한다.
② 피상속인의 배우자의 상속분은 직계비속과 공동으로 상속하는 때에는 직계비속의 상속분의 5할을 가산하고, 직계존속과 공동으로 상속하는 때에는 직계존속의 상속분의 5할을 가산한다.

며느리나 사위도 상속을 받을 수 있을까?

A에게는 아내와 아들이 있었다. 아들은 결혼하여 아들과 딸을 두었는데 교통사고로 사망하고 말았다. 아들이 사망한 후 며느리는 몇 년간 아이들을 키우면서 혼자 지내다가 재혼해 살고 있다.

A가 사망한 후 A의 상속인은 누구이고 각각의 법정상속분은 어떻게 되는가?

피상속인이 사망하기 전 그의 상속인이 될 자녀가 먼저 사망한 경우, 피상속인의 자녀의 상속인인 며느리 또는 사위와 손주가 그 자녀를 대신하여 상속인이 되는 것을 '대습상속'이라고 한다. 이때 대습상속한 며느리 또는 사위와 손주는 사망한 자녀의 상속분의 한도 내에서 상속을 받을 수 있다.

사례에서 A의 원래 상속인은 아내와 아들이었으며, 각각의 법정상속분은 1.5:1로서 이를 지분으로 표시하면 아내는 3/5, 아들은 2/5였을 것이다. 그런데 A가 사망하기 전 아들이 먼저 사망했다. 이런 경우 A가 사망하면 아들의 배우자인 며느리와 손자, 손녀가 아들을 대신하여 상속인이 된다.

그런데 A의 며느리는 A의 아들이 사망한 후 재혼했으므로 더 이상 아들의 배우자가 아니다. A가 사망한 당시 아들의 상속인은 A의 손자와 손녀뿐이므로, 손자와 손녀만 아들을 대신하여 상속인이 될 수 있다.

대습상속인인 손자와 손녀는 아들의 상속분인 2/5 지분을 받게 되는데, 이를 다시 아들의 상속인으로서 가지는 법정상속분에 따라 나눠 받는다. 즉, 손자와 손녀가 아들의 사망으로 인하여 가지는 법정상속분은 각 1/2씩이므로, A의 사망으로 인한 아들의 법정상속분인 2/5를 각 1/2씩 받는 것이다.

결론적으로, A의 상속인은 A의 아내와 손자, 손녀이고, 며느리는 이미 재혼하여 아들의 배우자가 아니기 때문에 대습상속인이 될 수 없다. 따라서 A의 아내와 대습상속인인 손자, 손녀의 법정상속분은 1.5:0.5:0.5이며, 지분으로 하면 아내가 3/5, 손자와 손녀가 각각

1/5씩을 가지게 된다.

민법 제1001조(대습상속) 전조 제1항 제1호와 제3호의 규정에 의하여 상속인이 될 직계비속 또는 형제자매가 상속개시 전에 사망하거나 결격자가 된 경우에 그 직계비속이 있는 때에는 그 직계비속이 사망하거나 결격된 자의 순위에 갈음하여 상속인이 된다.

민법 제1003조(배우자의 상속순위) ② 제1001조의 경우에 상속개시 전에 사망 또는 결격된 자의 배우자는 동조의 규정에 의한 상속인과 동순위로 공동상속인이 되고 그 상속인이 없는 때에는 단독상속인이 된다.

민법 제1010조(대습상속분) ① 제1001조의 규정에 의하여 사망 또는 결격된 자에 갈음하여 상속인이 된 자의 상속분은 사망 또는 결격된 자의 상속분에 의한다.
② 전항의 경우에 사망 또는 결격된 자의 직계비속이 수인인 때에는 그 상속분은 사망 또는 결격된 자의 상속분의 한도에서 제1009조의 규정에 의하여 이를 정한다. 제1003조 제2항의 경우에도 또한 같다.

사실혼 배우자도 상속을 받을 수 있을까?

A의 부모님은 밤낮없이 일해 요식업으로 크게 성공했다. 그러나 A의 어머니는 사업이 성공한 지 얼마 되지 않아 암으로 사망했다. A의 아버지는 "아내가 고생만 하다가 갔다."며 크게 상심했고, 그로부터 몇 년 뒤에 세상을 떠나고 말았다.

A는 아버지의 유품을 정리하기 위해 아버지가 전세로 살던 집을 찾아갔는데, 처음 보는 여자가 그 집에서 살고 있었다. A가 누구시냐고 묻자 그 여자는 자신이 아버지의 새로운 부인이라고 하면서 아버지와 찍은 결혼식 사진을 보여주었다. 그러면서 여자는 자신도 아버지의 배우자로서 상속인이니 아버지의 재산을 나눠달라고 요구했다.

A는 아버지가 재혼했다는 이야기를 들은 적이 없었다. 너무 황당한 이야기에 A가 확인해 보니, 그 여자와 아버지가 결혼식을 올리고 신혼여행을 다녀온 뒤 동거해 온 것은 사실이지만 혼인신고는 되어 있지 않은 상태였다. 여자는 결혼식을 올린 뒤에 혼인신고를 하려고 했는데 그 직전에 A의 아버지가 사망했다고 했다. 여자의 말로는 혼인신고를 한 뒤 아들인 A에게 결혼 사실을 알리려고 했다는 것이다.

외아들인 A는 아버지와 결혼식을 올린 여자와 상속재산을 나눠야 할까?

부부가 서로 혼인할 의사를 가지고 부부로서 생활하는데 혼인신고만 하지 않았다면 사실혼 배우자에 해당한다고 할 수 있다. 요즘에는 혼인신고를 하지 않고 결혼 전에 함께 사는 사람도 많은데, 이를 사실혼으로 봐야 할지, 동거로 봐야 할지 종종 불분명한 경우가 있다.

사실혼으로 인정받기 위해서는 단순히 같이 살거나 잠자리를 계속하고 있다는 사실만으로는 부족하고, 혼인신고만 하지 않았을 뿐 실제로는 부부와 같은 실질을 가져야 한다. 만약 결혼식을 올리고 신혼여행을 다녀오는 한편 가족들과 왕래하고 있다면, 혼인신고를 하지 않았더라도 사실혼 관계로 인정될 가능성이 높다.

실제 소송에서 당사자들이 사실혼 관계였는지, 단순히 동거만 하는 관계였는지 다투는 경우가 많은데, 이는 법적인 면에서 사실혼과 동거의 차이가 매우 크기 때문이다. 사실혼 역시 혼인신고만 하지 않았을 뿐 혼인관계에 해당하기 때문에 혼인신고를 한 법률혼에 준하는 보호를 받는다. 사실혼 배우자와 헤어지면 법률혼 배우자와 이혼하는 것과 동일하게 위자료나 재산분할 청구가 가능하다. 그러나 혼인할 의사 없이 단지 몇 년 동안 동거한 것에 불과하다면 헤어지더라도 재산을 분할할 필요가 없고, 법률혼에 준하는 보호를 받지도 못한다.

이처럼 사실혼 배우자는 법률혼 배우자와 거의 동일한 보호를 받지만, 한 가지 예외가 있다. 바로 상속이다. 사실혼 배우자는 상속인이 아니다. 사실혼 관계로 수십 년을 해로했고 자녀가 있다고 해도 혼인신고를 하지 않았다면 상대 배우자의 상속인은 될 수 없다.

위 사례에서 여자는 A의 아버지와 결혼식을 올렸고 신혼여행을 다녀왔으며 A의 아버지와 같은 집에서 살았다. 가까운 가족인 아들 A에게 결혼 사실을 알리지 않은 것은 특이한 사정이기는 하지만, 결혼식을 올렸다는 점에서 사실혼 배우자로 인정될 가능성은 매우 높다. 그러나 사실혼 배우자라고 하더라도 상속인은 아니기 때문에 A가 상속재산을 여자와 나눌 필요는 없다.

A는 여자에게 사실혼 배우자는 상속인이 아니니 상속재산을 나눠줄 수 없다고 했다. 그러자 여자는 울면서 자신은 갈 곳이 없다며, 다른 상속재산은 욕심내지 않을 테니 A의 아버지가 살던 전셋집에서 계약기간 동안이라도 살게

해주든가, 아니면 임대차보증금 중 얼마라도 달라고 했다. A는 여자와 임대차 보증금을 나눠야 할까?

사실혼 배우자는 법률상 배우자가 아니므로 상속을 받지 못한다. 그러나 사실혼 배우자가 사망했다는 이유로 함께 거주하던 집에서 쫓겨나는 것은 가혹한 면이 있다. 따라서 법률은 주택 임차인이 사망하였을 때 사실혼 배우자가 임차권을 승계하는 것을 인정하고 있다. 그렇다면 임차인의 사실혼 배우자는 어떤 경우에 임차권을 승계할 수 있을까?

먼저, 사실혼 배우자가 임차권을 승계하기 위해서는 임차인의 사망 시점에 임차인과 사실혼 배우자가 임대주택에서 함께 살고 있었어야 한다. 사실혼 배우자가 상속권이 없다는 이유로 집에서 갑자기 쫓겨나는 사태를 방지하기 위해 예외를 인정한 것이므로, 당연히 그 집에 거주 중인 사실혼 배우자만 해당된다.

이때 임차인에게 상속인이 없다면, 사실혼 배우자가 임차권을 단독으로 승계할 수 있다. 그러나 임차인에게 상속인이 있다면 사실혼 배우자의 임차권 승계는 제한된다. 임차인 생전에 임차인의 사실혼 배우자와 상속인이 임대주택에서 같이 살고 있었다면 상속인만 임차권을 승계하고 사실혼 배우자는 임차권에 대해 아무런 권리가 없다. 상속인도 그 집에 살고 있으므로 집에 대해 완전한 상속권을 보호받을 필요가 있고, 사실혼 배우자로 인해 불이익을 받을 이유는 없기 때문이다.

그러나 임차인 생전에 임차인과 사실혼 배우자가 한집에 살고 있었고 임차인의 상속인은 다른 곳에서 살고 있었다면 사실혼 배우자와 상속인은 공동으로 임차권을 승계한다. 그 집에 거주하지 않는 상속인의 권리는 상대적으로 보호할 필요성이 낮은 반면, 실제로 거주 중인 사실혼 배우자의 권리는 보호할 필요가 있기 때문이다.

위 사례에서 A는 아버지가 사망할 때 그 주택에 거주하고 있지 않았다. 따라서 그 주택에 거주하고 있었던 사실혼 배우자인 여자는 A의 아버지가 임차인으로서 가졌던 권리와 의무를 승계하게 되며, 임대차보증금에 대한 권리도 당연히 승계한다. 여자는 임차인으로서 해당 집에 거주할 권리가 있으며, 임대차기간이 종료되면 보증금도 나눠 받을 수 있다.

👤 A는 주택임대차보호법에 따라 아버지의 사실혼 배우자와 전세보증금을 나눠 가지기로 했다. 그렇다면 A는 어떤 비율로 여자와 전세보증금을 나눠야 할까?

주택임대차보호법은 상속인과 사실혼 배우자가 임차권을 어떤 비율로 공동승계할지까지는 정하지 않았다. 따라서 사실혼 배우자가 임차권을 승계한 뒤 임대차가 종료했을 때 상속인과 임대차보증금을 어떤 비율로 나눠야 할지 문제가 될 수밖에 없고, 결국 법원의 해석에 따를 수밖에 없다.

그렇다면 법원은 이 경우에 어떤 판단을 내리고 있을까?

결론부터 말하면 아직 이에 대해 대법원의 명확한 판단은 나오지 않았으며, 하급심 판결의 입장은 다양하다.

첫 번째 입장은 사실혼 배우자를 법률혼 배우자에 준하여 임차권 승계를 인정하고 있는 만큼 승계비율도 그에 준하여 봐야 한다는 것이다. 이에 따르면 여자가 1.5, A가 1의 비율로 임대차보증금을 승계하게 된다.

두 번째는 사실혼 배우자는 어쨌든 법률상 상속인이 아니기 때문에 임차권을 상속받은 것이 아니라 법률에 따라 일정한 요건하에 공동승계하는 것에 불과하므로 다른 상속인들과 똑같은 비율로 승계해야 한다는 입장이다. 이에 따르면 여자와 A가 각각 1:1의 비율로 임대차보증금을 나눠 가지게 된다.

마지막으로 사실혼 배우자에게 50%의 승계비율을 인정하고, 나머지 50%만 상속인들끼리 분배해야 한다는 입장이다. 사실혼 배우자는 상속인이 아니므로 상속분을 적용할 것이 아니라 실제의 주거를 보호할 필요가 있다는 것이다.

마지막 입장을 언뜻 보면, 사실혼 배우자에게 너무 많은 권리를 인정하는 게 아니냐고 생각할 수 있다. 그러나 법원의 이러한 판단에는 이유가 있다. 사실혼 배우자가 피상속인의 임차권을 승계하는 것은 그 주거지에 상속인이 거주하지 않고 사실혼 배우자만 거주하고 있는 경우이다. 즉, 피상속인과 사실혼 배우자 둘이서 함께 살고 있었던 집이다. 그렇다면 피상속인이 사망한 뒤에도 그 집에 거주하면서 임대차계약에 따라 월세나 관리비를 단독으로 부담하는 사람은 사실혼 배우자가 될 가능성이 높다. 아무리 사실혼 배우자와 상속인이 승계비율에 따라 월세 등 지급의무를 법률상 부담한다고 하더라도, 이는 법률적 판단일 뿐이고 현실적으로 그 집에 거주하지도 않는 상속인에게 차임을 지급하라고 하기는 어려울 것이다.

이런 상황에서 상속인이 여러 명이라면 사실혼 배우자의 권리는 지나치게 작아질 수밖에 없다. 예를 들어, 상속인이 세 명이라고 하자. 배우자의 법정상속분에 따라 임대차보증금을 나눠야 한다는 입장에 따르면, 사실혼 배우자는 1/3, 나머지 상속인들이 각각 2/9씩 가져가게 된다. 똑같이 나눠야 한다는 입장에 따르면, 사실혼 배우자와 상속인들이 각각 1/4씩 가져가게 된다. 애초에 사실혼 배우자의 주거를 보호하기 위한 승계권인데, 상속인들 수에 따라 승계비율이 달라지고 그에 따라 사실혼 배우자의 주거 보호 정도도 달라지는 셈이다.

법원은 이런 점을 고려하여 임대차보증금의 50%를 우선적으로 사실혼 배우자의 몫으로 인정하라고 판결하기도 한다. 이런 입장에 따르면 여자가 50%를 가지고 나머지 50%는 단독상속인인 A가 가지므로 여자와 A가 각각 1:1의 비율로 임대차보증금을 나누게 된다.

이처럼 현재는 대법원에서 아직 입장이 정리되지 않은 사실혼 배우자와 상속인 간의 임차권 승계비율에 대해 하급심의 결론이 여러 갈래로 나뉘어 있는데, 일률적인 기준을 세우기보다는 구체적 사안에 따라 법원이 적절히 판단하는 편이 나을 것이다.

사례에서는 사실혼 배우자와 아버지의 혼인기간이 길지 않았던 점 등을 감안할 때 사실혼 배우자에게 배우자의 법정상속분에 해당하는 몫을 주기보다는 사실혼 배우자와 아들인 A가 보증금을 1:1로 나누는 것이 합리적으로 보인다.

주택임대차보호법 제9조(주택 임차권의 승계) ① 임차인이 상속인 없이 사망한 경우에는 그 주택에서 가정공동생활을 하던 사실상의 혼인관계에 있는 자가 임차인의 권리와 의무를 승계한다.

② 임차인이 사망한 때에 사망 당시 상속인이 그 주택에서 가정공동생활을 하고 있지 아니한 경우에는 그 주택에서 가정공동생활을 하던 사실상의 혼인관계에 있는 자와 2촌 이내의 친족이 공동으로 임차인의 권리와 의무를 승계한다.

③ 제1항과 제2항의 경우에 임차인이 사망한 후 1개월 이내에 임대인에게 제1항과 제2항에 따른 승계 대상자가 반대 의사를 표시한 경우에는 그러하지 아니한다.

④ 제1항과 제2항의 경우에 임대차관계에서 생긴 채권·채무는 임차인의 권리의무를 승계한 자에게 귀속된다.

의붓자식도 상속을 받을 수 있을까?

A가 한 살 때 A의 부모가 이혼을 했다. 이혼 후 A는 아버지와 함께 살게 되었다. A가 유치원에 다닐 때 A의 아버지는 재혼했고, A의 의붓어머니는 자식을 낳지 못해 A를 친자식처럼 키웠다. A의 아버지가 사망했을 때 A는 의붓어머니를 친어머니처럼 생각했기에 아버지의 재산 대부분을 의붓어머니가 상속받는 데 동의했다.

의붓어머니가 사망한 후 A는 당연히 의붓어머니 명의로 된 재산을 자신이 상속받으려고 했다. 아버지의 재산이었다가 의붓어머니에게 상속된 것이니 당연히 권리가 있다고 생각했다. 그러나 그동안 왕래가 없던 의붓어머니의 형제자매들이 나타나 그 재산은 전부 자신들이 상속받아야 한다고 주장했다.
A는 의붓어머니의 재산을 물려받을 수 있을까?

피상속인의 상속인은 법으로 정해져 있다. 피상속인에게 자녀가 있었다면 자녀는 당연히 상속인이 된다. 그런데 여기서 말하는 자녀란 실제로 피가 섞인 혈연관계이거나 입양을 통한 법률상의 자녀를 의미한다. 혈연이라면 혼외자라고 하더라도 인지를 통해 자녀임을 인정받을 수 있다. 그러나 혈연이 아니라면 입양을 해야만 법률상 자녀가 될 수 있다.

사례에서 A는 계모를 친모처럼 여겼지만 계모와 혈연관계는 아니다. 또한 계모가 A를 입양하지도 않았으므로 법률상 자녀도 아니다. 따라서 A는 계모의 상속인이 아니므로 계모의 재산을 물려받을 수 없다. 계모의 재산에 A의 아버지로부터 상속받은 재산이 포함되어 있다고 해도 마찬가지다.

물론 A의 처지는 안타깝다. 애초에 A가 아버지와 계모로부터 재산을 제대로 물려받을 생각이었다면, 아버지가 사망했을 때 계모와 상속재산분할합의를 해서 자신의 몫을 미리 분할받아 두든가 계모와 의논하여 계모의 양자가 되었어야 한다.

신설된 '구하라법'의 의미는?

👤 A의 아버지는 A가 태어나자마자 어머니와 이혼했는데, A의 양육비 지급은 고사하고 A에게 연락 한번 한 적이 없었다. 어머니는 혼자 힘들게 A를 키웠고 A는 성년이 되어 직장을 다니면서 평범하게 지냈다. 그러던 중 A는 2024년 6월 1일에 음주운전자의 차에 치여 사망하고 말았다.

A가 사망한 후 A의 어머니는 A의 사고 보상금과 A가 사둔 아파트를 자기 명의로 상속할 준비를 했다. 그런데 갑자기 A의 아버지가 나타나 자신도 절반의 권리가 있으니 상속재산을 나눠달라고 요구했다.

A의 어머니가 알아보니, A는 결혼하지 않고 자녀도 없이 사망했기 때문에 A의 상속인은 부모가 맞고, 유언도 남기지 않았기에 법에 따르면 A의 아버지에게도 A의 상속재산을 나눠줘야 한다고 했다. A의 어머니는 자식이 죽은 것도 고통스러운데 A에게 아무런 관심도 없던 전남편에게 아버지라는 이유로 상속재산을 줘야 하는 것이 너무 억울했다.

A의 어머니가 A의 아버지에게 상속재산을 주지 않으려면 어떻게 해야 할까?

　　연예인 구하라 씨가 2019년 갑작스럽게 사망한 뒤, 구하라 씨가 아홉 살 때 집을 나가 연락조차 없던 친모가 나타나 딸의 상속재산을 나눠달라고 요구해 국민적 공분을 샀다. 이 사건으로 '부양의무를 이행하지 않은 부모가 자녀의 상속재산을 받는 것이 정당한가?' 하는 논의가 재점화됐다.

　　이에 2024년 9월 20일 민법 제1004조의2가 신설되어 상속권 상실선고가 가능해지면서, 미성년 자녀를 부양하지 않거나 학대한 부모의 상속을 막을 길이 열리게 되었다. 이러한 상속권 상실제도는 2024년 4월 25일 이후 발생한 상속에 적용된다.

일명 '구하라법'으로 불리는 신설된 상속권 상실제도는 모든 상속인에 대한 상속권 상실을 규정한 것은 아니고 자녀의 사망으로 인해 부모가 상속인이 되는 경우에 한하여 적용된다. 즉, 부모의 상속권을 상실시키는 것만 가능하다.

민법 제1004조의2에서 규정한 부모의 상속권 상실선고 사유는 크게 두 가지이다. 부모가 ① 미성년자 자녀에 대한 부양의무를 중대하게 위반하거나, ② 자녀 또는 자녀의 배우자(며느리나 사위), 자녀의 자녀(손주)에게 중대한 범죄행위를 하거나 심히 부당한 대우를 한 경우이다.

상속인이 될 부모에게 이러한 상속권 상실사유가 있으면, 자녀는 생전에 공증인이 작성한 공정증서에 의한 유언으로 부모의 상속권을 상실하게 해달라는 의사를 표시할 수 있다. 자녀가 이러한 유언을 남기고 사망하면 위 유언의 집행자는 가정법원에 부모의 상속권 상실을 청구할 수 있다.

그러나 부모에게 상속권 상실사유가 있는데도 불구하고 자녀가 상속권 상실에 대한 유언을 남기지 않았거나 못한 경우도 있을 수 있다. 이러한 경우에는 자녀의 공동상속인 또는 부모의 상속권 상실로 인해 자녀의 공동상속인이 될 수 있는 사람이 가정법원에 부모의 상속권 상실을 청구할 수 있다. 유언이 없는 경우의 상속권 상실청구는 상속권 상실사유가 있는 부모가 상속인이 되었음을 안 날로부터 6개월 내에 할 수 있다.

다만, 가정법원에 부모의 상속권 상실청구를 하더라도 이것이 반드시 인정되는 것은 아니다. 가정법원은 상속권 상실을 청구하는 원인이 된 사유의 경위와 정도, 상속인과 피상속인의 관계, 상속재산의 규모와 형성 과정 및 그 밖의 사정을 종합적으로 고려하여 상속권 상실청구를 받아들이거나 받아들이지 않을 수 있다.

상속권 상실선고가 최종적으로 확정되면, 부모는 자녀의 상속이 개시된 때에 소급하여 상속권을 상실한다. 즉, 자녀가 사망한 때부터 그 부모는 상속인이 아닌 것이 된다. 상속인이 아니므로 유류분(3장에서 다룰 것이다)도 청구할 수 없을 것이다.

다만, 상속권 상실이 확정되기 전에 취득한 제3자의 권리는 해치지 못하므로, 부모가 상속권 상실선고 확정 전에 자녀의 상속인으로서 상속재산을 제3자에게 매각했다면 매수인인 제3자의 소유권 취득을 막을 수는 없다. 따라서 상속권 상실을 청구하려는 사람은 그 전에 미리 보전처분을 통해 부모가 상속재산을 처분하는 것을 방지할 필요가 있다.

사례에서 A는 2024년 4월 25일 이후인 2024년 6월 1일에 사망했으므로 A의 부모에 대한 상속권 상실선고가 가능하다. A의 아버지는 A가 미성년자였을 때 부양의무를 저버렸으므로 상속권 상실사유가 인정된다고 할 것이다. 다만, A는 아버지를 상속에서 배제한다는 유언을 남기지 않았으므로 A의 어머니는 A가 사망하여 A의 아버지도 상속인이 되었음을 안 날로부터 6개월 내에 가정법원에 상속권 상실청구를 해야 한다. 법원의 상속권 상실선고가 최종적으로 확정되면 A의 아버지는 상속권을 상실하고 A의 어머니만 상속인이 되어 A의 상속재산을 전부 물려받을 수 있다.

이 같은 상속권 상실제도가 신설되면서, 자녀를 양육하지 않고 학대한 부모가 자녀의 사망으로 인해 상속을 받는 부당한 일은 줄어들 것으로 보인다. 또한 유언장을 작성할 당시에도 상속권 상실 여부를 미리 체크할 필요가 생겼다. 즉, 유언자는 상속권 상실사유가 있는 부모가 생존해 있고 그 부모가 상속인이 될 가능성이 있다면 유언장에 그 부모에 대한 상속권 상실의 취지를 미리 기재해둘 필요가 있다.

2장

상속재산의 분할

아버지가 돌아가셨다.
무슨 일부터 해야 할까?

A의 아버지가 돌아가셨다. 갑작스러운 죽음에 어머니도 형제들도 모두 정신이 없다. 장례부터 상속과 세금까지 뭘 어떻게 해야 할지 막막할 뿐이다. 상속인 A는 상속절차를 위해 무엇부터 시작해야 할까?

사망신고 시 주의해야 할 점은?

아버지가 사망하여 상속이 개시되면 먼저 관할 주민센터에 사망신고를 해야 한다. 사망신고는 사망한 피상속인의 친족, 동거인 또는 사망장소를 관리하는 사람, 사망장소의 동장 또는 통·이장이 할

수 있다. 사망신고를 할 때는 사망사실을 입증할 수 있는 사체검안
서나 사망진단서를 첨부해야 한다. 사망신고는 사망사실을 안 날로
부터 1개월 이내에 해야 하며, 기간 내 신고하지 않으면 5만 원 이하
의 과태료가 부과된다.

사망신고 후 가족관계등록부에 아버지의 사망사실이 기재되면
아버지의 기본증명서와 가족관계증명서를 여러 통 발급받아둘 필
요가 있다. 상속개시 후 상속재산을 상속인 명의로 이전할 때 은행,
등기소 등 상속재산을 관할하는 기관마다 피상속인의 사망 여부와
상속인을 확인하기 위해 두 서류를 요구하기 때문이다. 이런 서류를
필요할 때마다 발급받기는 번거로우므로 한꺼번에 수십 통을 준비
해 두면 시간과 수고를 아낄 수 있다. 이때 돌아가신 아버지의 기본
증명서와 가족관계증명서는 일반본이 아니라 상세본으로 발급받아
야 한다.

상속재산은 어떻게 파악할까?

사망신고 후에는 아버지의 상속재산이 무엇인지 파악할 필요가
있다. 상속포기나 한정승인은 통상 사망사실을 안 날로부터 3개월
내에 하는 것이 원칙이다. 따라서 상속포기나 한정승인 여부를 결정
하기 위해서라도 적어도 사망 후 한두 달 내에는 상속재산을 전부
파악해두는 게 좋다.

상속인은 피상속인이 사망한 날이 속한 달의 말일부터 1년 내에

는 안심상속 원스톱서비스를 통해 피상속인의 금융거래 내역, 토지, 자동차, 세금, 연금 가입 유무, 국세 및 지방세 체납 여부 등 재산 내역을 한 번에 통합 조회할 수 있다. 피상속인의 재산 내역을 편리하게 파악할 수 있으므로 이 서비스를 통해 상속재산을 확인하는 것이 보통이다.

안심상속 원스톱서비스는 정부24 사이트를 통해 온라인으로 신청해도 되고, 시·구·읍·면·동 주민센터를 직접 방문해서 신청해도 된다. 애초에 주민센터에서 사망신고를 할 때 안심상속 원스톱서비스까지 한 번에 신청하면 시간을 절약할 수 있다.

안심상속 원스톱서비스를 신청하면 상속인에게 상속재산의 소재를 알려주는 문자가 온다. 이 문자에서 안내하는 대로 조회하면 상속재산을 파악할 수 있다. 예를 들어, 금융재산은 안심상속 원스톱서비스 문자를 받은 뒤 금융감독원 사이트에 들어가 상속인 금융거래 조회서비스를 이용하면 알 수 있다.

다만, 안심상속 원스톱서비스는 상속재산이 존재하는지, 그 재산이 어디에 있는지 정도를 조회하는 방법이므로 계좌 거래 내역이나 잔고증명서 등을 정식으로 발급받기 위해서는 금융기관 등을 직접 방문해야 한다.

또한 상속세 신고를 위해 피상속인이 사망하기 직전 10년간 사전 증여한 내역을 파악할 필요가 있으므로, 상속예금이 있는 금융기관을 방문할 때 상속개시 당시 잔고증명서 외에 망인의 10년간 거래 내역까지 미리 발급받아두면 상속세 신고를 준비할 때 편리하다.

상속세 신고 준비는 어떻게 할까?

상속재산을 파악했다면 이제 상속세 신고를 준비해야 한다.

상속세는 상속개시일이 속하는 달의 말일부터 6개월 내(피상속인이나 상속인 전원이 비거주자라면 9개월 이내)에 신고해야 한다. 2025년 1월 1일에 사망했다면, 2025년 7월 31일까지가 신고기한이다. 신고기한 내에 상속세 신고를 하면 세액공제 3%를 적용받을 수 있으나, 신고하지 않으면 세액공제 혜택도 받을 수 없을뿐더러 가산세도 부담하게 된다.

이때 상속재산이 어느 정도여야 상속세 신고 대상인지가 관건이다. 배우자가 없는 경우에는 5억 원, 배우자가 있는 경우에는 10억 원 정도면 상속세 신고가 필요 없다는 이야기가 있다. 만약 사전증여재산이 없고 상속재산의 상속개시 당시 시가를 명확히 알 수 있다면, 아주 정확하지는 않더라도 위 금액이 어느 정도의 기준은 될 수 있을 것이다.

그러나 상속세에는 다양하고 복잡한 공제와 합산 항목이 있고, 시가 평가에 따라 상속재산 총합이 달라질 수도 있다. 배우자가 있더라도 배우자가 상속을 받지 않고 자녀들만 상속을 받게 하여 배우자 공제가 적용되지 않는 경우도 있을 수 있으며, 피상속인이 사망하기 전 10년 이내에 사전증여한 재산이 있어 상속재산에 이를 합산해야 할 수도 있다. 따라서 상속재산이 5억 원보다 적더라도 상속세를 내야 하는 경우도 매우 많다. 단순히 상속재산 총합만을 기준으로 상속세 신고 여부를 결정할 수는 없으므로, 적어도 사전증여재산이 있거나 있는 것으로 의심된다면, 상속재산이 적더라도 상속세 상담을 반드시 받아보는 것이 좋다.

상속인이 여러 명이면 어떻게 할까?

피상속인이 유언을 남겼다면 상속재산은 유언에 따라 정리하면 된다. 그러나 유언이 없고 상속인이 여러 명이라면 상속세 신고 외에 반드시 거쳐야 하는 절차가 상속재산분할이다. 상속재산분할이란 어떤 상속인이 어느 상속재산을 어떻게 나눠 가질지 정하는 것이다. 예를 들어, 상속재산으로 아파트와 현금이 있다면 상속인들 중 누가 아파트를 가지고, 누가 현금을 가질지를 정해야 한다.

상속재산분할이 이루어져야 상속인은 자신이 분할받은 상속재산의 소유권을 확정적으로 취득하게 된다. 상속재산분할 전까지 상속인들은 상속재산을 잠정적으로 공동 소유하고 있는 것에 불과할 뿐, 이를 확정적으로 취득한 것이라고 볼 수 없다. 따라서 상속재산분할 절차를 통해 누가 어떤 재산을 가질지 최종적으로 합의가 되어야 상속 절차가 종결된다.

2

상속재산분할이란
무엇인가

상속재산분할 꼭 해야 할까?
한다면 어떤 기준이 우선일까?

상속재산분할이란 상속인들이 각자의 상속분에 따라 상속재산을 나누는 것을 의미하며, 어떤 상속인이 자신의 상속분 내에서 어떤 상속재산을 가질지 합의하는 과정이다. 여기서 상속분이란 상속재산 중 각각의 상속인이 실제로 가져가는 몫을 의미한다.

상속재산분할은 ① 유언, ② 상속인 전원의 합의, ③ 법원의 심판 결정 순으로 가능하다. 먼저 피상속인이 남긴 유언이 있는지를 확인해야 한다. 만약 피상속인이 유언을 남겼다면 유언 내용에 따라 상속재산을 분할하면 된다. 피상속인의 유언이 없다면 상속인 전원이 합의하여 상속재산을 분할하면 된다. 만약 상속인들이 합의에 이르지 못하면 법원에 상속재산분할심판청구를 하여 법원의 결정에 따라 상속재산을 분할하면 된다.

상속재산분할이 완료되면 상속이 개시된 때를 기준으로 상속인이 분할받은 재산의 소유권을 취득한 것으로 본다. 다만, 상속재산분할은 합의를 하든 법원의 결정에 맡기든 어떤 방식으로든 실행해야 하며 막연히 내버려둬서는 안 된다. 제때 상속재산분할을 하지 않으면, 상속인들뿐만 아니라 상속인들의 자녀 등 후손들까지 분쟁에 휘말릴 수 있다.

관련 법률

민법 제269조(분할의 방법) ① 분할의 방법에 관하여 협의가 성립되지 아니한 때에는 공유자는 법원에 그 분할을 청구할 수 있다.
② 현물로 분할할 수 없거나 분할로 인하여 현저히 그 가액이 감손될 염려가 있는 때에는 법원은 물건의 경매를 명할 수 있다.

민법 제1012조(유언에 의한 분할 방법의 지정, 분할 금지) 피상속인은 유언으로 상속재산의 분할 방법을 정하거나 이를 정할 것을 제삼자에게 위탁할 수 있고 상속개시의 날로부터 5년을 초과하지 아니하는 기간 내의 그 분할을 금지할 수 있다.

민법 제1013조(협의에 의한 분할) ① 전조의 경우 외에는 공동상속인은 언제든지 그 협의에 의하여 상속재산을 분할할 수 있다.
② 제269조의 규정은 전항의 상속재산의 분할에 준용한다.

1부 상속과 분쟁

민법 제1015조(분할의 소급효) 상속재산의 분할은 상속개시된 때에 소급하여 그 효력이 있다. 그러나 제삼자의 권리를 해하지 못한다.

상속재산분할을 안 하면 어떤 일이 벌어질까?

1975년 겨울, A의 아버지가 사망했다. 상속인은 장남 A, 차남 B, 삼남 C였다. 아버지는 경기도 하남에 있는 산과 토지 10만 평을 남겼는데, 다 합해봐야 상속세 신고도 필요 없을 정도로 가치가 낮았다. 이 때문에 상속인 A, B, C 모두 상속받은 부동산에 무관심했고, 부동산을 아버지 명의로 남겨두고 그대로 방치했다.

그러다가 장남 A가 B, C에게 알리지 않고 혼자 등기소에 가서 아버지로부터 상속받은 모든 산과 토지에 '상속'을 원인으로 한 등기를 신청했다. 그 결과 상속받은 산과 토지는 A, B, C가 법정상속분인 1/3씩 공유하는 것으로 소유권이 전등기가 되었다. 그 뒤에 A는 자신이 상속받은 지분을 계속 담보로 제공하여 은행에서 대출을 받아 사업자금으로 사용했다.

40년이 흘러 A, B, C가 상속받은 부동산 근처에 대형 쇼핑몰 등이 들어섰고, 땅값은 수백 배 이상 폭등했다. 삼남 C는 A와 B에게 상속받은 부동산이 많이 올랐으니 팔아서 나눠 가지자고 했다. B는 찬성했지만 A는 부동산이 더 오를 거라면서 매각에 반대했고, 공유관계를 유지하고 싶다고 했다.

형제끼리 부동산 매각에 대해 의견이 갈리자, C는 상속부동산 중 일부를 단독소유로 변경해 빨리 팔고 싶었다. C는 부동산 공유자들이 공유물분할을 청구하면 공유한 부동산 중 일부를 단독소유할 수 있다는 말을 듣고, 상속받은 부동산의 공유관계를 해소하기 위해 A와 B를 상대로 서울중앙지방법원에 공유물분할소송을 제기했다.

이 소송에서 재판부는 부동산등기부등본을 보니 등기원인이 '상속'으로만 되어 있는데 A, B, C가 1/3씩 상속부동산을 공유하기로 합의한 적이 있는지 물어보았다. A, B, C는 그런 적은 없다고 사실대로 답변했다. 재판부는 그러면 지금이라도 A, B, C가 1/3씩 상속부동산을 공유하는 것으로 합의할 생각이 있느냐고 물었다. 그러자 이민을 가 해외에 살고 있던 차남 B가 A와 C는 아버지 생전에 재산을 많이 받았는데 남은 재산마저 공평하게 나누긴 억울하다고 했다. 재판부는 상속인들이 부동산을 1/3씩 공유하는 것에 대해 의견이 다르다면 지금 상태에서 공유물분할을 할 수 없으니 공유물분할소송을 취하하는 것이 어떻겠냐고 권고했다.

상속받은 부동산은 이미 상속인들의 법정상속분에 따라 공유등기가 된 지 수십 년이나 지났는데 왜 공유물분할을 할 수 없다는 것일까?

공유자라면 공유물분할을 청구할 수 있으나 이를 위해서는 공유자임이 먼저 확정되어야 한다. 다시 말해, 공유물분할은 공유물을 확정적으로 취득한 소유자 사이에 가능하다. 그런데 A, B, C는 상속재산분할을 한 적이 없으므로 상속재산분할 완료 전까지는 부동산을 잠정적으로 공유하고 있는 것에 불과할 뿐 확정적으로 소유했다고 볼 수 없는 상태이다.

따라서 A, B, C가 상속재산분할합의를 하지 않은 이상 세 사람 명의로 1/3씩 공유등기가 되어 있더라도 공유물분할을 할 수 없다.

👤 공유물분할 사건 재판부는 부동산등기부등본을 보고 상속재산분할이 완료되지 않았다는 사실을 파악했다. 부동산등기부등본에서 무엇을 보고 그렇게 판단했을까?

부동산에 관하여 상속재산분할이 완료된 상태인지 아닌지는 부동산등기부등본 중 등기원인을 보면 어느 정도 파악할 수 있다.

피상속인으로부터 상속인들에게 부동산 소유권이전등기가 완료될 당시 등기원인이 '상속'이라고 되어 있다면 상속재산분할이 이루어지지 않았을 가능성이 높다. 물론 상속을 원인으로 등기한 뒤 당사자들끼리 법정상속분대로 부동산을 공유한다는 상속재산분할합의를 했을 수도 있으므로, 등기원인이 상속이라고 해도 반드시 상속재산분할이 완료되지 않았으리라고 단정할 수는 없다. 그러나 기본적으로 부동산등기부등본의 등기원인이 '상속'이라고만 기재되어 있다면, 해당 부동산의 지분은 향후 상속재산분할에 따라 달라질 가능성이 매우 높다고 할 것이다.

반면 등기원인이 '협의상속'이나 '가정법원의 심판결정(또는 조정, 화해결정)'으로 기재되어 있다면 상속재산분할이 완료된 것으로 볼 수 있고, 이러한 부동산은 등기된 대로 상속인들이 확정적으로 소유권을 취득한 상태라고 보면 된다.

이 사례에서, 상속인들 중 A는 혼자 상속부동산에 관하여 '상속'을 원인으로 A, B, C의 법정상속분에 따른 등기를 했다. 이러한 등기를 이른바 '법정상속등기'라고 하는데, 다른 상속인들과 협의해 상속재산분할을 마치지 않았더라도 상속인 1인이 신청할 수 있다. 사례의 공유물분할 사건 재판부는 상속부동산의 등기원인이 '협의상속'이 아니라 '(법정)상속'인 것을 보고 상속재산분할합의가 이루어지지 않았을 가능성이 높다는 사실을 파악하고, A, B, C에게 상속재산분할을 완료했는지 확인해 본 것이다.

다음의 등기원인별 부동산등기부등본 기재 예시를 보면 등기원인이 어떻게 다른지 확인할 수 있다.

[표1] '상속'을 등기원인으로 한 법정상속등기 부동산등기부등본 예시: 상속재산분할이 완료되지 않아도 상속인 1인이 단독으로 신청 가능하므로 향후 지분이 달라질 가능성이 있음

순위번호	등기목적	접수	등기원인	권리자 및 기타사항
1	소유권이전	1995년 1월 2일 제0000호	1995년 1월 1일 상속	공유자 지분 3분의 1 A 지분 3분의 1 B 지분 3분의 1 C

[표2] '협의재산분할'을 등기원인으로 한 상속등기 부동산등기부등본 예시: 상속인 전원의 협의로 상속재산분할이 완료된 경우

순위번호	등기목적	접수	등기원인	권리자 및 기타사항
1	소유권이전	1995년 1월 2일 제0000호	1995년 1월 1일 협의재산분할	공유자 지분 3분의 1 A 지분 3분의 1 B 지분 3분의 1 C

1부 상속과 분쟁

[표3] 법원의 '상속재산분할심판결정'을 등기원인으로 한 상속등기 부동산등기부 등본 예시: 법원의 심판결정에 따라 상속재산분할이 완료된 경우

순위번호	등기목적	접수	등기원인	권리자 및 기타사항
1	소유권이전	1995년 1월 2일 제0000호	1995년 1월 1일 서울가정법원 1995느합0000호 상속재산분할 심판결정	공유자 지분 3분의 1 A 지분 3분의 1 B 지분 3분의 1 C

👤 공유물분할청구를 통해 상속부동산을 단독소유하는 것이 불가능하다면, C는 상속부동산을 단독으로 소유하기 위해 어떻게 해야 할까?

　C는 다른 상속인들(A, B)과 상속재산분할합의부터 할 필요가 있다. 만약 상속인들끼리 합의하여 상속부동산을 공유하지 않고 각자 단독으로 소유할 부동산을 지정하여 나눌 수 있다면 C에게 가장 유리하다.

　그러나 B는 아버지의 생전에 이미 증여를 받은 형제(A, C)가 있으니 상속부동산을 1/3씩 나누는 것 자체가 불공평하다는 입장이고, A는 부동산을 단독으로 소유하기를 원하지 않고 지금처럼 공유하고 싶다는 입장이다. 따라서 상속받을 몫이나 나누는 방법에 대해 상속인 간의 의견이 전혀 일치하지 않으므로 상속인 전원 합의로 상속재산을 나누기는 어려워 보인다. 결국 상속인들끼리 합의가 어렵다면, C는 A와 B를 상대로 가정법원에 상속재산분할심판청구를 하여 법

원의 심판결정에 따라 상속재산을 분할받아야 한다.

👤 **그렇다면 법원은 C가 상속부동산 중 일부를 단독으로 소유할 수 있도록 결정해줄까?**

반드시 그렇지는 않다.

상속재산분할심판청구를 하면 법원은 상속재산의 종류 및 성격, 상속인들의 의사, 상속인들 간의 관계, 상속재산의 이용관계, 상속인의 직업·나이·심신 상태, 상속재산분할로 인한 분쟁 재발 우려 등 여러 사정을 고려해 어떻게 상속재산을 나눌지 정할 수 있다. 구체적으로 분할 방법에는 ① 현물분할, ② 대상분할, ③ 경매분할 등이 있다.

현물분할은 상속재산(현물) 자체를 나누는 것이다. 상속인들이 상속재산을 공유하거나, 여러 가지 상속재산을 각자 단독소유로 분할하는 방법 등이 이에 해당한다. 상속재산 중 서울의 건물과 토지는 D 소유, 대전의 아파트는 E 소유 같은 식으로 단독분할하거나, 아파트 한 채를 D가 1/3, E가 2/3씩 공유하는 등으로 상속재산 자체를 분할하는 방법이다.

대상분할은 차액정산에 의한 현물분할 방법이다. 이는 자기 몫의 상속분보다 더 많은 상속재산을 소유하게 된 상속인이 그 차액만큼을 거슬러 주는 방식이다. 예를 들어, 상속재산으로 3억 원 상당의 아파트와 현금 2억 원이 있고, 상속인은 아들인 D, E로 각 1/2의 상속분이 있다고 가정해 보자. 상속재산 5억 원에서 각자가 가져가야 할 몫은 2억 5000만 원이다. 그런데 D가 상속받을 아파트에 이미 거주하고 있다면, 그 아파트는 D가 단독으로 소유하는 것으로 분할함이 합리적일 것이다. 이런 경우 법원은 D가 3억 원의 아파트를, E가 현금 2억 원을 각자 단독소유하도록 분할하면서, D에게 D의 상속분과 상속재산 간의 차액인 5000만 원(3억 원 - 2억 5000만 원)을 E에게 현금으로 지급하라는 결정을 내릴 수 있다. 이처럼 자신이 받을 상속분과 분할받은 상속재산 간의 차액이 발생하여 현금으로 정산해주는 방법을 대상분할이라고 한다.

마지막으로 경매분할이다. 현물분할이나 대상분할이 마땅치 않은 경우 최후에 선택할 수 있는 방법이다. 경매분할 방법은 말 그대로 상속재산을 경매에 부친 뒤 그 경매대금을 상속분에 따라 나눠 가지게 된다.

사례에서 C는 상속받은 부동산 중 일부를 자신이 단독으로 소유하기를 원하고 있다. 만약 C가 상속받은 부동산 중 일부를 이미 사용하거나 거기서 수익을 얻고 있다면, 법원은 상속재산의 이용관계를 고려하여 C에게 현재 사용 중인 상속부동산을 단독분할하고 만약 차액이 있으면 이를 정산하는 방법으로 결정을 내릴 가능성이 높다.

또한 만약 A, B가 C가 원하는 특정 부동산을 단독으로 상속받는 것 자체에 이견이 없다면, 법원은 상속인들의 의사를 존중하여 그 부동산을 C에게 단독분할해줄 가능성이 매우 높다.

그러나 C가 상속부동산이 꼭 필요한 상황도 아니고 다른 상속인들도 C의 단독소유를 반대한다면, 법원은 결국 상속인들에게 각자의 상속분에 따라 상속부동산을 공유하라고 결정할 확률이 높다.

👤 C는 아버지가 돌아가신 지 무려 40여 년이 지났는데 이제 와서 상속재산 분할을 할 수 있는지 의문이 들었다. 어디선가 10년이 지나면 권리가 소멸된 다고 들었는데, 상속재산분할을 할 수 있는 기간도 이미 지난 것이 아닐까?

상속재산분할은 분할이 완료되지 않았다면 언제까지라도 할 수 있다. 상속인 간에 상속재산분할이 이루어진 적이 없다면, 사례처럼 설령 사망 후 수십 년이 지났더라도 상속인들은 상속재산분할합의 를 할 수 있고, 합의를 하지 못하면 법원에 심판청구를 할 수 있다.

이처럼 상속재산분할에는 기한이 없는데도 불구하고, 간혹 일부 상속인들이 상속세 신고기한 내에 상속재산분할합의를 해야 하고 그러지 않으면 상속세 신고도 안 되고 가산세도 발생한다고 주장하 면서, 나머지 상속인들에게 상속재산분할합의를 강요하는 경우도 있다. 그러나 이는 사실이 아니다. 상속세 신고부터 하고 상속재산 분할을 해도 되므로 원하지 않는 분할합의에 억지로 동의할 필요는 없다. 따라서 A, B, C는 40여 년이 지났더라도 상속재산분할을 할 수 있다.

👤 그렇다면 실제 유사한 분쟁에서 A, B, C는 어떤 결말을 맞았을까?

위 사례는 실제 사건을 각색한 것으로 상속재산분할의 중요성을 보여준다. 실제 사건에서도 상속은 수십 년 전에 일어났다. 그 당시 상속인들이 물려받은 토지는 산과 논, 밭 등으로 수백 필지에 달했 지만 가치는 매우 낮았기 때문에, 상속인들은 그 토지에 전혀 관심이 없었다. 상속재산분할합의도 하지 않았고 장남이 몇 년 지나 동생들 모르게 '(법정)상속'을 원인으로 하여 모든 상속인이 이를 공유하는 것으로 공유등기만 해두었을 뿐이다.

그 상태에서 수십 년이 흘러 상속인들이 공유한 상속토지의 가격은 수백 배 내지 수천 배 폭등하여 엄청난 가치를 가지게 되었고, 이를 나누기 위한 다툼이 발생했다. 사건 초기 상속인과 그 후손들은 공유물분할소송을 제기했으나, 법원은 상속재산분할이 완료되지 않았으니 공유물분할소송을 진행할 수 없고 상속재산분할부터 하라며 사건을 가정법원으로 보냈다. 앞서 말했듯 상속재산분할은 언제까지 해야 한다는 제한이 없기 때문에 50여 년 뒤에도 상속분할심판청구를 하는 것이 가능하다.

상속재산분할심판 사건이 진행되었으나, 정작 실제로 상속을 받은 상속인들은 거의 사망하고 그 상속인들의 후손들(자녀, 손주 등)만 생존해 있었다. 상속인들의 후손까지 포함하니 분쟁 당사자가 수십 명에 달했으며, 외국에 사는 사람도 있었다. 서로 왕래가 없어 당사자들끼리 합의를 할 만큼 정이나 신뢰관계도 없었고, 이해관계도 제각기 달라 분쟁을 해결하는 데 엄청난 시간과 비용이 소요되었다. 무려 10년 넘게 대법원을 오가며 상속분쟁이 계속되었다.

상속인들의 수와 상속부동산의 필지가 너무 많았기 때문에 법원이 상속인 한 명 한 명에게 어떤 토지를 단독으로 소유하라는 결정을 내리기는 현실적으로 불가능했다. 결국 법원은 모든 상속인이 각자 상속분에 따라 상속부동산을 공유하라고 심판할 수밖에 없었다.

그런데 거기서 끝이 아니었다. 상속재산분할심판결정이 확정된 뒤 상속인들은 다시 공유물분할소송을 제기하여 자신들이 공유하게 된 상속부동산에 대해 분할청구를 해야만 했다. 상속재산분할에 10여 년이 걸렸는데, 또다시 공유물분할소송을 시작하게 된 것이다.

만약 상속이 개시되었을 당시 상속인들이 상속재산분할합의를 해두었다면 이런 일은 일어나지 않았을 것이다. 또한 이 사건을 처리하면서 상속재산분할 방법에 대해 생각해 보게 되었는데, 상속부동산을 공유하게 되면 후속 분쟁이 발생할 가능성이 높으므로, 지금 당장은 손해를 보더라도 단독분할이 가능하다면 단독분할을 하는 것이 장기적으로 볼 땐 훨씬 이득이다. 그래서 실제로 유언장을 쓸 때도 꼭 필요한 경우가 아니라면 공유보다는 단독분할을 권하는 편이다.

상속인이 미성년자라면 재산분할을 어떻게 할까?

엄마와 미성년 자녀가 공동상속인인 경우

A의 남편이 교통사고로 사망했다. 상속인은 아내 A와 중학생 아들 B, 초등학생 딸 C고, 상속재산은 아파트 한 채이다. A는 A, B, C가 아파트를 1/3씩 공평하게 상속받는 것으로 상속재산분할합의를 했다. 이러한 합의는 유효한가?

결론부터 말하면 A, B, C가 한 상속재산분할합의는 무효이다. A가 자녀인 B, C와 공동상속인이기 때문이다.

어머니 A는 미성년 자녀들의 친권자로서 법정대리인이므로 미성년 자녀의 위임 없이도 그들의 재산에 관한 법률행위를 대리할 권한이 있다. 그러나 어머니라고 해서 자녀의 모든 행위를 대리할 수 있는 것은 아니다. 어머니와 자녀 간에 이해가 상반되는 행위에 대해서는 대리할 수 없다.

공동상속인인 어머니와 자녀들 간의 상속재산분할은 서로의 이해가 상반되는 행위에 해당하므로, A는 B, C를 대리하여 상속재산분할을 할 권한이 없다. 따라서 A가 B, C를 대리하여 한 상속재산분할합의는 무권대리인이 한 행위로서 무효가 된다.

그렇다면 이런 경우 A가 유효한 상속재산분할합의를 하기 위해서는 어떤 절차를 거쳐야 할까?

A가 법원에 B, C의 특별대리인 선임 신청을 하여 법원이 선임한 B, C의 특별대리인과 상속재산분할합의를 하면 된다. 이때 법원은 B의 특별대리인과 C의 특별대리인을 각각 선임해야 하며, 두 명의 특별대리인이 B와 C를 대리하여 상속재산분할합의를 하게 된다. 즉, 친권자인 부모가 미성년 자녀와 공동상속인이라면 특별대리인을 선임하여 그 특별대리인과 상속재산분할합의를 해야 한다.

그러나 A가 특별대리인을 선임하지 않고 B, C를 대리하여 B, C와 상속재산분할합의를 해서 무효가 되었다고 하더라도, 만약 B, C가 성년(만 19세)이 된 뒤 그 상속재산분할합의를 유효로 하는 데 동의한다면 해당 상속재산분할합의는 효력을 가지게 된다. 따라서 실제로는 미성년 자녀를 대리하여 친권자가 상속재산분할합의를 했다고 해도, 자녀가 성년이 된 뒤에 이 사실을 알고도 이의를 제기하지 않고 상당한 시간이 흐르면 이에 동의한 것으로 인정되어 결과적으로 해당 상속재산분할합의가 유효로 인정될 가능성이 높다.

엄마와 미성년 자녀가 공동상속인이 아닌 경우

A는 남편과 이혼하면서 그와의 사이에서 낳은 아들 B, 딸 C의 단독 친권 및 양육권자가 되었다. 그런데 이혼한 지 몇 년이 지나 전남편이 교통사고로 사망했다. 상속인은 현재 중학생인 B와 대학교 4학년으로 성년인 딸 C이고, 상속재산은 아파트 한 채이다. A는 B를 대리하여 아파트를 B, C가 1/2씩 공평하게 나누는 것으로 C와 상속재산분할합의를 했다. 이러한 합의는 유효한가?

A가 미성년 자녀 B를 대리하여 성년 자녀 C와 한 상속재산분할합의는 유효하다. A는 B와 공동상속인이 아니기 때문이다.

A는 전남편과 이혼했으므로 그의 상속인이 아니다. 따라서 A가 자신과 공동상속인이 아닌 자녀 B의 상속재산분할을 대리하는 것은 이해상반행위에도 해당하지 않는다. 친권자인 부모가 미성년 자녀와 공동상속인이 아니라면 그 부모는 미성년 자녀를 대리하여 상속재산분할합의를 할 수 있다.

그러나 만약 A가 상속재산분할을 대리해야 할 미성년 자녀가 한 명이 아니라 여러 명이라면, 자녀들 간에 이해의 대립이 생길 수 있으므로 상속인이 아닌 친권자여도 미성년 자녀를 대리할 수 없다. 이때는 자녀마다 각각 특별대리인을 선임해 상속재산분할합의를 해야 한다.

1부 상속과 분쟁

민법 제911조(미성년자인 자의 법정대리인) 친권을 행사하는 부 또는 모는 미성년자인 자의 법정대리인이 된다.

민법 제921조(친권자와 그 자 간 또는 수인의 자 간의 이해상반행위) ① 법정대리인인 친권자와 그 자 사이에 이해상반되는 행위를 함에는 친권자는 법원에 그 자의 특별대리인의 선임을 청구하여야 한다.
② 법정대리인인 친권자가 그 친권에 따르는 수인의 자 사이에 이해상반되는 행위를 함에는 법원에 그 자 일방의 특별대리인의 선임을 청구하여야 한다.

상속재산분할이 끝난 뒤에 돌아가신 아버지의 혼외자식이 나타났다면?

A의 아버지가 사망했다. 상속인은 아들 A와 아내 B고, 상속재산은 시가 49억 원 상당의 건물 한 채다(시가 변동은 없는 것으로 본다). A와 B는 이 건물을 6:4로 공유하기로 상속재산분할합의를 했고, 이에 따라 건물공유등기까지 완료했다.

그러던 어느 날 C가 나타나 자신이 A의 이복동생이라며 상속재산을 나눠달라고 요구했다. C는 자신이 A 아버지의 친자임을 확인하는 인지청구소송을 하여 승소한 뒤 아버지의 가족관계증명서에 자녀로 기재까지 된 상태였다. 알고 보니 A의 아버지는 과거 자신의 첫사랑이었던 C의 어머니와 불륜을 저질렀으며, 그 사이에서 C가 태어난 뒤 가족들 몰래 C와 C의 어머니를 돌봐주면서 두 집

살림을 했던 것이다.

C는 본인도 아버지의 자식이니 상속재산인 건물의 일부 지분을 달라고 요구했다. 아내 B는 건물은 자신과 죽은 남편이 평생 함께 일군 재산이므로 절대 혼외자식인 C에게 지분을 줄 수 없다고 펄쩍 뛰었다.

A, B, C는 이제 어떻게 상속재산을 나눠야 할까?

　부모가 혼인하지 않은 상태에서 출생한 사람을 혼인 외의 출생자, 즉 '혼외자'라고 한다. 혼외자는 생모와의 관계에서는 출산과 동시에 친자관계가 인정되지만, 생부와의 관계에서는 인지 절차를 거쳐야 법률상 친자관계가 발생한다. '인지'란 혼외자의 생부 또는 생모가 혼외자를 자신의 자녀로 인정하여 법률상의 친자관계를 발생시키는 의사표시를 의미하며, 인지를 하면 혼외자와 부모 사이가 출산 시부터 친자관계인 것으로 인정된다.

　생부의 혼외자는 인지를 해야 생부의 자식으로서 인정받아 상속인이 될 수 있으며, 상속인이 되면 당연히 상속재산을 분할받을 수 있다. 그런데 혼외자의 생부가 사망한 뒤 인지청구를 하는 경우에는 사망 즉시 인지청구를 하더라도 판결을 받는 데 시간이 걸리므로, 다른 공동상속인들이 인지판결 확정 전 혼외자의 존재를 모른 채 상속재산분할을 마친 경우가 발생할 수 있다.

　그런데 상속인들끼리 상속재산을 이미 분할한 상황에서 혼외자가 나중에 인지되었다는 이유로 이를 무효로 하면 혼란이 발생할 수밖에 없다. 따라서 인지 전에 이미 상속재산분할이 완료된 경우 혼외자는 상속재산분할을 없던 것으로 하고 다시 이를 분할해달라고 청구할 수는 없고, 자신의 상속분에 상당하는 금전적 이익(가액)만을 청구할 수 있다. 즉, 부동산 등 상속재산 자체를 현물로 받을 수는 없고 현금으로만 받을 수 있다.

그러므로 사례에서 A와 B는 혼외자 C에게 C의 상속분에 해당하는 현금 14억 원(상속재산인 건물 시가 49억 원 × C의 법정상속분 2/7)을 지급하면 되고, C와 다시 상속재산분할합의를 하여 건물 지분을 줄 필요는 없다.

관련 법률

민법 제1014조(분할 후의 피인지자 등의 청구권) 상속개시 후의 인지 또는 재판의 확정에 의하여 공동상속인이 된 자가 상속재산의 분할을 청구할 경우에 다른 공동상속인이 이미 분할 기타 처분을 한 때에는 그 상속분에 상당한 가액의 지급을 청구할 권리가 있다.

상속재산에서 내 몫은
어떻게 계산되는가

만약 상속인들끼리 합의해 상속재산을 분할한다면, 각자가 얼마를 받을지 자유롭게 정할 수 있다. 그러나 합의가 이루어지지 않는다면, 법원에 상속재산분할소송을 제기해서 법적으로 정확한 상속분을 계산한 뒤 그에 따라 상속재산을 나눠 받게 된다. 상속재산이 총 100억 원이라면, 상속인들이 각자 얼마를 가져갈지 상속분을 먼저 나누고, 각 상속분 액수에 해당하는 상속재산을 가져가게 된다.

따라서 상속재산분할소송에서 가장 큰 쟁점은 전체 상속재산에서 상속인인 내가 받을 몫(상속분)을 계산하는 것이다. 그리고 상속재산에서 받을 몫은 나를 비롯한 공동상속인들의 특별수익액에 따라 달라진다. 특별수익이란 상속인이 피상속인으로부터 생전에 증여받거나 유언에 따라 받은 재산을 의미한다. 즉, '증여재산'과 '유증재산'을 말한다. 피상속인으로부터 특별수익을 받은 상속인을 '특별수익자'라고 한다. 특별수익자는 상속의 일부를 미리 받은 셈이므로 남은 상속재산에서는 그만큼 적게 받게 된다.

관련 법률

민법 제1008조(특별수익자의 상속분) 공동상속인 중에 피상속인으로부터 재산의 증여 또는 유증을 받은 자가 있는 경우에 그 수증재산이 자기의 상속분에 달하지 못한 때에는 그 부족한 부분의 한도에서 상속분이 있다.

그렇다면 내가 실제로 받을 상속분은 어떻게 계산할까?

먼저 특별수익을 받은 상속인이 없다면 법에서 정한 법정상속분(배우자는 1.5, 배우자를 제외한 다른 상속인은 1)에 따라 재산을 나누면 되므로 비교적 간명하다.

그러나 특별수익을 받은 상속인이 있다면 계산은 매우 복잡해진다. 이때는 상속인들의 특별수익이나 기여분을 고려해 수정된 구체적 상속분에 따라 상속재산을 분할해야 하기 때문이다.

구체적 상속분은, ① 상속 개시 당시 상속재산액에 상속인들 전원의 특별수익 총액을 합산한 간주상속재산을 계산한 후, ② 그 간주상속재산액(상속재산액+상속인들 특별수익액)에 법정상속분을 곱해 각 상속인들이 분할받아야 할 법정상속분액을 계산한다. ③ 이와 같이 계산된 상속인의 법정상속분에서 상속인이 받은 특별수익액을 공제하여 산정된다. 이러한 구체적 상속분액이 바로 상속인들의 특별수익액을 감안하여 수정된 상속분으로서 상속인들이 상속재산에서 실제로 분할받는 몫이 된다.

이러한 구체적 상속분 계산은 유류분 계산과 더불어 복잡하기로 악명이 높은데, 가장 기본적인 계산식과 용어를 간단히 정리해 보면 다음과 같다(사건에 따라서는 더 복잡하게 계산된다).

① 간주상속재산(특별수익이 없었다면 원래 상속받았을 재산) = 상속재산 + 특별수익
② 법정상속분액(특별수익이 없었다면 상속인이 법정지분에 따라 상속받았을 재산) = 간주상속재산 × 법정상속분
③ 구체적 상속분액(상속재산에서 상속인이 실제로 분배받아야 할 몫) = 법정상속분액 - 각 특별수익

다음 예시들을 보면 이해하기가 좀 더 수월할 것이다. 위 계산식에 따라 상속분을 계산해보자.

증여나 유증을 받은 상속인이 없다면?

A의 아버지가 사망했다. 상속인은 아들 A와 딸 B, C이고, 상속재산은 아파트 한 채(10억 원), 상가 한 채(5억 원)로 합계 15억 원 상당이다. A, B, C는 아버지의 생전에 증여를 받은 적이 없고, 아버지의 유언도 없었다.

그렇다면 A, B, C는 15억 원 중 각각 얼마를 상속받을 수 있을까?

먼저 간주상속재산을 계산해본다. 간주상속재산이란 특별수익이 없었다면 원래 상속받았을 것으로 간주되는 재산으로, 아버지의 사망 당시 아버지 명의로 있는 상속재산과 상속인들의 특별수익을 합산하여 계산된다. A, B, C는 특별수익으로 받은 재산이 없으므로 간주상속재산가액은 상속재산가액과 동일한 15억 원이다.

그렇다면 위 상속재산 15억 원에서 A, B, C가 받을 몫은 법정상속분인 1/3을 곱한 5억 원씩이다. 만약 A와 B는 아파트 한 채를 각 1/2씩 공유하고, C는 상가를 단독소유하는 것으로 분할한다면 상속분에 맞는 분할이 될 것이다.

상속인	간주상속재산	법정상속지분	법정상속분액	특별수익	구체적 상속분액
A	15억 원	1/3	5억 원	0원	5억 원
B	15억 원	1/3	5억 원	0원	5억 원
C	15억 원	1/3	5억 원	0원	5억 원

증여나 유증을 받은 상속인이 있다면?

2023년 A의 아버지가 사망했다. 상속인으로는 아들 A, 딸 B가 있다. 아버지가 돌아가시기 3년 전인 2020년에 A는 아버지로부터 그 당시 10억 원이던 아파트 한 채를 증여받았고, 딸 B는 아버지가 돌아가시기 13년 전인

2010년에 아버지로부터 당시 가치로 30억 원에 달하는 상가 한 채를 증여받았다. 아버지가 돌아가실 당시 A가 증여받은 아파트 시가는 20억 원으로 뛰었으나, B가 증여받은 상가는 상권이 쇠퇴하는 바람에 가치가 폭락하여 15억 원이 되었다. 아버지에게 남은 상속재산은 현금 5억 원이다.

A와 B의 상속분은 각각 얼마일까?

먼저 간주상속재산을 계산해보자. 간주상속재산은 상속재산과 A, B의 증여재산을 합산하여 계산된다. 그런데 상속분을 계산할 때 A, B의 증여재산 평가 시점은 증여일과 상속일 중 언제일까?

상속일을 기준으로 삼아야 한다. 앞에서도 설명한 것처럼 상속분은 피상속인이 상속인에게 증여하거나 유증하지 않고 상속 시까지 이를 그대로 가지고 있었을 상황을 전제로 계산되기 때문이다.

그렇다면 간주상속재산은 상속재산 5억 원+A의 증여재산 20억 원+B의 증여재산 15억 원인 40억 원이다. A와 B가 미리 증여를 받지 않았다면 상속재산에서 원래 받았어야 할 금액은 40억 원에 A, B의 법정상속분(1/2)을 곱한 20억 원씩이다.

그런데 A는 이미 자신의 원래 상속분(20억 원)에 해당하는 20억 원 상당의 아파트를 받았으므로 현재 남은 상속재산에서 받을 상속분은 0원(20억 원-20억 원)이다. B는 자신의 상속분(20억 원) 중 15억 원 상당의 상가만 미리 받은 셈이므로 현재 남은 상속재산에서 받을 상속분은 5억 원(20억 원-15억 원)이다. 따라서 위 사례에서는 B가 상속재산인 현금 5억 원을 전부 받게 된다.

이를 간단히 표로 정리하면 아래와 같다.

1부 상속과 분쟁

	상속 당시 가액
상속재산	5억 원
A의 특별수익	20억 원
B의 특별수익	15억 원
간주상속재산 합계	40억 원

상속인	간주상속재산	법정 상속지분	법정상속분액	특별수익	구체적 상속분액
A	40억 원	1/2	20억 원	20억 원	0원(20억 원 - 20억 원)
B	40억 원	1/2	20억 원	15억 원	5억 원(20억 원 - 15억 원)

사례에서 B가 아버지로부터 상가를 증여받은 때는 아버지가 사망하기 14년 전으로 10년이 훨씬 넘은 시점이었다. 그런데 이렇게 오래전 증여받은 재산도 특별수익으로 볼 수 있는 것일까?

상속 상담을 하다 보면 가장 많이 받는 질문 중 하나가 증여받은 지 이미 10년이 넘은 재산도 자신의 특별수익으로 인정되느냐는 것이다.

답은 '인정된다'이다.

상속인이 피상속인으로부터 생전에 증여받은 재산이 있다면 그 시기와 상관없이 전부 그 상속인의 특별수익으로 인정된다. 설령 수십 년 전에 증여받았더라도 마찬가지다. 상속세를 계산할 때는 사망 시점 이전의 10년 이내 증여재산만 합산되기 때문에, 상속분을 계산할 때도 그럴 것이라고 생각하는 사람이 많으나 그렇지 않다. 상속세는 세금을 부과하기 위한 것이고, 상속분 계산은 공평하게 재산을 나눠주기 위한 것이므로 시기와 상관없이 특별수익을 받았다면 전부 포함하여 상속분이 계산된다.

👤 만약 A와 B가 증여받은 것이 부동산이 아니라 현금이었다면 어떻게 계산해야 할까? A는 2020년 10억 원을, B는 2010년 10억 원의 현금을 각각 증여받았다면 이때 상속재산 5억 원 중 A와 B의 상속분은 각각 얼마일까?

상속분을 계산할 때 상속재산이나 특별수익의 가액은 상속개시 당시 시가를 기준으로 산정된다. 만약 현금을 증여받았다면 증여받은 현금을 상속개시 당시의 화폐가치로 환산하여 간주상속재산에 합산하게 된다. 이때 화폐가치의 환산은 증여 당시부터 상속개시 당시까지의 물가변동률를 반영하여 산정하는 방식으로 이루어지는데, 그 기준은 경제 전체의 물가수준 변동을 반영한 한국은행의 GDP디플레이터 수치다. GDP디플레이터 수치는 한국은행이 매 분기별로 공표하는 국민소득통계에서 확인할 수 있다. 구체적으로 [증여액 × 상속개시 당시의 GDP디플레이터 수치 ÷ 증여 당시의 GDP디플레이터 수치]로 계산한다.

이에 따라 A와 B가 증여받은 현금을 상속개시 당시의 화폐가치로 환산해보자. A가 2020년 증여받은 현금 10억 원을 2023년 기준으로 환산하면 1,070,420,000원{= 증여액 10억 원 × 2023년 GDP디플레이터(107.042) ÷ 2020년 GDP디플레이터(100)}이고, B가 2010년 증여받은 현금 10억 원을 2023년 화폐가치로 환산하

1부 상속과 분쟁

면 1,223,896,638원{=증여액 10억 원 × 2023년 GDP디플레이터 (107.042) ÷ 2010년 GDP디플레이터(87.460)}이다.

그렇다면 간주상속재산은 상속재산 5억 원 + A의 증여재산 1,070,420,000원 + B의 증여재산 1,223,896,638원의 합계인 2,794,316,638원이다. A와 B가 미리 증여를 받지 않았다면 상속재산에서 원래 받았어야 할 법정상속분액은 2,794,316,638원에 A, B의 법정상속분(1/2)을 곱한 1,397,158,319원씩이다.

그런데 A는 이미 자신의 원래 법정상속분(1,397,158,319원) 중 2020년에 사전증여로 1,070,420,000원을 받았으므로 상속재산에서 받아야 할 구체적 상속분은 326,738,319원(1,397,158,319원 - 1,070,420,000원)이고, B는 자신의 법정상속분(1,397,158,319원) 중 2010년에 사전증여로 1,223,896,638원을 받았으므로 상속재산에서 받아야 할 구체적 상속분은 173,261,681원(1,397,158,319원 - 1,223,896,638원)이다.

따라서 상속재산 5억 원은 A가 326,738,319원, B가 173,261,681원을 나눠 가지게 된다. 이를 간단히 표로 정리하면 다음과 같다.

	상속 당시 가액(2023년)
상속재산	5억 원
A의 특별수익	1,070,420,000원 (=10억 원 × 107.042 ÷ 100)
B의 특별수익	1,223,896,638원 (=10억 원 × 107.042 ÷ 87.460)
간주상속재산 합계	2,794,316,638원

상속인	간주상속재산	법정 상속지분	법정상속분액	특별수익	구체적 상속분액
A	2,794,316,638	1/2	1,397,158,319	1,070,420,000	326,738,319
B	2,794,316,638	1/2	1,397,158,319	1,223,896,638	173,261,681
합계					500,000,000

단위: 원

손자나 며느리가 받은 증여나 유증도
특별수익으로 인정될까?

🧑 75쪽의 사례에서 만약 딸 B가 아버지로부터 15억 원 상당의 상가를 증여받은 것 외에 B의 딸, 곧 고인의 손녀도 아파트 한 채를 증여받았다고 해보자. 아파트의 상속개시 당시 시가가 7억 원이라면, 남은 상속재산 현금 5억 원에 대한 A와 B의 상속분은 각각 얼마일까?

원칙적으로 상속인의 상속분을 산정할 때 참작되는 특별수익은 상속인 본인이 피상속인으로부터 받은 증여와 유증에 한정된다. 그러나 상속인의 자녀, 배우자, 부모가 증여나 유증을 받은 경우에도 실질적으로 피상속인이 상속인에게 직접 증여 혹은 유증한 것이나 마찬가지로 인정되는 경우에는 이 또한 상속인의 특별수익으로 인정된다. 즉, 손자나 며느리가 받은 증여재산도 아들이 받은 것으로 보고 아들의 상속분에 반영되는 것이다. 법원의 판단은 손자와 며느리에게 준 재산은 아들에게 준 재산과 마찬가지라는 것이 일반적이고, 그와 달리 판단하는 경우는 오히려 드물다.

사례에서 B가 직접 증여받은 재산은 상가 한 채(15억 원)이지만, B의 딸도 아파트 한 채(7억 원)를 증여받았으므로 B가 아버지로부터 받은 특별수익 합계는 최종적으로 22억 원이 된다. 이를 기초로 다시 상속분을 계산해 보면 아래 표와 같이 A는 5억 원 중 3억 5000만 원을, B는 1억 5000만 원을 분할받게 된다.

	상속 당시 가액
상속재산	5억 원
A의 특별수익	20억 원
B의 특별수익	15억 원(B)
	7억 원(B의 딸)
간주상속재산 합계	47억 원

상속인	간주 상속재산	법정 상속지분	법정 상속분액	특별수익	구체적 상속분액
A	47억 원	1/2	23.5억 원	20억 원	3.5억 원(23.5억 원 - 20억 원)
B	47억 원	1/2	23.5억 원	22억 원	1.5억 원(23.5억 원 - 22억 원)

대법원 2007. 8. 28. 자 2006스3,4 결정

민법 제1008조는 '공동상속인 중에 피상속인으로부터 재산의 증여 또는 유증을 받은 자가 있는 경우에 그 수증재산이 자기의 상속분에 달하지 못한 때에는 그 부족한 부분의 한도에서 상속분이 있다'고 규정하고 있는바, 이와 같이 상속분의 산정에서 증여 또는 유증을 참작하게 되는 것은 원칙적으로 상속인이 유증 또는 증여를 받은 경우에만 발생하고, 그 상속인의 직계비속, 배우자, 직계존속이 유증 또는 증여를 받은 경우에는 그 상속인이 반환의무를 지지 않는다고 할 것이나, 증여 또는 유증의 경위, 증여나 유증된 물건의 가치, 성질, 수증자와 관계된 상속인이 실제 받은 이익 등을 고려하여 실질적으로 피상속인으로부터 상속인에게 직접 증여된 것과 다르지 않다고 인정되는 경우에는 상속인의 직계비속, 배우자, 직계존속 등에게 이루어진 증여나 유증도 특별수익으로서 이를 고려할 수 있다고 함이 상당하다.

기여분이란 무엇인가

'기여분'이란 공동상속인 가운데 상당한 기간 동거, 간호, 그 밖의 방법으로 생전에 피상속인을 특별히 부양하거나 피상속인의 재산 유지 또는 증가에 특별히 기여한 사람이 있을 때 그 기여도에 따라 고유한 법정상속분에 더하여 받게 되는 가액을 의미한다.

기여분이 인정되는 경우 상속개시 당시 상속재산가액에서 기여분을 공제한 나머지만을 상속재산으로 보고 상속분을 산정한다. 즉, 기여자인 상속인은 상속재산 중 일부를 떼어 기여분으로 받고, 나머지 상속재산만 상속인들끼리 나누는 것이다. 따라서 기여분을 받는 사람은 기여분과 기여분을 공제한 나머지 상속재산에서 자신의 상속분을 받게 되므로 자신의 상속분보다 더 많이 받을 수 있다.

아버지를 간병해 온 내가 상속을
더 많이 받아야 하지 않을까?

👤 A의 남편이 사망했다. 상속인은 아내 A, 딸 B, 아들 C다. A의 남편은 암으로 3년 정도 투병하다가 사망했는데, A는 2년간 남편을 간병하다가 건강이 급격히 악화되는 바람에 나머지 1년은 간병을 하지 못했다. 그 기간에는 직장이 없는 미혼인 딸 B가 아버지의 간병을 전담했다. 아들 C는 직장 때문에 주중에는 간병이 불가능했고 매달 60만 원씩을 치료비로 보탰다.

아버지의 장례 후 상속재산을 확인해 보니 예금 7억 원이 있었다. 가족들은 한자리에 모여 상속재산을 어떻게 할 것인지 상의했다. 사전증여재산은 전혀 없었기 때문에 상속재산을 어떻게 나눌지만 정하면 되었다. C는 법정상속분대로 어머니가 3억, 누나와 자신이 각 2억씩 나눠 가지자고 했다.

그러자 B는 정말 너무한다고 C에게 울분을 터뜨렸다. "너는 입으로만 효도했지만 나는 1년 동안 아버지를 혼자 간병하느라 몸이 축났다. 재산을 똑같이 나눠선 안 되고 아버지에게 가장 헌신한 내가 더 많이 받아야 한다."고 주장했다. B의 말을 들은 C도 화가 나서 B에게 따지기 시작했다. "나는 평생 모범생으로 살면서 부모님께 걱정 한 번 끼친 적이 없고 취직도 바로 해서 10년 넘게 매달 용돈을 드리고 치료비를 댔다."고 맞받았다. 또한 "누나는 평생 문제아로 살면서 사고란 사고는 다 치고 결혼도 취직도 안 하면서 부모님께 용돈을 타 생활하다가 아버지 돌아가시기 전 1년 남짓 간병한 것 가지고 기여를 주장하는 게 말이 되냐."고 퍼부었다. 기여를 따진다면 오히려 자신의 기여도가 훨씬 더 높다면서, 게다가 주말에는 자신도 간병을 도와주지 않았냐고 따졌다.

자식들의 싸움을 보고 있던 어머니 A 역시 화가 났다. A는 "자식을 낳아봐야 소용이 없다. 나야말로 수십 년 동안 가부장적인 남편과 살면서 독박 육아와 가사를 해왔고 2년간 간병하다 병까지 얻었는데, 내 명의로는 땡전 한 푼 없고 다 남편 명의로 되어 있으니 너무 억울하다."고 토로했다. A는 고령에 몸도 좋지 않아 일을 하기 어려운데 법정상속분 3억 원으로는 생계를 꾸리기도 부족하다며 대부분의 상속재산을 자신이 가져야 한다고 주장했다.

이런 상황에서 A, B, C 중 자신의 법정상속분보다 더 많이 받을 가능성이 높은 사람은 누구일까?

 사례에서 딸 B가 1년 동안 아버지를 혼자 간병하고, 아들 C가 부모에게 매달 60만 원을 드린 것은 기여로 인정될 수 있을까?

 안타깝지만 인정되지 않을 가능성이 높다. 상속분쟁 시에 기여분을 두고 논쟁이 많이 벌어지긴 하지만, 실무상 기여분을 인정받기는 쉽지 않다. 다른 상속인들보다 상속재산을 더 많이 받을 정도의 기여가 인정되려면 일반적인 수준의 기여로는 안 되고 특별한 기여가 인정되어야 하기 때문이다.

 그렇다면 특별한 기여란 무엇일까?

 단순히 부부나 부모 자식 간의 일반적인 부양의무를 이행한 것은 특별한 기여로 인정되지 않는다. 부부나 부모 자식이 서로를 간병하고 병문안을 하고 치료비를 대거나 용돈을 주는 것은 가족이라면 으레 할 법한 일반적인 부양의무를 이행한 것으로 보아 특별한 기여로 인정되지 않을 가능성이 높다.

 그렇다고 피상속인의 간병이나 치료비를 부담한 것이 기여로 인정될 가능성이 전혀 없다는 말은 아니다. 다른 상속인들은 피상속인을 전혀 부양하지 않는 상황에서 상속인 한 명만 오랜 기간 간병을 전담하고 거액의 치료비를 홀로 부담하는 등 그 상속인에게 상속재산을 더 주는 것이 공평할 정도의 수준에 이르렀다면 기여분으로 인정될 여지도 있다.

사례에서 딸 B는 1년 동안 아버지를 혼자 간병했다. 그러나 어머니 A도 그 전에 2년간 간병을 했고, 아들 C도 주말에 간병을 돕고 치료비를 대는 등 상속인들 전부가 각자 할 수 있는 범위에서 아버지를 돌보았다. 따라서 B의 간병을 다른 상속인들보다 더 많은 상속재산을 받을만한 기여로 보기는 어렵다. C 역시 마찬가지다. C가 매달 드린 60만 원은 그 액수에 비춰 볼 때 아들이 아버지에게 용돈으로 드릴 수 있는 정도의 금액이지 다른 상속인들보다 상속분을 더 많이 줘야 할 만큼의 기여는 아니다.

따라서 B와 C 모두 기여분이 인정되지 않을 가능성이 매우 높다.

평생 남편 뒷바라지한 나는?

👤 위 사례에서 아내 A는 남편과 함께 살면서 육아와 가사를 전담하고 남편을 간병했는데 기여분을 인정받을 수 없을까?

인정받을 가능성이 상당히 높다.

우선 부부 간의 부양의무는 1차 부양의무에 해당한다. 1차 부양의무란 부양을 받을 자의 생활을 부양의무자의 생활과 같은 정도로 보장해야 할 의무를 의미하며, 법이 정하는 가장 높은 수준의 부양의무라고 할 것이다. 부부는 이처럼 서로의 생활을 돌볼 의무가 있으므로 부부가 서로를 간병하거나, 치료비를 지급하거나, 일반적인 가사노동을 하더라도 이는 특별한 기여로 평가되지 않는 것이 보통이다.

그러나 한편으로 부부는 공동으로 재산을 형성, 유지한다. 그런데 오랜 기간 혼인생활을 유지하면서 가사노동을 전담하고 남편을 간병했음에도 대부분의 재산이 남편 명의로만 되어 있고, 자녀들의 수도 많아서 아내와 자녀들이 법정상속분대로 상속재산을 나눌 경우 아내로서는 생계 유지조차 어려워진다면 어떨까? 이런 경우에도 배우자의 가사노동은 특별한 기여가 아니라는 이유로 아내에게 공동상속인들과 상속재산을 나눠 가지게 하는 것이 공평할까?

불공평할 것이다. 만약 A가 남편 생전에 남편을 상대로 이혼을 청구했다면 50%에 가까운 재산분할을 받았을 가능성이 높다. 그런데 이혼하지 않고 사이좋게 살았다는 이유로 남편이 사망한 뒤 자녀들과 재산을 나눠 가진다면 이혼했을 경우보다 훨씬 더 적은 재산만 받게 되는 결과가 초래되는 셈이다.

법원은 이런 불공평을 해결하기 위해 배우자에게는 기여분의 범위를 좀 더 넓게 인정하는 편이다. 즉, 배우자의 동거, 간호, 가사노동이 특별한 기여에 해당하는지를 판단할 때 상속재산의 규모와 배우자의 특별수익액, 다른 공동상속인의 수 등을 전부 고려한다. 따라서 배우자 명의의 재산이 없거나 적고 공동상속인 수가 많아서 공동상속인들과 배우자가 재산을 법대로 나눠 가질 경우 배우자에게 돌아갈 몫이 너무 적다면, 법원은 배우자의 기여분을 인정하는 경우가 많다. 그것이 공평한 상속재산분할이라고 보기 때문이다. 이런 까닭으로 자기 명의로는 아무런 재산이 없는 사례의 아내 A에게 기여분이 인정될 가능성이 상당히 높다.

그렇다면 A는 어떤 절차를 통해 상속재산에 대한 자신의 기여를 인정받을 수 있을까?

기여분을 인정받기 위해서는 상속인 전원이 합의하여 이를 인정받거나, 아니면 법원에 기여분결정심판청구를 하여 법원의 결정에 따라 인정받을 수 있다. 다만 법원에 대한 기여분결정심판청구는 상속재산분할심판청구가 제기되어야 할 수 있고, 상속재산분할심판청구 없이 기여분결정을 청구하는 것은 부적법하다. 따라서 일반적으로는 상속재산분할심판청구를 제기함과 동시에 기여분결정심판청구를 하거나 상속재산분할심판청구를 진행하면서 중간에 제기하는 것이 보통이다.

기여분이 인정될 때 상속재산을 나누는 방법은?

앞의 사례에서 딸 B와 아들 C가 어머니 A에게 3억 5000만 원의 기여분을 인정하기로 합의했다면, A, B, C가 최종적으로 가져가는 몫은 얼마일까?

기여분이 인정되면 상속재산에서 그 기여분을 공제하고 남은 상속재산으로 상속분을 계산한다. 앞의 사례에서 상속재산 7억 원에서 공동상속인들 간의 합의로 인정된 어머니의 기여분 3억 5000만 원을 빼면 상속재산은 3억 5000만 원이다. 피상속인 배우자의 법정상속분은 1.5, 자녀의 법정상속분은 1이므로, 배우자 A:자녀 B:자녀 C의 법정상속분은 3:2:2가 된다(이를 분수로 표현하면 A의 법정상속분은 3/7, B와 C의 법정상속분은 각 2/7이다). 따라서 기여분을 공제한 상속재산에서 어머니 A의 법적상속분은 1억 5000만 원(3억 5000만 원 × 3/7)이고, 자녀 B, C의 법정상속분은 각 1억 원(3억 5000만 원 × 2/7)이다. 어머니는 기여분 3억 5000만 원과 기여분을 공제한 나머지 상속재산 중 1억 5000만 원을 상속받아 총 5억 원을 상속받게 된다. 이를 정리하면 아래 표와 같다.

상속재산	7억 원
특별수익	0원
기여분	3억 5000만 원
간주상속재산(상속재산 + 특별수익 - 기여분)	3억 5000만 원

상속인	간주상속재산	법정상속지분	법적상속분액 (간주상속재산 × 법정상속지분)	기여분	구체적 상속분액 (법적상속분액 + 기여분)
A	3.5억 원	3/7	1.5억 원	3.5억 원	5억 원
B	3.5억 원	2/7	1억 원	0원	1억 원
C	3.5억 원	2/7	1억 원	0원	1억 원
합계					7억 원

기여분이 인정된 기타 사례들은?

A의 삼촌은 외교관이었는데, 1980년대 민주화 투쟁에 참여했다가 독일로 망명했다. 독일에서 삼촌의 생활은 평탄하지 않았고 급기야 이혼까지 하게 되었다. 아이들은 숙모가 데려갔고 독일인으로 자랐다. 삼촌은 혼자 한국으로 귀국했다.

삼촌은 귀국한 뒤로 독일에 있는 자녀들과 연락도 뜸해지고 혼자 외롭게 지냈다. 근처에 살던 조카 A만이 삼촌을 찾아가 함께 시간을 보내곤 했다. 20년간 혼자 살던 삼촌은 췌장암 선고를 받았다. 조카 A가 간병을 전담하며 보호자 역할을 했고, 삼촌은 조카 A를 양자로 입양했다. 입양 후 얼마 지나지 않아 삼촌은 사망했고 조카가 임종을 지켰다. 삼촌은 조카 A에게 고마움을 표시하면서 자신의 장례를 치러줄 것을 당부하고 대부분의 재산을 물려주고 싶다는 글을 남겼다. 그러나 유감스럽게도 유언의 효력은 없는 문서였다.

조카 A는 기여분을 인정받을 수 있었을까?

가정법원은 위 사건에서 조카 A의 기여분을 25% 인정했다. 삼촌의 자녀들이 삼촌과 전혀 교류가 없던 상황에서 A만이 수십 년간 삼촌을 뒷바라지하고 돌봐왔으므로 A가 더 많은 재산을 가져가는 것이 공동상속인 사이의 실질적 공평에 부합한다고 판단한 것이다.

만약 조카 A가 입양되지 않았다면, 조카는 상속인이 아니므로 삼촌으로부터 아무것도 받지 못했겠지만, 삼촌은 생의 마지막에 조카를 양자로 들여 자신을 뒷바라지해 준 데 보답한 셈이다.

다음 사례는 신혼부부에게 일어난 비극이다.

👤 아내 A는 결혼할 당시 자신이 모아둔 돈과 대출금으로 자동차와 아파트를 샀다. 남편은 아파트와 자동차 매수대금을 부담하지 않았지만, A는 남편과 행복한 결혼생활을 꿈꾸며 아파트를 자기 단독명의가 아니라 남편과 1/2지분씩 공동명의로 등기했고, 자동차는 100% 남편 명의로 했다. 그러나 결혼 3개월 만에 남편은 급사하고 말았다. 부부에게는 아이가 없었기 때문에, 상속인은 아내 A와 시부모님이었다.

A는 남편의 상속재산인 아파트 지분의 1/2과 자동차는 사실 자신의 돈과 대출금으로 산 것이니 전부 자기가 가져가겠다고 했다. 시부모는 "아들도 3개월 정도는 네 명의의 대출금을 같이 갚았고 생활비도 댔는데 그게 왜 다 네 것이냐."고 따졌다. 결국 A와 시부모는 가정법원에 상속재산분할심판청구를 했고, A는 자신이 100% 기여분을 인정받아야 한다고 주장했다.

A는 몇 퍼센트의 기여분을 인정받았을까?

　가정법원은 유사한 사건에서 A에게 70%의 기여분을 인정했다. A가 아파트와 자동차 매매대금의 대부분을 부담했고 혼인기간이 약 3개월에 불과한 점 등을 감안해서 남편의 상속재산의 유지 또는 증가에 특별히 기여했다고 판단한 것이다. 남편의 상속재산인 아파트 지분 절반과 자동차를 A의 돈으로 샀고, 혼인기간이 짧아서 남편이 아내와 같이 대출금을 변제한 금액도 미미했기 때문이다.

👤 실제 사례에서 법원은 어떻게 기여분을 판단하는가?

기여분이 인정되는 실제 사례들을 보면, 가정법원이 기계적으로 '이런 경우에는 기여분 몇 퍼센트, 저런 경우에는 기여분 몇 퍼센트'라는 식으로 접근하지 않는다는 사실을 알 수 있다. 첫 번째 사례에서 법원이 법논리만을 중시했다면 입양된 조카가 양아버지인 삼촌을 돌본 일은 당연한 부양의무를 이행한 것이라고 판단할 수도 있었을 것이다. 그러나 이 사례에서는 상식적으로 조카가 다른 상속인들과 동등하게 재산을 나눠 받는 게 불공평했기에, 법원이 조카의 기여분을 인정한 것이다.

가정법원에서 기여분을 인정할 때는 이와 같이 공동상속인들 간의 실질적 공평도 상당히 중요하게 생각한다. 특정 상속인이 그동안 고인에게 기여한 바에 비추어 볼 때 다른 공동상속인들과 똑같이 재산을 분할받는 것이 명백히 불공평하다면 기여가 인정될 가능성이 높다.

관련 법률

민법 제1008조의2(기여분) ① 공동상속인 중에 상당한 기간 동거·간호 그 밖의 방법으로 피상속인을 특별히 부양하거나 피상속인의 재산의 유지 또는 증가에 특별히 기여한 자가 있을 때에는 상속개시 당시의 피상속인의 재산가액에서 공동상속인의 협의로 정한 그자의 기여분을 공제한 것을 상속재산으로 보고 제1009조 및 제1010조에 의하여 산정한 상속분에 기여분을 가산한 액으로써 그자의 상속분으로 한다.
② 제1항의 협의가 되지 아니하거나 협의할 수 없는 때에는 가정법원은 제1항에 규정된 기여자의 청구에 의하여 기여의 시기·방법 및 정도와 상속재산의 액 기타의 사정을 참작하여 기여분을 정한다.

5

상속채무가 너무 많다면

상속포기는 뭐고 한정승인은 뭘까?

어머니가 돌아가신 뒤 외아들인 A의 유일한 가족이었던 아버지마저 돌아가셨다. A는 아버지의 상속 절차를 처리하면서 아버지에게 자신이 모르는 빚이 많다는 걸 알게 되었다. A의 사정을 알게 된 친척들도 A를 걱정했다.

A는 최대한 남에게 폐를 끼치고 싶지 않았지만 아버지가 남긴 상속재산만으로는 아버지의 빚을 갚기 어려워 보였다. 한정승인이나 상속포기를 하면 상속채무를 걱정하지 않아도 된다고 어디선가 들었지만 둘 중 어떤 쪽을 선택해야 할지 판단이 잘 서지 않는다.

1장 첫머리에서 말했듯이 피상속인이 사망하면 상속인은 피상속인의 재산에 대한 포괄적 권리의무를 무조건 승계하게 된다. 피상속인의 사망 사실을 알았든 몰랐든, 자신이 상속인임을 알든 모르든 상속이 이루어진다.

'상속포기'와 '한정승인'은 상속인에게 상속의 효과를 거절하거나 제한할 수 있는 자유를 주는 제도다. 상속포기는 피상속인의 재산상 권리의무 승계 자체를 거절하는 것이고, 한정승인은 상속으로 물려받을 재산 내에서만 피상속인의 채무(유언이 있으면 유증도 포함)를 변제할 것을 조건으로 상속을 승인하는 것이다.

좀 더 풀어서 말하면, 상속포기는 상속인 지위, 상속재산, 상속채무를 전부 포기하는 것이고, 한정승인은 상속인 지위와 상속재산, 상속채무를 모두 물려받지만 상속재산을 넘지 않는 범위에서 상속받은 빚을 갚는 것이다.

상속포기와 한정승인은 언제까지 결정해야 할까?

원칙적으로 상속포기와 한정승인은 상속이 개시되었음을 안 날로부터 3개월 내에 신청해야 한다. 3개월이 지나면 더 이상 상속포기나 한정승인을 할 수 없다. 만약 3개월 내에 상속포기나 한정승인을 할지 정하기 어렵다면 가정법원에 기간을 연장해 달라고 신청하여 기간을 연장할 수 있다. 이때 상속이 개시되었음을 안다는 것은 피상속인이 사망했다는 사실뿐만 아니라 그로 인해 자신이 상속인이 되었다는 사실까지 포함한다.

　그렇다면 상속이 개시되었음을 안 날로부터 3개월이 경과하면 어떤 경우에도 상속포기와 한정승인은 더 이상 불가능한 것일까?

　꼭 그렇지는 않다. 3개월이 경과해도 특정한 경우 한정승인은 가능하다. 상속인이 상속채무가 상속재산을 초과하는 사실을 중대한 과실 없이 3개월 내에 알지 못한 경우에는, 상속인이 채무초과 사실을 안 날로부터 3개월 내에 한정승인을 할 수 있다. 이를 '특별한정승인'이라고 한다.

상속포기와 한정승인은 어떻게 할까?

　상속포기는 피상속인의 마지막 주소지에 있는 가정법원에 상속포기 신고만 하면 된다. 한정승인 역시 피상속인의 마지막 주소지에 있는 가정법원에 신고하는 방식이지만, 상속포기보다 구비할 서류가 더 많다.

　한정승인을 하려면 한정승인 신고서에 상속재산 목록을 첨부하여 법원에 제출해야 한다. 이때 상속재산 목록에는 채무를 비롯하여 상속재산 전부를 기재해야 하는데, 소액인 채권이라도 빠짐없이 정확하게 작성해야 한다. 만약 상속재산 중 일부를 고의로 누락한 것으로 확인되면 한정승인이 인정되지 않을 수도 있으므로 주의가 필요하다.

　상속포기나 한정승인은 이를 신고한 상속인이 가정법원으로부터 신고를 수리했다는 결정문을 받은 날부터 효력이 발생한다.

상속포기와 한정승인 이후에 할 일은?

상속을 포기하면 처음부터 상속인이 아닌 것이 되고, 상속인이 여러 명인 경우 상속포기자의 상속분은 상속포기를 하지 않은 다른 상속인들에게 귀속된다. 어머니와 자녀 두 명이 상속인인데 어머니는 상속을 포기했다면, 자녀 두 명만 상속인이 되는 것이다.

반면, 한정승인을 한 상속인은 여전히 상속인으로서 상속재산과 상속채무를 전부 물려받지만 상속재산으로만 상속채무를 변제하면 되고, 상속재산이 아닌 원래 상속인 소유의 재산으로 상속채무를 변제할 필요는 없다.

이렇게 보면, 상속포기나 한정승인은 별 차이가 없는 듯도 하다. 그러나 상속포기를 하면 상속재산에 대해 아무 권리도 의무도 없으므로 신고만으로 절차가 종결되는 반면, 한정승인을 한 경우에는 상속인으로서 상속재산을 정리하는 절차를 거쳐야 한다.

한정승인 수리결정문을 받은 상속인은 그로부터 5일 내에 신문에 공고를 내어 자신이 한정승인을 한 사실을 알리고, 공고일로부터 2개월 이상의 기간 내에 피상속인의 채권이나 유언으로 받은 재산을 가진 사람이 있다면 신고해달라고 요청해야 한다. 또한 이미 알고 있는 채권자에게는 채권을 일정 기간 내에 신고하라고 개별적으로 통지, 즉 최고催告해야 하고, 이 채권 신고기간 내에는 상속채권 변제를 거절할 수 있다.

이렇게 공고와 최고를 통해 상속채권자를 파악한 뒤에는 상속재산을 상속채권자들에게 나눠 변제하는 절차를 거치게 된다. 빚을 갚는 순서는 다음과 같다. ① 미납된 국세나 지방세 등의 조세채권, 근저당권, 주택임대차보호법에 따른 임대차보증금반환채권처럼 우선변제권이 있는 채권부터 먼저 갚고, ② 상속비용을 변제한다. 상속비용이란 상속개시 후 상속재산의 보전, 관리, 청산에 관하여 지출한 비용으로 보존등기 비용, 재산목록 작성 비용, 상속재산에 대한 관리비, 수리비 등을 의미한다. 그다음에는 ③ 담보가 없는 일반 채권자들에게 그들이 가진 채권 비율에 따라 변제한다. ④ 만약 사망자가 유언을 남긴 경우에는 위 채권들과 비용을 전부 변제한 후 남은 상속재산이 있는 경우에만 이를 이행한다.

한편 한정승인과 관련하여 가장 문제가 되는 것은 한정승인을 한 상속인이 취득세와 양도소득세를 부담하는지 여부이다. 등기와 등록이 필요한 상속재산은 피상속인 명의에서 상속인 명의로 이전되어야 하므로 한정승인을 한 상속인들에게도 이전에 필요한 취득세가 부과된다. 또한 한정승인 후 상속채무를 변제하기 위해서는 상속재산을 경매를 통해 처분하게 되는데, 그 과정에서 양도차익이 발생하면 양도소득세가 부과된다.

이에 관해서 여러 논란이 있었는데, 결론만 이야기하자면 과세기관은 한정승인을 한 상속인들에게 취득세와 양도소득세를 부과할 수 있다. 그러나 이는 상속재산의 관리 및 청산에 필요한 비용으로 앞서 설명한 상속비용에 해당하므로 상속재산 중에서 지급해야 한다. 따라서 '상속인들이 상속재산이 아닌 자신의 고유재산으로 취득세와 양도소득세를 변제할 책임은 없다'는 것이 최근 대법원 판결이다.

이렇게 보면, 모든 상속인이 복잡한 한정승인 절차를 거치지 말고 몽땅 상속포기를 하는 편이 더 현명하지 않을까 하는 생각이 들 것이다. 그러나 꼭 그렇지는 않다.

앞에서 설명한 것처럼 상속포기를 하게 되면 다른 상속인들이 상속포기자의 상속분을 받게 된다. 그 말은 상속포기를 하지 않은 상속인들이 상속포기자의 몫까지 떠안게 되어 상속채무를 원래 자기 몫보다 더 많이 부담해야 한다는 소리다.

실제 사례에서, B가 엄청난 채무를 남기고 사망하자 1순위 상속권자였던 B의 아내와 자식들이 상속포기를 했다. 그리고 그 채무는 2순위 상속권자였던 B의 형제자매들에게 넘어갔다. B의 형제자매들은 나중에야 B의 아내와 자식들의 상속포기 사실을 접하고, 자신들이 상속인이 되었으며 막대한 상속채무를 떠안을 위험에 처했음을 알게 되었다.

문제는 B가 사망한 지 이미 3개월이 훨씬 지났다는 것이었다(앞서 설명했듯이 원칙적으로 상속개시 사실을 안 날로부터 3개월 내에 상속포기를 해야 한다). B의 형제자매들은 처음에는 3개월이 지났으니 꼼짝없이 상속채무를 질 수밖에 없다는 생각에 절망에 빠져 있었다. 그러다 혹시나 하는 생각에 법률상담을 받고서야 B가 죽었다는 사실은 알았지만 B의 1순위 상속인들이 상속을 포기한 사실은 나중에 알았고, 그때부터 셈하면 아직 3개월이 지나지 않았으므로 상속포기가 가능하다는 사실을 알고 급하게 법원에 상속포기 신고를 할 수 있었다.

B의 형제자매들은 자신들과 같은 사태를 방지하기 위해 상속인

이 될 가능성이 있는 모든 친척(4촌 이내 방계혈족까지)에게 연락하여 그들까지 전부 상속포기를 하게 했다. 당시 상속포기를 한 사람은 30여 명 정도였는데, 이들 외에도 상속인이 될 가능성이 있는 몇몇은 유럽에 살면서 한국에 방문한 적조차 없어 연락이 전혀 닿지 않는 바람에 전부 상속포기 신고를 하지는 못했다.

1순위 상속권자인 B의 아내와 자녀들이 자신들만 상속포기를 하고 이를 친척들에게 알리지 않는 바람에 가족 간에 큰 싸움이 나기도 했음은 물론이다. B의 아내와 자녀들이 상속포기를 함으로써 본인들은 편했을지 몰라도 관련 없는 일가친척에게 그 후폭풍이 미친 것이다.

93쪽의 사례에서 A는 친척들이나 다른 사람들에게 폐를 끼치지 않으면서도 자신이 더 이상 피해를 보지 않기를 원했는데, 그렇다면 한정승인을 하는 편이 더 나을 것이다. 만약 상속포기를 하겠다면, A는 4촌 방계혈족에게까지 전부 연락하여 한 번에 상속포기를 신고해야 다른 일가친척들의 피해를 막을 수 있다.

일반적으로는 배우자와 자녀 등 1순위 공동상속인 중 한 명이 대표로 한정승인을 하고 나머지 상속인들은 상속포기를 하거나, 1순위 공동상속인 전부가 한정승인을 하여 일가친척들이 피해를 보지 않게 한다.

민법 제1019조(승인, 포기의 기간) ① 상속인은 상속개시 있음을 안 날로부터 3개월 내에 단순승인이나 한정승인 또는 포기를 할 수 있다. 그러나 그 기간은 이해관계인 또는 검사의 청구에 의하여 가정법원이 이를 연장할 수 있다.

② 상속인은 제1항의 승인 또는 포기를 하기 전에 상속재산을 조사할 수 있다.

③ 제1항에도 불구하고 상속인은 상속채무가 상속재산을 초과하는 사실(이하 이 조에서 "상속채무 초과사실"이라 한다)을 중대한 과실 없이 제1항의 기간 내에 알지 못하고 단순승인(제1026조 제1호 및 제2호에 따라 단순승인한 것으로 보는 경우를 포함한다. 이하 이 조에서 같다)을 한 경우에는 그 사실을 안 날부터 3개월 내에 한정승인을 할 수 있다.

④ 제1항에도 불구하고 미성년자인 상속인이 상속채무가 상속재산을 초과하는 상속을 성년이 되기 전에 단순승인한 경우에는 성년이 된 후 그 상속의 상속채무 초과사실을 안 날부터 3개월 내에 한정승인을 할 수 있다. 미성년자인 상속인이 제3항에 따른 한정승인을 하지 아니하였거나 할 수 없었던 경우에도 또한 같다.

3장

—

유류분의 반환

유류분이란 무엇인가

'유류분'이란 피상속인의 유증이나 증여가 있더라도 상속재산 중 일부는 무조건 받을 수 있는 몫을 의미한다. 사람은 자유롭게 자신의 재산을 증여 또는 유증으로 처분할 수 있으므로, 전 재산을 한 명에게만 주는 것도 가능하다. 그러나 그렇게 되면 남은 상속인들은 상속재산을 전혀 받지 못한 채 먹고사는 일 자체가 어려워질 수 있다. 특히 고령인 배우자나 부모가 상속인이라면 더욱 그렇다. 또한 혈연이라면 상속재산에 대한 기대를 가지게 마련이므로 이러한 기대 역시 보호할 필요가 있다.

이처럼 피상속인의 일방적인 재산 처분행위로부터 유족의 생존권, 상속재산 형성에 대한 기여, 상속재산에 대한 기대 보장을 보호하기 위해 민법은 어떤 경우에도 상속재산에서 보장받을 수 있는 몫(유류분)을 정해두고 있으며, 피상속인의 자녀와 배우자가 상속인인 경우에는 법정상속분의 1/2, 부모가 상속인이면 법정상속분의 1/3을 보장받는다.

과거에는 형제자매가 상속인이 되는 경우 법정상속분의 1/3에 해당하는 유류분을 보장했으나, 2024년 4월 5일 헌법재판소에서 이에 대해 위헌결정이 내려지면서 더 이상 형제자매의 유류분은 인정되지 않는다.

상속재산분할과 유류분반환, 무슨 차이가 있을까?

상속재산 중 법률상 무조건 보장되는 몫이 유류분이라고 설명했지만 이러한 설명만으로는 유류분이 대체 무엇인지 감을 잡기 어려울 것이다. 이때 가장 대표적인 상속분쟁 두 가지인 상속재산분할과 유류분반환의 차이를 알면 그 뜻을 좀 더 이해하기 쉽다.

모든 경우에 들어맞는 것은 아니지만, 상속재산분할과 유류분반환을 구분하는 가장 간단한 방법은 재산의 명의를 기준으로 생각하는 것이다. 유류분반환은 피상속인이 생전에 증여하거나 유언에 따라 유증한 재산을 반환하는 것이다. 즉, 증여나 유증을 받은 사람을 상대로 그들 명의의 재산에 대해 부족한 유류분을 청구하게 된다.

한편, 상속재산분할은 상속개시 시점에 피상속인 명의로 된 상속재산을 나누어 갖는 것이다. 따라서 이때는 상속인 전원을 상대로 피상속인 명의로 된 상속재산의 분할을 청구하게 된다.

유류분을 계산하는 기준은?

유류분은 유증과 증여가 있더라도 상속재산 중 무조건 보장받을 수 있는 몫을 의미하므로, 유류분을 계산할 때는 피상속인의 유증과 증여가 없었다면 상속재산이 얼마였을지를 가정한다.

상속재산가액에 피상속인이 생전 증여하거나 유증한 재산의 가액을 더한 뒤 상속채무 전액을 뺀 재산에 해당 상속인의 유류분율을 곱하여 산정한다(민법 제1113조). 유류분권자가 받은 특별수익액(증여 및 유증액)과 순상속액을 합한 금액이 유류분보다 부족하면, 유류분권자는 자신의 유류분보다 부족한 금액(유류분 부족액)만큼을 반환해달라고 증여 및 유증을 받은 자에게 청구할 수 있다.

이때 상속재산과 생전 증여 및 유증재산의 가액은 상속개시 당시(사망 시)를 기준으로 산정한다. 위의 유류분 계산 방법을 계산식으로 풀어보면 아래와 같다.

유류분액=① 유류분 산정의 기초가 되는 재산액×② 당해 유류분권자의 유류분 비율
유류분 부족액=(① 유류분 산정의 기초가 되는 재산액×② 당해 유류분권자의 유류분 비율)-③ 당해 유류분권자의 특별수익액-④ 당해 유류분권자의 순상속분액

① = 적극적 상속재산액 + 증여액 - 상속채무액
② = 피상속인의 직계비속은 법정상속분의 1/2
③ = 당해 유류분권자의 수증액(생전에 증여받은 액수) + 수유액(유증받은 액수)
④ = 당해 유류분권자가 상속에 의하여 얻는 재산액 - 상속채무 분담액

설명만으로는 이해하기가 어려울 수 있으므로, 사례를 통해 유류분을 어떻게 계산하는지 살펴보자.

👤 2024년 6월 A의 아버지가 사망했다. 상속인은 아들 A와 딸 B다. 아버지는 2024년 1월경 재산을 정리하겠다면서 A에게 현금 12억 원, B에게는 1억 원을 증여했다. 아버지가 사망했을 때 재산은 전혀 남아 있지 않았다.
B는 A에게 얼마의 유류분반환을 청구할 수 있을까?

유류분 산정의 기초가 되는 재산액은 [적극적 상속재산액(유증재산은 적극적 상속재산액에 포함됨) + 증여액 - 상속채무액]으로 계산되는데, 이는 결국 증여나 유증이 없었다면 존재했을 상속재산 액수를 산정하는 셈이다.

사례에서 유류분 산정의 기초가 되는 재산액은 13억 원(상속재산 0원 + A의 증여액 12억 원 + B의 증여액 1억 원 - 상속채무액 0원)이다. 즉, A, B에 대한 증여가 없었다면 원래 상속재산이었을 가액은 13억 원이며, 이것이 유류분 산정의 기초가 되는 재산액이다.

A, B의 유류분 비율은 A, B의 각 법정상속분(1/2)의 절반인 1/4이

다. A, B에 대한 증여가 없었다면 존재했을 상속재산가액인 13억 원에서 A, B가 보장받아야 할 유류분은 13억 원 × 1/4인 3억 2500만 원씩이 된다. 이 금액이 민법상 보장되는 A, B의 유류분액이다. 상속재산이 없으므로 순상속분액은 0원이다.

그런데 A는 자신의 유류분보다 많은 12억 원을 이미 증여받았으므로 유류분이 부족하지 않다. 그러나 B는 자신의 유류분 3억 2500만 원 중 1억 원만 증여받았고 나머지 2억 2500만 원은 받지 못했으므로 2억 2500만 원의 유류분이 부족하다. 이처럼 자신이 받아야 할 유류분보다 덜 받은 금액을 유류분 부족액이라고 하며, 유류분 부족액이 발생하면 그 반환을 청구할 수 있다. 유류분반환청구란 결국 유류분 부족분을 청구하는 것이다. 결론적으로 B는 A에게 B의 유류분 부족분인 2억 2500만 원의 반환을 청구할 수 있다. 이를 표로 정리하면 아래와 같다.

상속인	유류분 산정의 기초가 되는 재산액	유류분 비율	유류분액	특별 수익액	순상속 분액	유류분 부족액
A	13억 원	1/4	3억 2500 만 원	12억 원	0원	-8억 7,500 만 원
B	13억 원	1/4	3억 2500 만 원	1억 원	0원	2억 2,500 만 원

상속재산에서 충분한 몫을 받아도
유류분반환을 청구할 수 있을까?

증여나 유증만 있으면 무조건 유류분반환이 가능하다고 생각하기도 하는데, 유류분이란 증여나 유증으로 인해 상속인이 자신의 유류분만큼의 재산을 받지 못할 때 문제가 되는 것이다. 증여나 유증한 재산이 있더라도 남은 상속재산에서 유류분 이상의 몫을 분할받는다면 유류분이 부족하지 않게 되므로 유류분반환청구를 할 수 없다.

만약 앞의 사례에서 A, B에게 증여하고도 남은 상속재산이 50억 원이었다면 어떨까?

이때 유류분 산정의 기초가 되는 간주상속재산액은 63억 원(상속재산 50억 원+A의 증여액 12억 원+B의 증여액 1억 원−상속채무액 0원)이므로 A, B의 유류분은 15억 7500만 원(63억 원 × 1/4)씩이다.

상속재산	50억 원
특별수익	13억 원(12억 원+1억 원)
기여분	0원
간주상속재산(상속재산+특별수익−기여분)	63억 원

A, B가 상속재산 50억 원에서 분할받을 순상속분은 A는 19억 5000만원, B는 30억 5000만 원이다. 이를 표로 나타내면 다음과 같다.

상속인	간주 상속재산	법정 상속분	법정상속분액 (간주상속재산 × 법정상속분)	특별 수익	구체적 상속분액 (법적상속분액 - 특별수익)
A	63억 원	1/2	31억 5000만 원	12억 원	19억 5000만 원
B	63억 원	1/2	31억 5000만 원	1억 원	30억 5000만 원
합계					50억 원

이에 따라 유류분 부족액을 계산해 보면 다음과 같다. A는 사전증여(12억 원) 및 상속재산분할(19억 5000만 원)로 합계 31억 5000만 원을 받아 자신의 유류분인 15억 7500만 원 이상을 받았고, B 역시 사전증여(1억 원) 및 상속재산분할(30억 5000만 원)로 합계 31억 5000만 원을 받아 자신의 유류분인 15억 7500만 원 이상을 이미 받았다. 따라서 B는 A가 자신보다 더 많이 증여를 받았다고 해도 유류분이 부족하지 않으므로 A를 상대로 유류분반환을 청구할 수 없다.

상속인	유류분 산정의 기초가 되는 재산액	유류분 비율	유류분액	특별 수익액	순상속분액	유류분 부족액
A	63억 원	1/4	15억 7500 만 원	12억 원	19억 5000 만 원	-15억 7500 만 원
B	63억 원	1/4	15억 7500 만 원	1억 원	30억 5000 만 원	-15억 7500 만 원

민법 제1112조(유류분의 권리자와 유류분) 상속인의 유류분은 다음 각호에 의한다.

    1. 피상속인의 직계비속은 그 법정상속분의 2분의 1

    2. 피상속인의 배우자는 그 법정상속분의 2분의 1

    3. 피상속인의 직계존속은 그 법정상속분의 3분의 1

민법 제1113조(유류분의 산정) ① 유류분은 피상속인의 상속개시 시에 있어서 가진 재산의 가액에 증여재산의 가액을 가산하고 채무의 전액을 공제하여 이를 산정한다.

② 조건부의 권리 또는 존속기간이 불확정한 권리는 가정법원이 선임한 감정인의 평가에 의하여 그 가격을 정한다.

민법 제1115조(유류분의 보전) ① 유류분권리자가 피상속인의 제1114조에 규정된 증여 및 유증으로 인하여 그 유류분에 부족이 생긴 때에는 부족한 한도에서 그 재산의 반환을 청구할 수 있다.

② 제1항의 경우에 증여 및 유증을 받은 자가 수인인 때에는 각자가 얻은 유증가액의 비례로 반환하여야 한다.

유류분반환,
이럴 땐 어떻게?

아버지의 강요로 작성한 유류분 포기 각서는 유효할까?

A는 남아선호사상이 심한 아버지였다. 심지어 자신의 전 재산을 오직 아들에게 물려줘야 마땅하다고 생각했다. A는 자신의 신념에 따라 아들 B에게 전 재산을 주고 싶었지만 딸인 C가 거슬렸다. A 생각에 C는 욕심이 많기 때문에 아들 몫을 탐낼 것 같았다. 이에 고민하던 A는 딸 C를 불러 상속을 포기하고 B에게 유류분을 청구하지 않으며, 이를 위반하면 B에게 10억 원을 지급하겠다는 각서를 작성하게 했다.

이후 A는 유언으로 전 재산을 아들 B에게 물려주었다. 그런데 C는 A가 사망하자마자 B에게 유류분반환을 청구했다. B는 위 각서에 따라 C는 유류분반환을 청구할 수 없고, 오히려 자신에게 10억 원을 지급해야 한다고 주장했다. 정말로 C는 각서에 따라 유류분반환도 청구하지 못하고 B에게 각서 위반으로 10억 원을 지급해야 할까?

위 각서는 무효이므로 C는 B를 상대로 유류분반환을 청구할 수 있고 각서 위반에 따른 손해배상금을 지급하지 않아도 된다.

대법원은 상속개시 전(피상속인의 사망 전) 상속과 유류분을 포기하는 개인 간의 약정은 무효라고 본다. 특히 상속포기는 상속이 개시된 뒤 일정한 기간 내에만 가능하고 가정법원에 신고하는 등 정해진 절차와 방식에 따라야만 효력이 발생한다. 상속개시 전에 이루어진 상속포기 약정은 이런 절차와 방식에 따르지 않은 것이므로 무효라는 것이다. 같은 맥락에서 유류분반환 역시 상속개시 전에는 할 수 없다고 본다. 사망 전 유류분 포기 약정이 무효이므로, 이러한 약정이 유효할 것을 전제로 한 손해배상 약정 역시 무효로 볼 수 있다.

상속을 포기해도 유류분반환청구는 가능할까?

A는 빚쟁이들에게 시달리고 있다. 아버지가 돌아가신 뒤 상속재산은 500만 원이 고작이었는데, 상속채무는 5000만 원에 달했다. A는 아버지의 채권자들에게까지 시달리긴 싫어서 얼마 되지도 않는 상속재산을 포기하기로 하고 법원에 상속포기 신고를 했다. 빚투성이인 상속재산은 누나 B가 한정승인을 해서 정리하기로 했다. 그런데 얼마 뒤, A는 아버지가 몇 년 전 누나 B에

게 10억 원을 증여했다는 사실을 알게 되었다.

A는 누나를 상대로 유류분반환청구를 제기하려고 한다. 가능할까?

유류분은 상속인에게 인정되는 권리이다. 그런데 상속인이 상속을 포기하면 처음부터 상속인이 아닌 것이 되므로 유류분권도 없어진다. 따라서 A는 B를 상대로 유류분반환을 청구할 수 없다. 상속포기를 한 이상 아버지의 상속인이 아니기 때문이다.

증여받고 수십 년이 지났는데도 유류분을 돌려줘야 될까?

A는 1979년 2월에 아버지로부터 토지를 증여받았다. A의 아버지는 2024년에 돌아가셨다. B는 1978년 1월에 아버지로부터 토지를 증여받았다. B의 아버지도 2024년에 돌아가셨다. A와 B의 토지는 유류분반환 대상인 증여재산인가?

A가 증여받은 토지는 유류분반환 대상이지만, B가 증여받은 토지는 유류분반환 대상이 아니다. 왜 그럴까?

바로 증여 시기에서 차이가 나기 때문이다. A는 유류분제도가 생긴 다음에 증여를 받았고, B는 유류분제도가 생기기 전에 증여를 받았다.

유류분은 1977년 12월 31일 법률 제3051호로 개정된 민법이 1979년 1월 1일부터 시행되면서 도입되었다. 따라서 1979년 1월

1일부터 발생한 증여에 대해서는 법정상속분의 일정 비율에 해당하는 유류분에 부족액이 생기면 상속인은 그 부족액의 반환을 청구할 수 있게 되었다. 그러나 유류분제도 시행 전에 증여된 재산에 대해서는 유류분 부족액의 반환을 청구할 수 없다. 그러므로 A가 1979년에 증여받은 토지는 유류분 산정의 기초 재산인 증여재산에 포함되고, B가 1978년에 증여받은 토지는 증여재산에 포함되지 않는다.

👤 B는 1978년 1월에 증여받은 토지가 유류분반환 대상이 아니라는 법적 조언을 받았다. 2024년에 아버지가 돌아가시면서 B의 누나 C에게 남은 상속 재산 전부인 현금 10억 원을 유언으로 물려주었다. 누나가 아버지로부터 받은 유일한 재산이었다. 한편, B가 1978년에 증여받은 토지는 아버지가 돌아가실 당시 가치가 100억 원으로 치솟았다.

B는 생각했다. '아버지에게 물려받은 재산이라곤 토지뿐인데, 그 토지는 유류분제도 시행 전에 증여받은 것이라 유류분반환 대상에서 제외되니 법적으로 나는 증여받은 재산이 없는 것이나 마찬가지 아닌가? 그렇다면 누나가 유증받은 현금 10억 원에 대해 유류분반환청구를 해도 되지 않을까?'

B는 C에게 10억 원에 대한 유류분을 돌려받을 수 있을까?

B는 유류분을 돌려받을 수 없다.

분명 유류분제도 시행 전에 증여된 재산은 유류분반환 대상이 아니어서 유류분 산정의 기초 재산인 증여액에 포함되지 않는데, 왜 B는 유류분반환을 청구할 수 없는 것일까?

B가 받은 증여는 유류분제도 도입 전에 완료된 증여이므로 B의

유류분을 계산하기 위한 증여액으로는 인정되지 않지만, B의 유류분 부족액을 산정할 때 B의 특별수익으로서는 공제되기 때문이다. 앞에서 살펴본 유류분 계산식을 이용하면 다음과 같이 나타낼 수 있다.

이 사례에서 B와 C의 유류분 산정의 기초가 되는 재산액은 10억 원(적극적 상속재산액 10억 원 + 증여액 0원 - 상속채무액 0원)이고, B와 C의 각 유류분 비율은 1/4(1/2 × 1/2)이므로, B와 C의 유류분액은 각 2억 5000만 원(유류분 산정의 기초가 되는 재산액 10억 원 × 각 유류분 비율 1/4)이다.

따라서 B는 2억 5000만 원의 유류분을 보장받을 수 있는데, 이미 100억 원 가치의 토지를 증여받았으므로 이를 공제하면 자신의 유류분보다 97억 5000만 원(B의 증여액 100억 원 - B의 유류분액 2억 5000만 원)을 더 받은 셈이니 유류분 부족액이 없다.

상속인	유류분 산정의 기초가 되는 재산액	유류분 비율	유류분액	특별 수익액	순상속 분액	유류분 부족액
B	10억 원	1/4	2억 5000만 원	100억 원	0원	-97억 5000만 원
C	10억 원	1/4	2억 5000만 원	10억 원	0원	-7억 5000만 원

실제로 B처럼 이미 많은 증여를 받고도 그 증여가 1979년 이전에 이루어져 유류분 산정에 포함되지 않는 점을 악용하여 유류분반환청구소송을 제기한 사건이 있었고, 하급심에서는 이러한 주장을 받아들여 유류분반환을 인정해 주었다.

그러나 대법원은 이를 받아들이지 않았다. 대법원은 개정 민법 시행 전에 이행이 완료된 증여재산이 유류분 산정을 위한 기초재산에서 제외된다고 하더라도, 위 재산은 당해 유류분반환청구자의 유류분 부족액 산정 시 특별수익으로 공제되어야 한다고 판단했고 유류분반환을 인정한 하급심 판결을 파기했다. 결국 1979년 이전에 많은 증여를 받고도 유류분반환을 청구한 사람들에게는 전부 패소 판결이 내려졌다.

제3자에 대한 증여나 유증에도
유류분반환을 청구할 수 있을까?

A의 아버지가 돌아가셨다. 상속인은 어머니와 외동딸 A고, 상속재산은 현금 10억 원이었다. 상속재산을 정리하던 A는 아버지가 5년 전 B라는 젊은 여성에게 5억 원을 증여했다는 사실을 알게 되었다. 어머니에게 확인하니 B는 다름 아닌 아버지의 내연녀였다. 5년 전 아버지는 100억 원의 재산을 소유한 재력가로 사업도 잘되어 매달 막대한 수입을 올리고 있었는데, B에게 빠져 내연관계를 맺었을 뿐 아니라 현금 5억 원까지 주었던 것이다. 그러나 아버지는 B에게 현금을 증여한 지 2년쯤 지났을 무렵부터 사업이 기울어 가진 재산을 거의 날리고 현금 10억 원만 남긴 채 돌아가셨다.

A는 분한 마음에 내연녀 B를 상대로 그가 증여받은 5억 원에 대해 유류분반환청구를 하기로 결심했다. A의 유류분반환청구는 인정될 수 있을까?

A가 B에게 유류분반환청구를 하더라도 이를 인정받기는 어려울 것으로 보인다. B는 공동상속인이 아닌 제3자이기 때문이다. 공동

상속인에 대한 증여는 1979년 1월 1일 이후에 이루어진 것이라면 모두 유류분반환청구가 가능하다. 그러나 공동상속인이 아닌 제3자에 대한 증여는 원칙적으로 상속개시 직전 1년간 이루어진 것에 대해서만 유류분반환청구를 할 수 있다.

다만 예외적으로 증여를 한 사람과 증여를 받은 사람이 증여 당시에 유류분권리자에게 손해를 입힐 것을 알고 있었다면, 상속개시 1년 이전에 한 증여에 대해서도 유류분반환청구가 허용된다. 그렇다면 어떤 경우가 '유류분권리자에게 손해를 입힐 것을 알고 한 증여'에 해당할까?

먼저 증여를 한 사람과 증여를 받는 사람이 모두 증여 당시 증여재산가액이 증여하고 남은 재산의 가액을 초과한다는 점을 알았어야 하고, 또한 증여 후 장래에 증여를 한 사람의 재산이 증가하지 않으리라는 점을 예상했어야 한다.

사례에서 내연녀 B가 A 아버지의 상속인이 아닌 제3자임은 명백하다. 또한 A의 아버지가 B에게 증여를 한 것은 사망하기 5년 전이었으므로, A의 아버지와 B가 유류분권리자인 상속인에게 손해를 입힐 것을 알고도 증여를 한 경우에만 유류분반환청구가 가능하다.

그런데 증여 당시 A의 아버지는 100억 원대 자산가였으므로 B에게 5억 원을 주었더라도 남은 재산이 95억 원이었다. 따라서 증여재산가액(5억 원)이 증여하고 남은 재산의 가액(95억 원)을 초과하지 않는다. 또한 당시만 해도 A의 아버지는 잘나가는 사업가였기에 장래에 재산이 증가하리라 생각하는 게 자연스러웠고, 재산이 큰 폭으로 감소하리라 예상하기는 어려웠을 것이다. 따라서 A의 아버지나

B가 5억 원의 증여로 인해 A나 그 어머니의 유류분이 침해되리라는 사실을 알았다고 보긴 힘들다.

민법 제1114조(산입될 증여) 증여는 상속개시 전의 1년간에 행한 것에 한하여 제1113조의 규정에 의하여 그 가액을 산정한다. 당사자 쌍방이 유류분권리자에 손해를 가할 것을 알고 증여를 한 때에는 1년 전에 한 것도 같다.

3

유류분을 산정하는
기준은 무엇인가

유류분반환청구는 언제까지 해야 할까?

A의 아버지가 사망했다. 상속인은 딸 A와 아들 B고, 상속재산은 시가 100억 원 상당의 5층 건물과 토지다. 아버지가 생전에 A, B에게 증여한 재산은 없었다. 장례를 치른 뒤 B는 A에게 자신이 상속 문제를 처리하겠다고 했고, A와 B는 법정상속분대로 상속세를 내고 아버지가 돌아가신 뒤부터 생긴 월세를 나눠 가졌다. A는 자신의 상속분에 대한 재산세도 꼬박 납부했다. 상속재산분할 합의서를 작성하지는 않았지만 실제로 법정상속분에 따라 수익을 분배했으므로, A는 상속분할합의가 되었다 생각하고 굳이 합의서를 작성하자고 하지도 않았다.

                                           1부 상속과 분쟁

아버지가 돌아가신 지 11년이 지난 어느 날, B는 사실 아버지의 유언으로 자기가 5층 건물과 토지를 전부 유증받았으며 이를 자기 단독명의로 등기했다고 털어놓았다. A가 확인해 보니 B의 말은 사실이었다. A는 B에게 아버지 뜻이 그렇다면 받아들일 테니 유류분만큼이라도 자신의 지분을 인정해 달라고 했다. 그러나 B는 아버지가 돌아가신 지 10년이 지나 A의 유류분반환청구권은 이미 소멸되었기 때문에 A의 지분을 조금도 인정해 줄 수 없다고 했다. A는 재산도 재산이지만, B가 유류분반환청구를 피하기 위해 10년 넘게 자신을 농락한 것 같아 분통이 터졌다.

B의 말대로 아버지가 사망한 지 10년이 지났으니 A는 유류분을 청구할 수 없는 것일까?

유류분반환청구를 하기 전에 항상 먼저 확인해야 할 조건은 바로 소멸시효다. 유류분은 피상속인이 사망한 사실과 증여 또는 유증을 한 사실을 안 때로부터 1년, 피상속인이 사망한 때로부터 10년이 경과하면 청구권이 소멸하여 더 이상 청구할 수 없다. 1년과 10년 중 어느 하나만 경과해도 소멸한다.

실제로 주로 문제가 되는 것은 1년의 소멸시효이다. 피상속인이 사망했다는 사실 외에도 증여나 유증을 했다는 사실까지 알아야 1년의 소멸시효가 진행된다. 대부분의 상속인은 가족이기 때문에 피상속인이 사망한 때로부터 가까운 시일 내에 사망 및 증여·유증 사실을 알게 되는 것이 보통이다. 따라서 유류분반환청구를 제기하거나 유류분반환청구를 당하게 되는 경우 사망일로부터 1년이 경과했는지를 가장 먼저 확인하며, 1년이 경과한 경우에는 소멸시효가 경과했는지 여부가 쟁점으로 다퉈지는 경우가 많다.

사례에서는 A가 아버지가 사망한 사실과 유증이 있었다는 사실을 안 날로부터 1년이 경과한 것은 아니지만, 아버지가 사망한 날로부터 10년이 경과한 것은 사실이다. 1년과 10년 중 어느 하나만 경과해도 유류분반환청구권은 소멸하므로 원칙적으로는 소멸시효가 경과했다고 봄이 맞다.

그러나 B와 같이 유언을 10년간 숨겨서 A가 유류분반환청구권을 행사하는 것을 방해하거나 현저히 곤란하게 했다면, 이는 누가 봐도 부당하다. 법원은 이런 상황을 용납하지 않는다.

대법원은 시효가 지나기 전에 상대의 권리행사나 시효중단을 불가능하게 또는 현저히 곤란하게 해놓고 소멸시효를 주장하는 것은 신의성실의 원칙에 반하여 허용되지 않는다는 입장이다.

실제 사건에서도 B처럼 10년 넘게 유언을 숨긴 뒤 유류분반환청구권의 소멸시효를 주장한 사람이 있었지만, 법원은 이러한 주장이 신의성실의 원칙에 반하여 권리를 남용한 것에 해당하므로 허용될 수 없고, 공동상속인이 유류분반환청구를 할 수 있다고 판단했다.

따라서 사례에서 B가 유류분반환청구권의 소멸시효를 주장하더라도 신의성실의 원칙 위반 및 권리남용에 해당하므로 A는 유류분반환청구권을 행사할 수 있다. 다만, 이 사례는 매우 예외적인 경우이므로 실제로 유류분반환을 청구하고 싶다면 피상속인의 사망일로부터 1년 내에 소를 제기해야 안전하다.

> **민법 제1117조(소멸시효)** 반환의 청구권은 유류분권리자가 상속의 개시
> 와 반환하여야 할 증여 또는 유증을 한 사실을 안 때로부터 1년 내에 하지
> 아니하면 시효에 의하여 소멸한다. 상속이 개시한 때로부터 10년을 경과
> 한 때도 같다.

중간에 증여받은 아파트를 팔았다면
어느 시점을 기준으로 유류분을 산정할까?

A는 2000년에 아버지로부터 당시 시가 3억 원인 아파트 한 채를 증
여받고 거기에 거주했다. 그러다 2015년에 이 아파트를 7억 원에 팔았다.
2024년에 아버지가 돌아가셨을 때 이 아파트의 시세는 25억 원이었다.

아버지가 돌아가신 뒤 A의 여동생 B가 A를 상대로 유류분반환을 청구했다. 소
송에서 A는 아파트는 이미 팔았으니 매각대금인 7억 원을 기준으로 유류분을
산정해야 한다고 주장했고, B는 아파트의 현재 시세인 25억 원을 기준으로 산
정해야 한다고 주장했다.

누구의 말이 맞을까?

A의 주장대로 유류분이 산정된다. 더 정확히는, A가 아파트를 매
각한 금액인 7억 원에 매각 시점인 2015년부터 피상속인의 사망일
인 2024년까지의 물가상승률(GDP디플레이터)을 곱한 금액을 기준
으로 유류분을 산정하게 된다.

유류분은 상속개시 시점에 상속재산이 되었을 재산, 즉, 증여나 유증이 없었다면 피상속인이 보유하고 있었을 재산을 기준으로 산정된다. 따라서 원래는 증여받은 아파트를 중간에 매각하는 경우에도 증여받은 재산인 아파트의 상속개시 당시 시가를 기준으로 유류분을 산정했다. 하지만 그러다 보니 사례와 같이 재산의 매각대금과 시세가 크게 차이가 나는 경우 실제 증여재산으로 얻은 이익보다 훨씬 더 많은 유류분을 부담하게 되는 일도 발생했다.

결국 2023년 대법원에서 증여재산이 상속개시 전에 매각 또는 수용된 경우 유류분을 산정할 때는 증여재산의 매각(수용)대금을 기준으로 삼아야 한다는 판결이 나면서, 현재는 증여재산이 상속개시 전에 매각된 경우 실제 매각대금에 물가상승률을 곱하여 유류분을 산정하고 있다.

내가 불린 재산가치에 대한 보상은?

A는 아버지로부터 지목地目이 '논'인 토지를 증여받았다. 이후 A는 약 2억 원을 들여 이 토지를 '공장용지'로 변경했다. 그 후 A의 아버지가 돌아가셨고, A의 여동생 B가 A를 상대로 유류분반환청구를 했다. 이 토지의 지목이 '논'이라면 상속개시 당시 시가는 5억 원이고, 지목이 '공장용지'라면 시가는 30억 원이었다.

유류분반환청구소송에서 A는 자신의 노력과 비용으로 증여토지를 개발해서 지목을 변경했으니 증여받은 시점의 지목인 '논'을 기준으로 한 5억 원으로 토지가액을 산정해야 한다고 주장했고, B는 상속개시 시점의 지목인 '공장용지'를 기준으로 토지가액을 산정하되 A가 지목 변경을 위해 들인 비용만 공제하면 될 것이라고 주장했다. 누구의 말이 맞을까?

A의 주장대로 증여 당시 지목인 '논'을 기준으로 한 시가 5억 원으로 토지가액을 산정하여 유류분을 계산해야 한다.

앞에서 유류분을 계산할 때 증여받은 재산의 시가는 상속개시 당시를 기준으로 산정해야 한다고 했다. 그러나 증여 이후에 증여를 받은 사람이나 그로부터 권리를 넘겨받은 사람이 자기 비용으로 증여재산의 성질이나 상태 등을 변경하여 상속개시 시점에 가액이 증가되었다면 유류분권리자는 부당한 이익을 취하게 되는 셈이다. 이러한 경우에는 증여 당시의 상태를 기준으로 해서 상속개시 시점의 가액을 산정해야 한다.

건물과 함께 임대차보증금까지 물려받은 경우 증여재산은 어떻게 산정할까?

A는 아버지로부터 시가 13억 원짜리 아파트를 증여받으면서 아파트 임차인의 전세보증금 5억 원도 인수했다. 임대차 기간이 종료되자 A는 임차인에게 전세보증금 5억 원을 돌려주고 그 아파트로 들어가 살았다.
그 직후에 A의 아버지가 돌아가셨고, 남동생 B가 A를 상대로 유류분반환청구를 했다. 아버지가 돌아가실 당시 A가 증여받은 아파트의 시가는 15억 원이었다.

이런 경우 유류분 산정 시 아파트의 증여액은 얼마로 평가해야 할까?

A가 증여받은 아파트의 상속개시 당시 시가인 15억 원에서 A가 부담한 전세보증금 5억 원을 공제한 10억 원을 증여액으로 보아야 할 것이다.

A는 아버지로부터 아파트를 증여받으면서 임차인에 대한 전세보증금반환 채무도 인수했다. 이처럼 재산을 증여받는 사람에게 일정한 의무를 부담하게 하는 증여를 '부담부증여負擔附贈與'라고 한다. A는 아버지로부터 아파트를 증여받는 대신 그 아파트의 전세보증금을 아버지 대신 반환하는 부담을 지게 되었으므로 부담부증여를 받은 것이다.

이러한 부담부증여에 대해서는 증여받은 재산가액에서 부담의 가액을 공제한 차액을 증여받은 것으로 보고 유류분을 산정하게 된다. 이 때문에 증여를 받을 때 유류분 액수를 줄이고 싶은 사람들이 부담부증여를 활용하는 사례도 많다.

유류분반환은
어떻게 이루어지는가

유류분반환은 증여받은 부동산으로,
아니면 현금으로?

👤 A는 아버지로부터 토지를 증여받았다. 아버지가 돌아가신 뒤 A의 남동생 B가 A를 상대로 유류분반환청구를 했다. B는 A로부터 유류분 상당의 현금을 받기를 원했지만, A는 현금이 없으니 토지 지분으로 받아 가라고 했다. A가 증여받은 토지에 저당권 등 권리제한등기는 없었다.

B는 원하는 대로 유류분 상당의 현금을 받을 수 있을까?

유류분은 증여 또는 유증받은 재산 그 자체, 즉 원물로 반환하는 것이 원칙이다. 원물반환이 가능하다면 원물로만 반환할 수 있고, 현금, 즉 가액으로 반환할 수는 없다. 그러나 증여 또는 유증받은 재산을 이미 매각해 원물반환이 불가능하다면 가액반환이 가능하다.

　만약 증여 또는 유증받은 재산에 저당권이나 전세권, 지상권(다른 사람의 토지에 있는 건물이나 나무 등을 소유하기 위해 그 토지를 사용할 권리)이 설정되어 있다면 어떻게 해야 할까? 이때도 비록 원물반환이 현저히 곤란하기는 하지만 불가능하지는 않다. 이런 경우라면, B는 자신의 선택에 따라 가액반환을 청구할 수도 있고, 저당권 등이 설정된 상태대로 원물반환을 청구할 수도 있다.

　사례에서 B는 가액반환을 원하고 있지만, 저당권 등이 없어 토지로 반환이 가능한 상태이므로 토지 지분으로 유류분을 돌려받을 수밖에 없다.

부동산과 현금, 어떤 재산부터 반환해야 할까?

A는 아버지로부터 현금 2억 원을 증여받았다. 그리고 아버지가 돌아가시면서 유언으로 남긴 4억 원 상당의 아파트도 유증받았다. 아버지가 돌아가신 뒤 상속인은 A와 여동생 B뿐이었고, 남은 상속재산은 없었다.
아버지가 모든 재산을 A에게 증여하거나 유증한 사실을 알게 된 여동생 B는 A를 상대로 유류분반환청구를 했다. B는 A가 유증받은 아파트 시가가 계속 상승하리라 보고 가능하면 아파트 지분으로만 유류분을 돌려받고 싶었다.
B는 원하는 대로 아파트 지분으로만 유류분을 받을 수 있을까?

유류분반환청구의 목적인 증여나 유증이 둘 이상 이루어진 경우 유류분권리자는 먼저 유증을 받은 사람을 상대로 유류분 침해액의 반환을 청구해야 하고, 그 이후에도 여전히 유류분 침해액이 남아 있는 경우에 한해 증여를 받은 사람에 대하여 그 부족분을 청구할 수 있다.

사례에서 유류분 산정의 기초가 되는 재산은 6억 원(상속재산인 A의 유증액 4억 원+A의 증여액 2억 원-상속채무액 0원)이고, A, B의 유류분 비율은 A, B의 각 법정상속분(1/2)의 절반인 1/4이다(원칙적으로 현금 2억 원에 대해서는 물가상승률을 반영해야 하지만, 앞서 살펴보았으므로 여기서는 편의상 생략한다).

따라서 A, B가 보장받아야 할 유류분은 6억 원 × 1/4인 1억 5000만 원이 된다. 위 금액이 민법상 보장받을 A, B의 유류분액인데, B는 아무 재산도 받지 못했으므로 1억 5000만 원 전액이 유류분 부족액이 된다.

A는 현금 2억 원을 증여받고 4억 원의 아파트를 유증받았는데, 유증받은 재산부터 반환해야 하므로 4억 원 아파트 중 1억 5000만 원에 해당하는 지분을 B에게 반환해야 한다. 즉, 1억 5000만/4억 원인 37.5%의 지분을 반환해야 하는 것이다.

따라서 B는 원하는 대로 전부 아파트 지분으로 유류분을 반환받을 수 있다.

관련 법률

민법 제1116조(반환의 순서) 증여에 대하여는 유증을 반환받은 후가 아니면 이것을 청구할 수 없다.

유류분반환청구소송 체크 포인트

① 유류분반환청구권의 소멸시효가 경과하지 않았는지 확인한다.

② 유류분반환청구 대상인 증여의 시기가 유류분제도가 시행되기 전은 아닌지 확인해 본다.

③ 유류분반환청구 대상인 증여재산의 가액을 다툴 방법은 없는지 확인해 본다.

④ 유류분반환청구 대상인 증여재산 중 유류분반환 대상에서 제외될 만한 항목은 없는지 확인한다.

⑤ 유류분으로 반환받을 재산의 반환 순서를 확인한다.

⑥ 유류분으로 반환받을 재산이 원물인지 가액인지 확인한다.

4장

유언과 유언대용신탁

유언, 어디까지 가능할까?

👤 암 말기 환자 A는 인생의 마지막을 준비하며 유언장을 작성했다. A는 유언장에 재산을 자녀들에게 공평하게 물려주는 한편, 자신을 화장하지 말고 아내의 곁에 묻어달라고 썼다.

A는 유언으로 화장 여부와 무덤 장소를 결정할 수 있을까?

유언이란 유언자가 생전에 민법이 정한 범위 내에서 본인의 바람을 기록하면 사후에 그 의사가 실현되는 제도이다. 민법으로 유언이 가능하다고 정해둔 사항에만 법적 효력이 있고 법으로 정해두지 않은 사항은 법적으로는 효력이 없다.

민법상 유언이 가능한 사항은 ① 재단법인 설립을 위한 재산출연, ② 친생부인, ③ 인지, ④ 미성년자 후견인의 지정, ⑤ 미성년자 후견감독인의 지정, ⑥ 상속재산분할 방법의 지정 또는 위탁, ⑦ 상속재산의 분할금지, ⑧ 유증, ⑨ 유언집행자의 지정 또는 위탁 등이 있다. 다음 표의 예시를 보면 좀 더 이해하기 쉬울 것이다.

[표] 법으로 정한 유언의 종류와 예시

	유언 법정사항	예시	법적 효력
1	재단법인 설립을 위한 재산출연	내 재산 중 삼성동 토지를 출연하여 보육원 아이들에게 대학등록금을 지원하는 장학사업을 위한 재단법인을 설립해라.	○
2	친생부인	A는 사실 결혼생활 중 아내가 바람을 피워 낳은 아이고 내 친아들이 아니다.	○
3	인지	B는 결혼 전 만난 C와의 관계에서 태어난 내 친딸이다.	○
4	후견인의 지정	내가 사망하는 시점에 내 아들 A가 미성년이라면 그 후견인으로 내 여동생 B를, 후견감독인으로 내 남동생 C를 각각 지정한다.	○
5	미성년자 후견감독인의 지정		○
6	상속재산분할 방법의 지정 또는 위탁	상속재산은 전부 매각해서 법정상속분대로 나눠 가져라.	○
7	상속재산의 분할금지	상속재산 중 금괴 10킬로그램은 금값이 오를 것 같으니 내가 죽고 5년 뒤에 팔아서 나눠 가져라.	○
8	유증	내 재산 중 예금은 전부 A에게, 부동산은 전부 B에게 물려준다.	○
9	유언집행자의 지정 또는 위탁	유언집행자로 나의 딸 A를 지정한다.	○
10	X	내가 죽으면 화장하지 말고, 아내가 묻힌 곳 옆에 묻어줘라.	X
11	X	가족들이 재산을 가지고 싸우지 말고 화목하게 지내기 바란다.	X

따라서 사례에서 A가 자신의 유골을 화장하지 말고 아내 곁에 묻어달라고 한 내용은 유언으로서 법적 효력이 없다. 다만, 실제 유언장을 작성할 때는 유언자가 자손들에게 전하고 싶은 교훈적인 이야기나 자신의 유체 처리 방법, 매장 장소에 대한 의사를 기재하는 경우가 많다. 법적 효력은 없지만, 남은 후손들이 고인의 의사를 도의적으로 존중해 이행하는 경우도 많기 때문이다.

2

유언은 어떻게 남겨야 할까?

유언 작성 방법에는 어떤 것들이 있을까?

유언은 반드시 민법이 정한 방식과 요건에 따라 해야 한다. 민법이 정한 방식과 요건에 조금이라도 어긋나면 그 유언은 유언자의 진정한 의사에 합치하더라도 무효이다.

유언은 자필증서, 녹음, 공정증서, 비밀증서, 구수증서 다섯 가지 방식으로만 할 수 있는데, 주로 활용되는 방법은 자필증서, 공정증서, 녹음이다. 비밀증서와 구수증서에 의한 방식은 활용되는 경우가 드물다. 이 다섯 가지 방법에 대해 자세히 살펴보자.

① 자필증서에 의한 유언은 유언자가 유언장 전체를 직접 자필로 작성해야 하며 연월일, 주소와 성명까지 직접 쓰고 날인해야 한다.

연월일은 유언장을 작성한 날짜를 기재하면 된다.

주소는 꼭 주민등록상 주소일 필요는 없고 실제 생활의 근거가 되는 곳을 특정할 수 있으면 된다. 다만 '삼성동에서', '붉은 단풍나무 아래에서'와 같이 실제 생활하는 곳이라고 보기 어렵거나 특정되지 않는 장소를 기재하면 유언장은 무효가 된다. 그러므로 실제로는 그냥 주민등록상 주소를 정확하게 기재하는 편이 안전하다.

성명은 유언자의 성과 이름을 적으면 되는데, 호號, 자字, 예명을 적어도 된다. 그러나 성명 역시 실제 유언장을 작성할 때는 불필요한 시비에 휘말리지 않도록 그냥 주민등록상 성명을 그대로 기재하는 편이 좋다. 날인은 인감도장뿐만 아니라 유언자의 지장을 찍어도 된다.

② 녹음에 의한 유언은 유언자가 유언의 취지, 자신의 성명과 연월일을 구술하고 이에 참여한 증인 한 명이 유언의 정확함과 자신의 성명을 구술하여 기록한다.

녹음은 소리를 기록할 수 있는 수단이면 음반, 카세트테이프, 디지털 파일 모두 가능하다. 소리가 함께 녹음된다면 영상도 무방하다. 최근에는 스마트폰으로 녹음이나 동영상 촬영을 하는 경우가 많다. 그러나 녹음은 조작 시비에 휘말리기 쉬우므로 생성 날짜 등이 표시된 원본 파일을 잘 보관해 둘 필요가 있다.

③ 공정증서에 의한 유언은 유언자가 증인 두 명이 참여한 가운데 공증인 앞에서 유언의 취지를 구술하면 공증인이 이를 적고 낭독

하여 유언자와 증인이 그 정확함을 승인한 뒤에 각자 서명하거나 도장을 찍어 마무리한다.

④ 비밀증서에 의한 유언은 유언자가 유언 내용을 생전에 비밀로 하고 싶을 때 이용하는 방식이다. 유언자가 유언장을 작성한 사람의 성명을 적은 증서를 봉인하고 이를 증인 두 명 이상의 면전에 제출하여 유언서임을 표시한 뒤, 그 봉서 표면에 제출 연월일을 적고 유언자와 증인이 각각 서명하거나 도장을 찍는다. 그런 다음 유언자는 증서에 기재된 제출 연월일로부터 5일 내에 공증인 또는 법원 서기에게 제출하여 그 봉인상에 확정일자인을 받아야 한다. 이때 제출 연월일이란 유언장 작성일이 아니라 증인 두 명 이상의 면전에 제출한 연월일을 의미한다.

⑤ 구수□授증서에 의한 유언은 질병 등 기타 급박한 사유로 자필, 녹음, 공정증서, 비밀증서의 방식으로는 유언이 불가능할 때에 한하여 할 수 있는 유언이다. 증인 두 명 이상이 입회한 가운데 유언자가 유언의 취지를 구수(말로 전달)하면, 그 구수를 받은 사람이 필기하고 낭독하여 유언자와 증인이 그 정확함을 승인한 뒤 각자 서명하거나 도장을 찍는다. 구수증서에 의한 유언은 급박한 사유가 종료되는 날로부터 7일 내에 법원에 검인을 신청해야 효력이 있다.

민법 제1065조(유언의 보통방식) 유언의 방식은 자필증서, 녹음, 공정증서, 비밀증서와 구수증서의 5종으로 한다.

민법 제1066조(자필증서에 의한 유언) ① 자필증서에 의한 유언은 유언자가 그 전문과 연월일, 주소, 성명을 자서하고 날인하여야 한다.
② 전항의 증서에 문자의 삽입, 삭제 또는 변경을 함에는 유언자가 이를 자서하고 날인하여야 한다.

민법 제1067조(녹음에 의한 유언) 녹음에 의한 유언은 유언자가 유언의 취지, 그 성명과 연월일을 구술하고 이에 참여한 증인이 유언의 정확함과 그 성명을 구술하여야 한다.

민법 제1068조(공정증서에 의한 유언) 공정증서에 의한 유언은 유언자가 증인 2인이 참여한 공증인의 면전에서 유언의 취지를 구수하고 공증인이 이를 필기낭독하여 유언자와 증인이 그 정확함을 승인한 후 각자 서명 또는 기명날인하여야 한다.

민법 제1069조(비밀증서에 의한 유언) ① 비밀증서에 의한 유언은 유언자가 필자의 성명을 기입한 증서를 엄봉날인하고 이를 2인 이상의 증인의 면전에 제출하여 자기의 유언서임을 표시한 후 그 봉서표면에 제출 연월일을 기재하고 유언자와 증인이 각자 서명 또는 기명날인하여야 한다.
② 전항의 방식에 의한 유언봉서는 그 표면에 기재된 날로부터 5일 내에 공증인 또는 법원서기에게 제출하여 그 봉인상에 확정일자인을 받아야 한다.

민법 제1070조(구수증서에 의한 유언) ① 구수증서에 의한 유언은 질병 기타 급박한 사유로 인하여 전4조의 방식에 의할 수 없는 경우에 유언자가 2인 이상의 증인의 참여로 그 1인에게 유언의 취지를 구수하고 그 구수를 받은 자가 이를 필기낭독하여 유언자의 증인이 그 정확함을 승인한 후 각자 서명 또는 기명날인하여야 한다.

② 전항의 방식에 의한 유언은 그 증인 또는 이해관계인이 급박한 사유의 종료한 날로부터 7일 내에 법원에 그 검인을 신청하여야 한다.

자필유언과 공증유언, 뭐가 더 나을까?

👤 A는 유언장을 작성하려고 인터넷을 찾아봤다. 자필유언과 공증유언이 가장 많이 활용되는 것 같은데 둘 중 무엇을 선택해야 할지 고민이다. 자필유언과 공증유언 중 어떤 방식을 택하는 것이 좋을까?

유언장을 작성할 때 어떤 방식을 선택할 것인지도 많이들 고민하는 부분이다. 주로 활용되는 방식은 자필유언, 공증유언, 녹음유언인데 그중에서도 자필유언과 공증유언을 가장 많이 한다. 그렇다면 자필유언과 공증유언은 어떤 장단점이 있을까?

자필유언은 증인이 필요 없고 비용이 들지 않으며 종이 한 장과 펜만 있으면 작성 가능하므로 가장 간편하다는 장점이 있다. 그러나 간단한 만큼 변호사 조언 없이 유언자가 혼자 작성하는 경우가 많기 때문에 법정 방식과 맞지 않는 일이 빈번하다.

실제로 고객이 유언이 있다며 가져온 자필 유언장들을 살펴보면, 작성 연월일이나 주소 중 하나를 빼먹고 기재하지 않거나, 전문을 수기로 직접 작성해야 하는데 타이핑을 한 뒤 이를 출력하여 서명 또는 날인만 하는 등 유언의 작성 방식이 잘못된 경우가 상당히 많았다.

상속재산이 수백억 원에 달하는데도, 변호사에게 조언을 구하거나 제대로 알아보지 않고 인터넷에서 떠돌아다니는 엉터리 정보만 보고 잘못 작성한 유언장을 가져온 고객도 있었다. 결국 그 고객은 유언장의 유언대로 재산을 물려받지 못했고, 가정법원에 상속재산분할심판청구를 해야만 했다. 만약 유효한 유언이었다면 전 재산을 물려받을 수도 있었지만 유언이 무효였기에 결국 법에 따라 재산을 나눠 가질 수밖에 없었다.

또한 자필유언장은 작성할 때는 비용이 안 들지만 유언자가 사망한 후 유언장에 따라 유언을 집행할 때는 시간과 비용이 상당히 들어간다. 유언자가 사망하면 자필유언에 대해 가정법원에 유언검인 신청을 해서 검인을 받아야 한다. 검인이란 유언증서의 형식이나 형태 등 유언의 방식에 관한 모든 사실을 확인하기 위한 검증 절차로, 간단히 말하면 법원에서 유언장이 존재한다는 사실을 확인하고 기록해 주는 것이다.

검인은 유언의 적법성과 유효성 여부를 확인해 주는 것은 아니므로, 자필유언장에 대해 검인 절차를 거치지 않는다고 하더라도 유언의 효력이 발생하는 데는 아무런 문제가 없다. 그러나 부동산 유언집행 등에 유언검인조서가 필요하므로, 자필유언은 유언검인을 받아두는 것이 일반적이다. 이러한 유언장 검인에는 2~3개월 정도가 소요될 수 있으며, 검인 기일이 지정되면 유언장 원본을 지참하여 출석해야 하기 때문에 자필유언은 집행되는 데 상당한 시간이 소요될 수밖에 없다.

1부 상속과 분쟁

공정증서유언은 공증인이 진행하므로 작성 방식이 잘못되어 유언이 무효가 될 가능성이 희박하다. 또한 의사능력이 문제가 되면 공증인이 공증을 해줄 가능성이 낮기 때문에 의사능력에 대한 분쟁 발생 가능성도 낮은 편이다(공증사무소 중에는 고령의 유언자에 한해 의사능력에 문제가 없다는 진단서까지 지참하도록 하는 곳도 있을 정도이다). 유언자가 거동이 불편한 경우에는 공증인이 유언자가 거주하는 장소로 출장을 가서 공증하는 것도 가능하다. 또한 유언검인 절차를 거치지 않아도 되기 때문에 유언자가 사망한 뒤 신속하게 유언을 집행할 수 있다는 장점이 있다.

다만, 공정증서는 공증수수료를 내야 하며, 증인 두 명을 확보해야 하는 번거로움이 있고, 공증 전에 준비할 서류가 많다. 공증사무소에서는 부동산, 계좌, 채권 등을 정확하게 기재하기를 바라기 때문에, 사전에 부동산등기부등본, 주주명부 등 재산 관련 서류를 구비하게 하는 것은 물론이고, 증인 결격 사유를 확인하기 위해 증인의 인적사항을 받아 미리 신원조회를 하는 등 사전에 준비할 서류와 절차가 상당하다.

이처럼 자필유언과 공정증서유언의 장단점은 명확한 편인데, 자필유언은 유언자는 편하지만 유언자 사망 후 상속인들이 번거롭고, 공정증서유언은 유언자는 다소 번거롭지만 상속인들이 편하다고 할 수 있다.

유언을 남기는 이유는 상속인 간의 분쟁 가능성을 조금이라도 낮추려는 목적이 크다. 이를 감안하면 가능한 공정증서에 의한 유언을 하는 것이 좋고, 자필유언을 하는 경우에는 작성 전후에 변호사로부터 자문을 구하는 것이 좋다. 자필유언 자문은 비교적 간단하기 때문에 변호사로부터 자문을 받더라도 그리 많은 비용이 소요되지 않는다.

[표] 자필유언과 공정증서유언의 장단점

	장점	단점
자필유언	• 간편한 작성 방법 • 비용 절약 • 증인 불필요	• 방식 위반의 위험성 • 유언자 필적·의사능력에 관한 분쟁발생 가능성 높음 • 유언검인 필요(집행 지연)
공정증서유언	• 유언자 필적·의사능력에 관한 분쟁발생 가능성 낮음 • 출장 공증 가능 • 유언검인 불필요(신속 집행)	• 공증수수료 발생 • 사전에 준비할 서류 다수 • 증인 확보의 번거로움

유언집행자는 꼭 지정해야 할까?

A의 아버지가 사망한 뒤 공정증서에 의한 유언장이 발견되었다. 상속인은 딸 A와 아들 B고, 아버지가 소유한 전 재산인 다수의 부동산을 A에게 전부 물려준다는 내용이 기재되어 있었다. B는 오래전 미국으로 간 뒤 연락이 끊긴 상태였다.

A는 유언장에 따라 부동산등기를 하기 위해 변호사를 찾아갔다. 그런데 변호사는 A가 가져온 유언장을 보더니 유언집행자가 지정되어 있지 않아서 B의 동의 없이는 바로 등기가 어렵다고 했다. B의 동의를 받아 필요한 등기서류를 작

성하든지, 소송을 제기해서 판결문을 받아 등기를 해야 한다고 조언했다. A는 유언장 공증까지 받았는데 소송을 해야 한다니 황당하여 직접 등기소를 방문했으나, 변호사가 말한 사유와 똑같은 이유로 신청조차 거절당했다.

유언집행자가 대체 어떤 역할을 하기에 유언집행자를 지정하지 않았다는 이유로 공증유언장조차 집행하기 어려운 것일까?

어떤 방식을 택하든 유언을 한다면 반드시 유언집행자를 지정해야 한다. 이 부분은 아무리 강조해도 지나치지 않다. 그렇다면 유언집행자란 누구일까?

유언집행자란 말 그대로 유언을 집행해 주는 사람이다. 유언에 따라 재산을 나눠주는 행위를 직접 하는 사람이다. 유언집행자는 유증의 목적인 재산의 관리와 기타 유언의 집행에 필요한 모든 행위를 할 권리와 의무가 있다.

유언집행자가 있는 경우 그의 유언집행에 필요한 한도에서 상속인의 상속재산에 대한 처분권이 제한된다. 즉, 유언집행에 관하여는 유언집행자의 권한이 상속인의 권한보다 우선하므로, 유언집행자가 상속인의 동의나 협조를 받지 않고도 신속하게 유언을 집행하는 것이 가능하다.

그런데 유언집행자를 유언으로 지정해 두지 않으면, 상속인 전원이 유언집행자가 된다. 유언집행자가 여러 명이면 과반수의 동의가 있어야 유언집행이 가능하다. 문제는 상속인 중에 유언에 불만을 가진 사람이 있는 경우다. 예를 들어 별도의 유언집행자 없이 상속인이 세 명이라면 그중 두 명 이상, 네 명이라면 세 명 이상의 동의가 있어야 유언집행이 가능하다는 뜻이다.

실제로 의뢰인인 아들이 어머니가 작성한 자필유언장을 가져와 검인절차를 의뢰한 사례에서 유언집행자가 지정되어 있지 않아 문제가 된 일이 있었다. 어머니의 상속인은 의뢰인인 아들과 의뢰인의 누나 한 명이었는데, 누나는 해외로 이민을 떠난 뒤 실종되어 수년째 연락이 안 되는 상태였다. 문제는 유언검인이 완료된 자필유언장이 있더라도 유언을 집행해야 할 상속인이 두 명이기에 의뢰인 한 명만으로는 과반수를 충족하는 것이 불가능했다는 점이다. 결국 의뢰인은 부동산 소유권이전등기를 위해 유언검인 절차 외에도 행방불명인 누나를 상대로 소유권이전등기청구소송을 거치고서야 유언집행을 할 수 있었다.

유언집행자를 지정하지 않으면 발생하는 이러한 문제는 자필유언이든 공정증서유언이든 마찬가지다. 실제 사건에서 내가 의뢰인의 공정증서유언의 유언집행자로 지정되어, 의뢰인이 돌아가신 뒤 유언집행자로서 금융기관 등에서 직접 주식과 예금을 인출해 이를 유언에 따라 상속인들에게 나눠주고 부동산을 이전해 준 적도 있다. 당시 일부 상속인들이 유언에 반대했으나, 유언집행자가 지정되어 있었기에 그들의 비협조에도 불구하고 유언집행을 할 수 있었다.

그렇다면 누가 유언집행자가 될 수 있을까?

유언집행자는 미성년자, 피성년후견인, 피한정후견인 및 파산 선고를 받은 사람만 아니라면 누구든지 가능하다. 미성년자는 부모 등 법정대리인의 동의 없이 법률행위를 할 수 없는 것이 원칙이므로 유언을 집행하기 어렵기에 유언집행자가 될 수 없다. 피성년후견인은 질병, 장애 등으로 인한 정신적 제약으로 사무를 처리할 능력이 계속 결여된 자이고, 피한정후견인은 정신적 제약으로 사무를 처리할 능력이 부족하므로 역시 유언을 집행하기 어려워 유언집행자가 될 수 없다.

또한 사람이 아니라 법인을 유언집행자로 지정할 수도 있다.

유언에 따라 재산을 물려받는 상속인도 유언집행자가 될 수 있으며, 실제 사건에서는 상속인인 자녀들 중 한 명을 유언집행자로 지정하는 것이 보통이다.

다만, 상속인들 간에 심한 분쟁이 발생할 것으로 예상되는 경우에는 변호사를 유언집행자로 지정하기도 한다. 유언집행 과정에서 분쟁이 발생하더라도 빠른 대응이 가능하므로 유언을 신속하게 집행할 수 있기 때문이다. 실제로 내가 유언집행자였던 사건에서 경영권을 가진 상속인이 주식을 빨리 상속받아야 하는 상황이었는데, 다른 상속인들의 반대에도 불구하고 유언집행자가 있었기에 신속한 주식 이전이 가능했다.

물론 유효한 유언이 있다고 해서 유류분반환 문제가 완전히 해결되는 것은 아니다. 하지만 유언에 따라 빨리 재산을 분배받아야 임차인 관리나 경영권 이전 등 급한 일을 우선 해결할 수 있다. 일단 재산은 유언에 따라 이전받고 유류분 문제는 천천히 해결하면 된다.

유언은 한번 하면 바꿀 수 없을까?

👤 A는 유언을 하려고 생각 중이다. 재산 중 상가건물은 아들이 살 때 돈을 조금 보태기도 했고 그 건물에서 음식점을 하고 있어서 아들의 생계를 위해서라도 아들에게 주려고 마음먹었다. 하지만 남은 아파트와 현금, 골드바는 딸과 아내에게 어떻게 나눠줘야 할지 여전히 고민스럽다. 유언은 자신의 모든 재산에 대해서 해야 하고 한번 하면 변경이 불가능하니 신중하게 해야겠다고 생각해 차일피일 미루던 A는 그만 교통사고로 사망하고 말았다.

A가 사망하자 딸과 아내는 아들이 음식점을 운영하는 상가건물을 분할받겠다면서 상속재산분할심판청구를 제기했고, 법원에서는 딸과 아내, 아들이 법정상속분대로 모든 재산을 공유하라는 결정을 내렸다. 딸과 아내의 상속분을 합하면 아들의 상속분보다 많기 때문에, 딸과 아내는 공유물 과반수 지분권자로서 공유한 상가건물을 자신들의 의사대로 사용하겠다면서 아들을 건물에서 쫓아냈다. 이 지경이 되자 아들은 유언장을 미리 써두지 않은 아버지가 원망스러웠다.

A의 생각처럼 유언은 반드시 모든 재산에 대해서 해야 하고, 한번 하면 변경이 불가능한 것일까?

　유언을 하고 나면 변경이 불가능하다고 생각하는 사람이 많은데, 그렇지 않다. 유언을 한번 했더라도 언제든지 변경할 수도 있고, 철회할 수도 있다. 이는 포기할 수 없는 권리이다. 그렇다면 유언은 어떤 방식으로 철회가 가능할까?

　새로운 유언을 하여 철회할 수 있다. 일부만 철회하는 것도 가능하다. 그 외에 생전행위로도 철회할 수 있다. 예를 들어, 아버지가 자기 소유 아파트를 아들에게 유증하기로 했다가 이를 팔았다면 매각이라는 생전행위로 유언을 철회한 셈이 된다. 아버지가 아들에게 유언을 철회하겠다는 의사를 표시하는 것만으로도 철회가 인정된다. 다만, 실제 분쟁이 발생한다면 법원에서는 이러한 의사를 표시했다는 사실이 입증되어야 이를 인정할 터이므로, 생전행위로 유언을 철회하는 경우에는 내용증명 등으로 철회 의사표시를 정확하게 해두는 편이 안전할 것이다. 예를 들어, 공정증서유언을 해두었다면 추후 철회 여부를 두고 다툼이 생길 때를 대비하여 다시 새로운 유언을 해두는 편이 낫다.

또한 유언은 반드시 전 재산에 대해서 해야 하는 것도 아니다. 자기 재산 중 일부에 대해서만 유언을 해도 된다. 예를 들어, 몸이 아픈 자녀가 아버지의 아파트에 거주하고 있는 경우를 가정해 보자. 이런 경우 아버지로서는 다른 재산에 대해서는 어떻게 할지 마음을 정하지 못했다고 하더라도, 아픈 자녀가 살고 있는 아파트는 그 자녀에게 줘야 한다고 생각할 것이다. 물론 아버지 생전에는 다른 자녀들도 그렇게 하겠다고 약속할 수도 있다. 그러나 아버지가 돌아가신 뒤 여러 사정으로 인해 상속인 전원의 합의가 이루어지지 않는다면, 그 자녀가 아파트를 물려받지 못할 가능성도 있다. 따라서 상속인의 사정 등 여러 가지를 생각했을 때 어떤 자녀에게 꼭 물려줘야 할 재산이 있다면 그 재산에 대해서만 유언장을 작성하는 것도 좋은 방법이다.

3

유언대용신탁은
어떤 경우에 필요할까?

유언대용신탁이란 무엇인가

상속에 관심이 있는 사람이라면 신탁이나 유언대용신탁에 대해 한 번쯤 들어보았을 것이다.

우선 신탁이란 무엇일까? 신탁법 제2조에 따르면 "'신탁'이란 신탁을 설정하는 자(이하 '위탁자'라 한다)와 신탁을 인수하는 자(이하 '수탁자'라 한다) 간의 신임관계에 기하여 위탁자가 수탁자에게 특정의 재산(영업이나 저작재산권의 일부를 포함한다)을 이전하거나 담보권의 설정 또는 그 밖의 처분을 하고 수탁자로 하여금 일정한 자(이하 '수익자'라 한다)의 이익 또는 특정의 목적을 위하여 그 재산의 관리, 처분, 운용, 개발, 그 밖에 신탁 목적의 달성을 위하여 필요한 행위를 하게 하는 법률관계"를 말한다.

신탁법은 신탁의 의미를 위와 같이 법률용어로 아주 복잡하게 정의하고 있는데, 쉽게 말하면 신탁이란 '재산을 타인에게 맡기는 것'이다. '신탁으로 재산을 맡긴다'는 의미는 '재산의 명의가 재산을 맡은 사람으로 변경된다'는 것이다. 신탁으로 재산을 맡기면, 재산을 맡은 사람은 재산을 맡긴 사람이 미리 정한 대로 재산을 관리해야 한다.

이때 재산을 맡긴 사람이 위탁자이고, 재산을 맡은 사람이 수탁자이다. 맡긴 재산이 신탁재산이며, 신탁재산으로부터 나온 수익이 신탁수익이다. 그리고 신탁수익을 받게 되는 사람이 수익자이다. 수익자는 위탁자가 될 수도 있고, 위탁자 아닌 제3자가 될 수도 있다. 신탁이 되면 신탁재산의 명의는 위탁자에서 수탁자로 변경되며, 수탁자는 위탁자가 신탁계약에서 미리 정한 대로 신탁재산을 관리하고 그 수익을 수익자에게 나눠줘야 한다. 신탁재산은 독립되어 관리되므로, 위탁자나 수탁자의 일반채권자는 신탁재산에 대해 강제집행을 하지 못하는 것이 원칙이다.

유언대용신탁 역시 신탁의 일종이다. 다만, 맡긴 사람이 자신이 사망한 이후에도 맡긴 재산을 어떻게 처리할지 정해두는 신탁이기 때문에 유언과 비슷한 효과가 난다고 하여 유언대용신탁이라고 불리는 것이다.

사례를 통해 유언대용신탁에 대해 좀 더 알아보자.

👤 A에게는 아내와 외아들이 있다. A는 종로의 10층 건물과 약 100억 원의 예금을 가지고 있는 알부자다. 아들은 명문대를 졸업할 때까지만 해도 A의 자랑이었지만, 그 후 도박으로 많은 재산을 탕진하고 말았다. 심지어 최근에는 가상화폐 리딩방에 빠져서 A에게 "10억만 주면 500억을 만들어 그동안 가져간 돈을 한번에 갚겠다."는 허황된 소리를 하며 돈을 달라 닦달하고 있다. 아들이 유일하게 잘한 일은 결혼해서 똑똑한 손녀 한 명을 낳아준 것뿐이다. 그나마도 도박 때문에 손녀를 낳은 며느리와 진작 이혼한 상태다.

A가 젊었을 때는 이런 아들을 혼내보기도 했지만 80대에 들어선 지금은 기력이 달려 혼내기도 힘들다. 엎친 데 덮친 격으로 아내까지 치매에 걸리고 말았다. A는 치매에 걸린 아내를 돌보느라 날로 기력이 쇠해 재산까지 관리하기가 힘에 부쳤다. 이제 재산을 불리는 건 바라지도 않고 누가 대신 맡아서 현상 유지만 해줬으면 하는 생각이 굴뚝같다. 그리고 아들이 도박을 끊을 가능성은 전혀 없으니 아들의 손에 재산이 안 들어갔으면 좋겠다.

A는 어떻게 해야 할까?

위 사례는 유언대용신탁이 필요한 전형적인 경우라고 할 수 있다. A의 경우에는 상속인인 아들이 상속을 받게 되면 재산을 탕진할 가능성이 높기 때문에 아들에게 상속하는 것이 오히려 해가 될 수 있다. 결국 A는 은행과 유언대용신탁계약을 체결하여 재산 중 건물과 예금 일부를 은행에 맡겼다. 은행과 맺은 신탁계약상의 재산관리 방법은 다음과 같았다.

① A가 살아 있을 때는 A가 건물 월세와 예금이자 등을 가지고, A가 사망하면 아내와 아들이 각 1/2씩 가지도록 한다. 대신 아내가

치매라는 점을 감안하여 아내가 있는 요양원에 비용을 직접 지급한다. ② 아내가 사망한 후에는 유일한 상속자인 아들이 월세와 이자를 받는다. 단, 아들이 신탁계약 해지를 원해도 해지할 수 없다. ③ 아들이 사망하면 신탁계약을 종료하고 신탁재산인 건물과 남은 예금을 손녀에게 전부 이전한다. 아들이 살아 있는 한 재산 자체에는 손대지 못하고 재산에서 비롯된 수익만 얻게 한 것이다.

A는 재산관리에서 해방되고 아내의 생계를 보장하는 한편, 유일한 상속인인 아들이 수익으로 생계는 꾸릴 수 있지만 재산 자체는 처분하지 못하도록 빈틈없이 준비해 둔 계약이다.

이 사례처럼 본인이나 상속인들이 재산을 관리할 능력이 부족하다면, 유언대용신탁은 매우 활용가치가 높다고 할 수 있다.

유언과 유언대용신탁 중 어떤 것을 택할지 고민된다면?

A는 한국에서 태어났으나 젊은 시절 미국으로 건너가 미국 시민권자가 되었다. 그러나 여전히 한국에도 아파트와 토지 등 재산이 있었고 그로 인해 얻는 수익도 상당했지만, 임차인 관리부터 세금 납부까지 귀찮은 일이 한두 가지가 아니었다.

그러던 중 A는 주변 미국인들은 대부분 젊은 시절부터 유언장을 작성하여 사후를 미리 준비하는 것을 보고 자신도 유언장을 작성해 둬야겠다고 생각했다. 이를 위해 우선 한국과 미국에 있는 재산 내역을 정리해 봤다.

그러면서 생각해 보니, 본인은 한국어에 능통해서 힘들고 번거롭더라도 한국과 소통하며 한국 재산을 관리할 수 있지만 영어밖에 못 하는 자녀들이 자기가 죽고 나면 한국 재산을 제대로 관리할 수 있을지 의문이었다. 하지만 한국 재산의 가치는 계속 증가하고 있어서 생전에 이를 팔기는 싫었다.

A는 어떻게 하는 것이 좋을까?

해외에 거주하는 한인들이 늘어나면서 한국에 있는 재산의 관리가 문제가 되는 경우가 많다. 재산관리는 문제가 없고 재산상속만 생각한다면 유언만 해두어도 괜찮다. 한국과 미국에 모두 재산이 있다면, 통상 미국에 있는 재산은 미국 법에 따른 유언장으로, 한국에 있는 재산은 한국 법에 따른 유언장으로 정리한다. 그 나라 법에 따라 그 나라 말로 작성한 유언장으로 유언을 집행하는 것이 편하기 때문에 나라별로 유언장을 써두는 것이다.

다만, 사례에서 A는 한국에 있는 부동산 관리 자체에 부담을 느끼고 있고, 사후에 한국어 한마디 못하는 자녀들이 한국에서 유언집행을 할 때 많은 시간과 비용을 써야 한다는 게 내키지 않았기에 유언장 작성만으로는 부족했던 것이다.

A는 한국에 있는 은행과 유언대용신탁계약을 체결하여 한국 내 재산을 은행에 맡겼다. 그럼으로써 자신의 생전에는 은행이 한국 재산을 관리하며 그 수익을 자신에게 송금하도록 하고, 자신이 원하면 한국 재산을 처분하여 그 대금을 지급하도록 했다. 또한 A가 사망한 시점에 남은 한국 재산이 있다면 은행이 이를 처분하여 A의 자녀들에게 그 대금을 공평하게 나눠주도록 했다(사망 이후부터 처분 전까지 발생하는 수익 역시 자녀들에게 공평하게 지급하기로 했다). 다만, A의 자

녀들 간에 재산을 얼마에 팔지 이견이 있을 수 있으므로 이런 경우에는 자녀들의 과반수 동의에 따라 가격을 정하기로 했다.

이처럼 해외에 거주하는 한국인이 한국에 재산이 있고 관리에 어려움을 겪고 있다면 재산상속 외에도 재산관리 면에서 유언대용신탁은 하나의 괜찮은 대안이 될 수 있다.

유언과 유언대용신탁 중 어떤 쪽을 선택할지 고민될 때는 다음과 같이 간단하게 생각해 볼 수 있다. 상속인들에게 재산을 적절하게 나눠주는 것만으로 상속 문제가 잘 처리될 수 있다면 유언만으로 충분하다. 대부분이 이 경우에 해당한다. 그러나 본인이 고령이나 건강상 문제로 재산관리에 어려움을 느끼거나, 자기 재산을 상속인들에게 나눠주는 것만으로는 부족하고 사후에도 이를 지속적으로 관리할 필요가 있다면 유언대용신탁을 고려해 볼만하다.

유언대용신탁으로 유류분반환을 피할 수 있을까?

👤 A는 유류분반환을 피하면서 상속을 하기 위해 여러 가지 방법을 고민하고 있다. 그러던 중 언론 기사에서 유언대용신탁을 하면 유류분반환을 피할 수 있다는 내용을 봤다.
A의 생각대로 유언대용신탁을 하면 유류분반환을 피할 수 있을까?

유언대용신탁을 하면 유류분반환청구를 피할 수 있다고 알고 있는 경우가 있다. 유언대용신탁을 하면 유류분반환청구 대상에서 제외될 수 있는 것처럼 판단한 하급심 판결이 있었던 것은 사실이다. 그러나 최근 선고된 하급심 판결들은 유언대용신탁으로 인해 상속인이 수익을 무상으로 취득했다면 그가 취득한 수익을 유류분 산정의 기초가 되는 재산에 포함하여 유류분을 산정하고 있다. 이를 보면 아직 대법원 판결로 명확하게 정리되지는 않았지만, 법원은 유언대용신탁으로 인해 상속인이 수익을 취득했다면 이 또한 당연히 유류분반환 대상이라고 판단할 가능성이 높다.

5장

가장 현명하게
상속하는 법

어떻게 상속하고 싶은지부터
생각해 보자

A의 아버지가 돌아가셨다. 장례를 치르고 A는 공동상속인인 형 B, 누나 C와 상속재산분할 문제를 의논했다. 막내인 A는 B와 C 모두와 사이가 괜찮았지만, 연년생인 B와 C는 사이가 매우 나쁠뿐더러 상속재산분할에 대해서도 서로 의견이 달랐다.

결국 B는 C와 크게 다툰 끝에 A와 C를 상대로 법원에 상속재산분할심판청구를 제기했다. 5년간의 소송 끝에 법원의 결정에 따라 상속재산은 완전히 정리되었지만, 이제 B와 C는 서로 말도 하지 않는 사이가 되었고, A도 마음에 응어리가 맺혀 B와 더 이상 왕래하지 않는다. A는 이런 일을 겪은 뒤 자신은 상속 문제를 미리 준비해 둬야겠다고 생각했다.

A가 제일 먼저 해야 할 일은 무엇일까?

상속을 준비할 때 가장 먼저 해야 할 일은 자신이 어떻게 상속하고 싶은지를 정하는 것이다. 먼저 상속의 목표를 분명하게 세우고, 이를 통해 어떤 문제를 최우선으로 해결하려고 하는지를 명확하게 파악해야 한다. 실제로 상속 상담을 하러 변호사를 찾아오는 고객들 중 상당수가 상속을 준비하겠다는 의사는 있지만 의외로 어떻게 상속할 것인지, 사전상속을 통해 무엇을 가장 해결하고 싶은지는 미처 생각하지 못한 경우다.

그러나 일단 상속을 준비해야겠다는 생각이 든다면, 자신이 이를 통해 가장 해결하고 싶은 문제가 무엇인지, 달성하고 싶은 목적이 무엇인지를 한번 진지하게 고민해 볼 필요가 있다. 최우선 목표를 정해야 그에 맞게 계획을 짤 수 있기 때문이다. 상속 준비 목적은 매우 다양하다. 세금을 절약하기 위해서일 수도 있고, 상속인 간의 유류분 문제를 최소화하면서 자신이 원하는 상속인에게 재산을 더 나눠주기 위해서일 수도 있다. 아니면 치매에 걸렸거나 장애가 있는 상속인을 보호하기 위해 안전장치를 마련해 줄 목적일 수도 있다. 두 가지 이상의 목표가 상충한다면 우선순위를 정해야 한다. 예를 들어, 절세도 하고 상속 다툼도 예방하고 싶지만 사정상 둘 중 하나는 양보할 수밖에 없다면, 절세에 집중할지 분쟁 예방에 집중할지 정할 필요가 있다.

사례에서 A 역시 처음 변호사와 상담할 당시에는 상속을 준비하겠다는 막연한 생각만 했을 뿐 상속을 통해 달성하고 싶은 목표가 무엇인지가 분명하지 않았다. 상담을 통해 정리해 보니 A의 목표는 상속인들이 상속재산 때문에 서로 다투지 않았으면 좋겠다는 것이었다. 상담 과정에서 A는 형제들과 치러야 했던 상속 다툼 이야기를 꺼내놓았다. 그 일이 일어나기 전에는 자신이 그런 다툼에 휘말릴 줄 꿈에도 몰랐다고 말했다. 형과 누나의 사이가 나쁘긴 했지만 둘 다 자신과는 사이가 좋아 자신이 중간에서 어느 정도 중재를 해왔기 때문에, 처음 다툼이 생겼을 때도 자신이 형제들을 중재할 수 있다고 생각한 것이다.

A와 B, C는 사전에 증여받은 재산 규모가 비슷해 유류분 문제도 없었고, 돌아가신 아버지 명의의 상속재산만 법정상속분대로 나눠 가지면 됐다. 그런데 여러 재산 중 어떤 것을 가져갈지 논의하는 과정에서 B와 C 모두 강남에 있는 상가건물을 바랐다. A는 딱히 그 건물을 원하지는 않았기 때문에, 두 사람에게 그 건물을 나눠 가지라고 제안했다. 하지만 두 사람은 A의 말을 듣지 않고 서로 자기가 갖겠다며 목소리를 높이다가 결국 소송까지 하게 된 것이다.

그런데 정작 가정법원에서는 B와 C가 상가를 절반씩 공유하라는 판결이 났다. 그 판결 이후에 B와 C는 이제 상가의 공유관계를 해소하기 위해 공유물분할소송을 제기하여 싸우는 중이었다.

A는 형제들의 분쟁을 보기 전까지만 해도 자녀들에게 사전증여를 할 생각이 있었고 적은 금액이지만 증여를 조금씩 해주기도 했는데, 분쟁 이후에는 아예 다툼의 빌미조차 만들고 싶지 않아 사전증여는 하지 않기로 했다. 사전증여를 한다고 해서 반드시 분쟁이 발생하는 것은 아니라고 했으나, A의 의지는 확고했다. 자신의 상속인들 중 누구에게 재산을 더 주고 싶지도 않고 그저 자신이 죽으면 유언에서 정한 대로 상속인들이 빨리 재산을 나눠 가지고, 누가 어떤

재산을 가질지 싸우지 않기를 바랐다.

    A가 원하는 상속 목표는 분명했다. A는 상속인들에 대한 증여 내역과 현재 재산 내역을 정리한 뒤 예상 유류분액을 계산했다. 그리고 유류분을 피하면서 재산을 공평하게 분배하는 유언장을 작성하는 것으로 사전 상속 준비를 간명하게 마칠 수 있었다.

2
자녀에게 꼭 물려주고 싶은
재산을 물려주려면

 A는 작은 제약회사를 경영하고 있다. A의 아들은 다니던 제약회사를 그만두고 A가 경영하는 회사로 들어와서 일을 시작했다. 아들은 약사 자격도 있고, 신제품을 개발하기 위한 연구 투자에도 적극적이며, 독일에서 새로운 약품을 수입해 판매하는 등 회사를 의욕적으로 운영했다. 전적으로 아들 덕분이라고까지 할 순 없지만 아들이 입사한 후 결과적으로 매출도 증가했고 아들과 직원들 사이도 괜찮았다.

아들의 경영 능력에 만족한 A는 자신의 재산 중 회사 주식만큼은 아들에게 전부 물려줘야겠다고 생각했다. 오래전에 아내와 사별한 A의 상속인은 아들 한 명과 딸 두 명이었고, 상속재산은 주식 외에도 현금과 부동산이 꽤 되었다. A는 암으로 투병 중이었기에 빨리 재산을 정리하기를 바랐는데, 아들에게만 주식을 전부 물려주면 딸들이 나중에 유류분반환청구를 하여 주식을 가져갈까 걱정이었다. A는 어떻게 해야 할까?

　A의 상속 목표는 주식을 아들에게 물려주는 한편, 적어도 주식에 대해서는 딸들이 유류분반환청구를 하지 못하도록 막는 것이었다.

　A가 상속 계획을 세울 당시 A에게는 주식 외에도 부동산과 현금 등 다른 재산이 꽤 되었다. A가 가진 재산을 현재 시가로 계산해 본 결과, 주식을 아들에게 주고 부동산과 현금 중 일부를 딸들에게 주면 유류분 문제는 발생하지 않을 것으로 예상되었다. 다만, 유류분은 A가 사망하는 시점의 시가를 기준으로 계산되고 부동산과 주식은 시가가 변동되기 때문에 지금 시가로 계산한 유류분이 미래에도 유지될지 장담하기는 어려웠다.

　유류분을 정확하게 계산하기 어려운 상황에서 주식을 아들에게 전부 물려주고 유류분반환에서 제외되게 할 수 있을까? 이런 경우에는 유류분반환 순서를 생각해 보는 것도 한 방법이다. 앞에서 유류분은 유언으로 물려준 재산부터 반환해야 한다고 했던 것을 떠올려 보자.

　만약 A가 생전에 아들에게 주식을 증여하고, 유언으로 아들에게는 현금을, 딸들에게는 부동산과 현금을 물려주었다고 가정해 보자. 이런 경우라면 만약 딸들이 아들에게 유류분반환청구를 하더라도 아들은 딸에게 유언으로 물려받은 현금부터 전액 유류분으로 반환하고, 그러고도 유류분반환액이 남을 때만 주식 중 일부를 반환하게 된다. 만약 아들이 유언으로 물려받은 재산으로만 딸들에게 유류분을 반환할 수 있다면 사전증여된 재산은 반환할 필요가 없는 것이다.

이에 아들은 아버지 A로부터 자신이 조달 가능한 자금으로 일부 주식을 매수했고, 나머지는 증여를 받았다. 이후 A는 유언장을 작성하여 딸들이 부동산 전부와 현금 일부를, 아들이 나머지 현금을 물려받도록 했다.

A가 사망한 후 딸들은 아들을 상대로 유류분반환청구소송을 제기했으나, 가정법원에서 계산한 결과 딸들이 유언으로 물려받은 부동산과 일부 현금만으로도 유류분은 거의 충족되었고, 아들은 유언으로 물려받은 현금 중 수백만 원 정도만 반환하고 주식은 반환하지 않는 것으로 사건을 정리할 수 있었다.

다만, 위 사례와 같은 경우는 A에게 주식 외에도 다른 재산이 어느 정도 있었기에 유류분반환을 피하면서 주식을 아들에게 고스란히 물려주는 것이 가능했다. 만약 주식이 A의 유일한 재산이라면 사전증여와 유언만으로 유류분반환 자체를 피하기는 어려울 수 있으므로, 신탁 등 다른 방법들을 활용해서 경영권 승계에 지장이 없도록 대비해야 한다.

3

효도계약서가 도대체 뭐길래

A에게 재산이라고는 아파트 한 채와 국민연금이 전부였다. 어느 날 아들이 찾아와 "아파트 가격이 계속 오르고 있어서 나중에 상속받게 되면 세금이 너무 많이 나오니, 지금 사전증여를 받아야 세금을 절약할 수 있다."면서 아파트를 증여해 달라고 했다. 아들은 "증여 후에도 아버지가 살아 계신 동안에는 당연히 그 아파트에서 사실 수 있다."고 했다.

A는 국민연금만으로는 생활비가 모자라서 지금 거주하는 아파트로 주택연금을 받을 생각이었기에 아들의 제안에 고민이 되었다. A는 아들에게 "주택연금을 받을 생각이라서 증여를 해주기 어려울 것 같다."고 했다. 그러자 아들은 A에게 "아파트를 증여해 주면 아버지의 건강과 영혼까지 책임지겠다, 생활하시는 데 어려움이 없도록 최선을 다하겠다."는 각서를 작성해 주며 설득했다.

A는 결국 아들의 각서를 받은 다음 날 증여계약서를 작성하고 아파트 소유권을 아들에게 넘겨주었다. 그러나 아들은 말을 바꿔 A에게 생활비를 주지 않았다. A는 아들에게 증여계약을 해제할 테니 아파트를 돌려달라고 했다.
A는 아파트를 돌려받을 수 있을까?

최근 미디어에서 '효도계약서'라는 말이 자주 언급된다. 대체 효도계약서란 무엇일까?

효도계약이란 부모가 생전에 자녀에게 재산을 증여해 주는 대신 자녀는 부모를 봉양하는 데 최선을 다하겠다는 계약이다. 이를 법률 용어로 표현하면, 자녀의 효도를 조건으로 재산을 물려주는 부담부 증여계약이다. 즉, 효도계약서란 자녀에게 효도할 의무를 부담시키는 부담부증여계약이다.

그렇다면 단순증여와 부담부증여는 어떤 차이가 있을까?

단순증여는 재산을 무상으로 주는 데 그치고 재산을 받는 사람이 재산을 준 사람에게 어떤 일을 해줄 필요가 없다. 반면 부담부증여는 재산을 주는 대가로 일정한 의무를 이행하도록 부담을 지운다는 점에서 다르다.

또한 단순증여는 재산을 넘겨주고 나면 증여계약을 해제할 수 없다. 단순증여계약을 체결하고 그에 따라 재산의 이전 절차를 마친 다음에는 마음이 바뀌어서 재산을 돌려달라고 해도 돌려받을 수 없다. 그러나 부담부증여는 재산을 받은 사람이 부담의무를 이행하지 않으면 계약을 해제하고 증여재산의 반환을 요구할 수 있다.

사례에서 A가 아들과 체결한 증여계약이 만약 아들이 생활비 지급 의무를 부담하는 증여계약, 즉 부담부증여계약이라고 평가된다면 A는 아들의 생활비 미지급을 이유로 증여계약을 해제하고 아파트를 돌려받을 수 있을 것이다. 그러나 이와 유사한 사례에서 법원은 A가 아파트를 돌려받을 수 없다고 판단했다. 왜 그랬을까?

먼저 부담부증여라고 하면 부담 내용이 구체적이어야 하는데 "건강과 영혼까지 책임지겠다.", "생활하시는 데 어려움이 없도록 최선을 다하겠다."라는 말만으로는 대체 아들이 A에 대해 어떤 의무를 부담하고 있는지가 불확실하다는 것이다. 따라서 A의 증여는 생활비 지급 내지 부양의무를 부담하는 부담부증여로 인정되지 않고 부담이 없는 단순증여로 인정되었다. 이런 경우 아파트가 이전되어 증여계약 이행이 완료된 이상 계약을 해제할 수 없기에 A는 아파트를 돌려받지 못하고 말았다. 그렇다면 A는 어떻게 효도계약서를 작성해야 했을까?

효도계약서를 작성할 때는 다음 내용이 꼭 들어가야 한다.

① 부모가 재산을 주는 것이 부담부증여임을 계약서에 명백히 기재해야 한다. 계약서 제목부터 '증여계약서'가 아니라 '부담부증여계약서'라고 명시할 필요가 있다.

② 부담의 내용이 무엇이든 간에 그 내용이 구체적이어야 한다. 부담부증여계약을 체결하는 경우 자녀에게 부담시킬 수 있는 의무는 다양하다. '부모에게 매달 얼마의 부양료를 지급하라'는 것일 수도 있고, '매달 부양료 외에 병원비와 간병비까지 부담하라'거나 '매달 1회 같이 식사를 해야 한다'는 내용일 수도 있다. 다만 그 내용이 구체적이고 명확해야 한다. 단순히 '부모를 부양한다'는 식의 표현

보다는 '재산을 증여하는 대신 월 부양료 200만 원을 지급하고, 병원비가 발생하면 이 역시 지급한다'는 식으로 부담할 금액과 범위를 정확하게 명시할 필요가 있다.

③ 자녀가 약속과 달리 매달 부양료를 지급하지 않는 등 부담을 이행하지 않으면 부모는 증여계약을 해제하고 재산반환을 청구할 수 있다는 점 역시 기재해 둘 필요가 있다.

효도계약서 작성 예시

부담부증여계약서

1. A는 아들인 B에게 서울 종로구 내수동 ○○번지 아파트 3동 701호를 부담부증여하고, B는 A가 살아 있는 동안 A에게 부양료로 매달 월 300만 원을 지급할 부담을 진다.
2. B가 제1항에 기재된 부담을 위반하면 A는 증여계약을 해제하고 B에게 위 아파트의 반환을 요구할 수 있고, B는 A가 계약해제를 통보한 때로부터 1주일 내에 아파트를 반환해야 한다. B가 반환의무를 지체한 때에는 지체일로부터 반환일까지 매일 10만 원을 지급한다.
3. A와 B는 본 계약서 부본을 2부 작성하여 각 1부씩 나눠 가진다.

증여자 A (인)
수증자 B (인)

4

상황에 따라 다양한 방법을
적절히 활용하자

앞에서 살펴보았듯이 재산을 승계하는 수단에는 유언, 증여, 신탁 등이 있다. 그러나 가족마다 사정이 다르기 때문에 어느 한 가지만 활용해서는 원하는 대로 재산을 승계하기 어려운 경우가 많다.

예를 들면, 기업을 승계하는 과정에서 가장 고민되는 문제 중 하나가 유류분이다. 기업을 승계하기 위해서는 기업을 물려받을 자녀에게 경영권 확보에 필요한 주식을 물려줄 필요가 있다. 그러나 기업을 물려받을 후계자인 자녀에게 주식을 물려주었는데 그 주식이 후계자가 아닌 다른 자녀의 유류분을 침해한다면, 침해를 받은 자녀는 기업 후계자를 상대로 주식의 반환을 청구할 수 있다. 유류분은 증여 또는 유증받은 재산 자체를 반환해야 하는 것이 원칙이기 때문이다. 주식으로 유류분을 반환하는 경우 경영권에 문제가 생길 수 있기 때문에, 기업 승계 과정에서 유류분 문제를 최소화할 필요가 있다.

실무에서는 유류분 문제를 해결하기 위해 미리 예상되는 유류분을 계산한 후 사전증여 및 유언장 작성을 통한 유증을 병행하는 방법이 많이 활용된다. 피상속인의 예상 상속재산과 자녀들에게 그동안 증여한 재산 내역 및 가액을 정리한 후 예상 유류분액을 산출하여 그에 따라 적절하게 재산을 사전증여하거나 유증하는 것이다.

사전증여 계획과 유증을 동시에 진행하는 이유는 유류분은 유언으로 물려준 유증재산부터 반환하기 때문이다. 주식을 사전증여하고, 부동산을 유증했다고 가정하면 부동산을 먼저 반환해야 한다. 만약 부동산으로 유류분을 전부 반환할 수 있다면 사전증여한 주식까지 유류분으로 반환할 필요가 없다.

따라서 경영권 승계에 필요한 재산은 증여세 조달 일정에 맞춰 사전증여 계획을 세우고, 승계에 필요 없는 재산은 유언으로 물려주는 식으로 준비하면 된다. 유언장을 작성한 후 자녀에게 재산을 추가로 증여하거나 일부 재산가액이 크게 상승하여 재산 변동이 있는 경우에는 다시 유류분을 계산하여 그에 맞게 매년 또는 3년 정도 기간에 따라 유언장을 업데이트한다. 예상 상속재산과 사전증여재산을 처음 정리할 때는 약간 번거롭지만, 일단 한번 정리해 두면 예상 유류분액을 업데이트하여 유언장을 갱신하는 것은 어렵지 않다.

그런데 유류분 예상액을 계산한 결과, 후계자가 아닌 자녀에게도 주식 중 일부를 물려줄 수밖에 없는 경우에는 유언대용신탁을 활용할 수 있다. 물론 유언대용신탁을 한다고 유류분에서 자유로울 수 있는 것은 아니지만, 주식신탁을 통해 상당 기간 동안 기업 후계자의 의결권 행사에는 문제가 없도록 할 수 있다.

　예를 들면, 기업 오너인 피상속인이 예상되는 유류분만큼의 주식을 수탁자에게 신탁하면서 생전에는 피상속인이 주식배당금을 수령하고 피상속인 의사에 따라 의결권을 행사하며, 사망 후에는 일정 기간(20년 정도) 동안 해당 주식의 의결권을 기업 후계자인 자녀의 의사에 따라 행사하도록 하되 이익배당금만 후계자가 아닌 자녀에게 지급하는 것이다. 20년이 경과한 후 후계자가 아닌 자녀에게 주식을 일부 이전하더라도 이미 기업 후계자인 자녀가 회사의 경영권을 장악했을 터이므로 기업 승계에는 별다른 문제가 발생하지 않을 가능성이 높다.

　이와 같이 주식신탁은 유류분 예상액을 계산했을 때 기업 후계자가 아닌 자녀에게 주식을 일부 물려줄 수밖에 없는 상황이라면 매우 유용하다. 그런데도 그동안 잘 활용되지 않았는데, 그 주된 이유는 수탁자가 되어야 할 금융기관이 의결권 중 15%만 행사할 수 있었기 때문이다. 그러나 금융회사뿐만 아니라 가족을 수탁자로 하여 유언대용신탁을 체결하는 것이 가능하고, 이런 경우에는 의결권 행사 제한 문제가 발생하지 않는다. 따라서 후계자인 자녀나 믿을만한 가족 명의로 신탁을 체결하면 의결권 행사 제한 없이 주식신탁을 활용하여 기업을 승계할 수 있다.

　이처럼 원만한 재산승계를 위해서는 사전에 미리 상황을 파악하고 그에 맞게 증여, 유증, 신탁 등 여러 수단을 활용하여 상속 플랜을 짤 필요가 있다.

2부

상속·증여와 세금

1장

상속과 세금

상속세는 누가, 언제,
어디에 내야 할까?

　1부에서 살펴보았듯이, 가족이 죽었을 때 우선적으로 재산을 물려받을 수 있게 법이 정한 사람을 '상속인'이라 하고, 죽어서 재산을 물려주는 사람을 '피상속인'이라고 한다(누가 어떤 순위로 상속인이 되는지에 대해서는 1부 1장에서 설명했다). 꼭 법으로 정해진 상속인이 아니라도 누군가가 죽으면서 재산을 물려받은 사람은 상속세를 내야 한다. 이때 다른 사람으로부터 재산을 물려받은 사람을 '수유자'라고 한다.

　수유자는 상속인은 아니지만 피상속인으로부터 재산을 물려받는 사람이다. 예를 들어, 피상속인의 유언에 따라 재산을 물려받거나(유증), 피상속인이 살아 있을 때 체결한 증여계약을 통해 피상속인

　　　　　　　　　　　　　　　2부 상속·증여와 세금

이 죽으면 피상속인의 재산을 물려받는 것으로 약정된(사인증여死因贈與) 사람이다. 유언은 혼자 의사를 표시해도 법률적으로 효력이 있기 때문에, 유증을 받을 사람의 의사와 무관하게 피상속인의 의사표시만으로 효력을 갖는다. 반면, 사인증여는 당사자들 사이의 의사표시로 이루어지는 계약이기 때문에, 피상속인과 증여를 받을 사람이 계약서를 작성하는 등 계약이 체결되어야 효력이 발생한다는 점에서 차이가 있다.

그리고 유언대용신탁이나 수익자연속신탁에 따라 신탁의 수익권을 얻게 된 사람도 수유자에 포함된다. 1부 4장에서 설명했듯이 유언대용신탁이란 피상속인이 죽었을 때 계약에 따라 지정된 사람이 수익권을 얻는 신탁을 의미한다. 즉, 죽기 전에 유언으로 특정인을 지정해서 가지고 있는 재산 일부를 맡기고 그 재산으로부터 경제적 효익을 얻도록 하는 경우를 말한다. 예를 들어, 내가 죽으면 미리 은행에 맡겨둔 돈 1억 원으로 나중에 손자가 대학생이 되었을 때 매 학기 등록금을 지급하도록 죽기 전에 신탁계약을 체결할 수 있다. 이때 손자가 신탁의 수익자로서 수유자가 된다.

수익자연속신탁은 신탁의 수익자가 죽는 경우 죽은 수익자의 수익권을 얻도록 정한 신탁을 의미한다. 앞의 예에서 만약 신탁의 수익자로 지정된 손자가 불의의 사고로 죽은 경우 남은 돈을 다른 손자 중 한 명에게 지급하도록 되어 있다면, 이러한 신탁이 수익자연속신탁의 일종이다. 이때 수익권을 물려받은 다른 손자가 수유자가 된다.

개인뿐만 아니라 법인이나 단체도 피상속인의 재산을 물려받으면 상속세를 내야 한다. 다만 영리활동을 목적으로 하는 법인은 물려받은 재산으로 얻는 이익에 대해서 법인세가 과세되기 때문에 상속세를 따로 내지 않아도 된다. 영리활동을 목적으로 하지 않는 법인, 즉 비영리법인이 영위하는 수익사업에 대해서도 마찬가지다. 결국 법인의 경우에는 비영리법인의 공익사업과 관련하여 재산을 물려받는 경우에만 상속세 납세의무를 부담한다.

　상속세는 상속개시일, 즉 피상속인이 사망한 날이 속하는 달의 말일부터 6개월 이내에 피상속인의 주소지를 관할하는 세무서에 신고하고 납부해야 한다. 만약 피상속인이 외국에 살고 있어서 국내에 주소지가 없으면 상속재산의 소재지를 관할하는 세무서에 상속세를 납부하면 된다. 예를 들어 상속재산 중 건물이 있으면 건물의 주소지를 관할하는 세무서에 상속세를 납부한다. 상속재산이 둘 이상의 세무서 관할 지역에 있으면 금액이 더 큰 재산의 소재지를 관할하는 세무서에 상속세를 납부하면 된다. 특정 지역을 관할하는 세무서는 국세청 사이트에서 검색하면 쉽게 찾을 수 있다.

관련 법률

상속세 및 증여세법 제3조의2(상속세 납부의무) ① 상속인(특별연고자 중 영리법인은 제외한다) 또는 수유자(영리법인은 제외한다)는 상속재산(제13조에 따라 상속재산에 가산하는 증여재산 중 상속인이나 수유자가 받은 증여재산을 포함한다) 중 각자가 받았거나 받을 재산을 기준으로 대통령령으로 정하는 비율에 따라 계산한 금액을 상속세로 납부할 의무가 있다.
② 특별연고자 또는 수유자가 영리법인인 경우로서 그 영리법인의 주주

또는 출자자(이하 "주주 등"이라 한다) 중 상속인과 그 직계비속이 있는 경우에는 대통령령으로 정하는 바에 따라 계산한 지분 상당액을 그 상속인 및 직계비속이 납부할 의무가 있다.

③ 제1항에 따른 상속세는 상속인 또는 수유자 각자가 받았거나 받을 재산을 한도로 연대하여 납부할 의무를 진다.

상속세 및 증여세법 제6조(과세 관할) ① 상속세는 피상속인의 주소지(주소지가 없거나 분명하지 아니한 경우에는 거소지를 말하며, 이하 "상속개시지"라 한다)를 관할하는 세무서장(국세청장이 특히 중요하다고 인정하는 것에 대해서는 관할 지방국세청장으로 하며, 이하 "세무서장 등"이라 한다)이 과세한다. 다만 상속개시지가 국외인 경우에는 상속재산 소재지를 관할하는 세무서장 등이 과세하고, 상속재산이 둘 이상의 세무서장 등의 관할구역에 있을 경우에는 주된 재산의 소재지를 관할하는 세무서장 등이 과세한다.

상속세 및 증여세법 제67조(상속세 과세표준신고) ① 제3조의2에 따라 상속세 납부의무가 있는 상속인 또는 수유자는 상속개시일이 속하는 달의 말일부터 6개월 이내에 제13조와 제25조 제1항에 따른 상속세의 과세가액 및 과세표준을 대통령령으로 정하는 바에 따라 납세지 관할 세무서장에게 신고하여야 한다.

③ 제1항의 기간은 유언집행자 또는 상속재산관리인에 대해서는 그들이 제1항의 기간 내에 지정되거나 선임되는 경우에 한정하며, 그 지정되거나 선임되는 날부터 계산한다.

④ 피상속인이나 상속인이 외국에 주소를 둔 경우에는 제1항의 기간을 9개월로 한다.

2

어떤 재산에
상속세가 과세될까?

해외 재산도 상속세를 물어야 할까?

A의 형 B는 미국으로 이민을 가서 살다가 사망했다. 사망 당시 B에게는 자식이 없었고 부모도 예전에 돌아가셨기 때문에 상속인은 한국에 거주하는 남동생 A뿐이다. B는 사망 당시 한국 소재 아파트와 토지, 코스피에 상장된 주식, 미국 나스닥에 상장된 주식, 미국 은행계좌의 예금을 가지고 있었다. 이 경우 A에게 상속세가 과세되는 재산은 무엇일까?

상속세는 피상속인이 죽으면서 남긴 재산(상속재산)에 과세되는데, 피상속인이 사망한 시점을 기준으로 대한민국 국내 거주자인지 여부에 따라 상속재산에 포함되는 재산의 범위가 달라진다. 여기서 거주자란 국내에 주소를 두고 있거나 183일 이상 거주지를 둔 사람을 말한다. 예를 들어, 국내에 주소지가 없더라도 1년에 절반을 초과해 국내에 머무르면서 생활을 하는 경우에는 국내 거주자에 해당한다. 피상속인이 국내 거주자라면 피상속인이 남긴 전 세계 모든 재산에 대해 상속세를 내야 하고, 피상속인이 국내 거주자가 아니라면 국내에 있는 상속재산에 대해서만 상속세가 과세된다.

상속재산의 소재지, 즉 상속재산이 국내에 있는지 여부는 상속재산별로 판단 기준이 다르다. 부동산은 그 부동산의 소재지를 기준으로 판단하고, 주식은 주식발행 법인의 본점 소재지를 기준으로 판단한다. 예금은 그 예금을 취급하는 금융회사 영업장의 소재지를 기준으로 판단하고, 금전채권은 채무자의 주소지를 기준으로 소재지를 판단한다. 이처럼 재산별로 소재지를 판단하는 기준이 다르기 때문에, 피상속인이 국내 거주자가 아닌 경우에는 상속재산별로 상속세 과세대상인지를 따져보아야 한다.

이 사례에서, 부동산은 부동산의 소재지를 기준으로 상속재산에 포함되는지를 판단하므로 B가 소유하고 있던 국내 소재 아파트와 토지는 상속재산에 포함된다. 주식은 상장된 거래소의 소재지가 아니라 주식발행 법인의 본점 소재지를 기준으로 판단하므로, 우리나라 코스피에 상장된 주식이라도 주식발행 법인이 외국 법인이고 본점이 외국에 있다면 상속재산에 포함되지 않고, 반대로 미국 나스닥에 상장된 주식이라도 주식발행 법인의 본점이 국내에 있다면 상속재산에 포함된다. 예금은 금융회사 영업장의 소재지를 기준으로 판단하므로, 미국 은행의 영업점에서 개설된 예금계좌에 있는 예금이라면 상속재산에 포함되지 않는다. 우리나라 은행의 해외 지점에서 개설된 계좌에 있는 예금도 마찬가지로 상속재산에 포함되지 않는다. 따라서 B가 미국 은행의 미국 현지 지점에서 개설한 계좌에 예치되어 있는 예금은 상속재산에 포함되지 않는다.

관련 법률

상속세 및 증여세법 제3조(상속세 과세대상) 상속개시일 현재 다음 각 호의 구분에 따른 상속재산에 대하여 이 법에 따라 상속세를 부과한다.
  1. 피상속인이 거주자인 경우: 모든 상속재산
  2. 피상속인이 비거주자인 경우: 국내에 있는 모든 상속재산

보험금이나 연금도 상속재산에 포함될까?

상속재산이란 피상속인이 소유하고 있던 모든 재산(재산적 가치가 있는 법률상 또는 사실상의 모든 권리 포함)을 말하고, 피상속인만이 누릴 수 있는 것으로서 피상속인의 죽음으로 인하여 소멸되는 것, 즉 사후에 다른 사람에게 물려줄 수 없는 것은 제외된다.

이에 따라 피상속인이 보험계약자가 되어 가입한 생명보험 또는 손해보험에서 피상속인이 사망하면 지급되는 보험금은 상속재산에 포함된다. 보험계약자가 피상속인이 아니라고 하더라도 피상속인이 실질적으로 보험료를 납부했다면, 그 보험금도 상속재산에 포함

된다. 예를 들어, 자녀가 보험계약자로서 아버지의 사망 시에 보험금이 지급되는 생명보험에 가입했지만, 실질적으로는 자녀가 아닌 아버지가 보험료를 모두 납부했다면, 아버지의 사망 시에 지급되는 보험금도 상속재산에 포함된다. 그 밖에 피상속인이 신탁한 재산이나 피상속인에게 지급될 퇴직금, 퇴직수당, 공로금, 연금 또는 이와 비슷한 성격으로서 피상속인이 죽으면 지급되는 돈도 상속재산으로 본다.

하지만 국민연금법, 공무원연금법, 군인연금법 등에 따라 지급되는 유족연금이나 장해유족연금, 산업재해보상보험이나 근로기준법 등에 따라 유족에게 지급되는 보상금 등은 상속재산에 포함되지 않는다. 이 보상금 등은 상속인의 사망으로 지급되는 것이기는 하지만, 보상금 등을 받는 주체가 유족으로 정해져 있고 유족에 대한 위로와 보상이 목적이기 때문이다.

관련 법률

상속세 및 증여세법 제8조(상속재산으로 보는 보험금) ① 피상속인의 사망으로 인하여 받는 생명보험 또는 손해보험의 보험금으로서 피상속인이 보험계약자인 보험계약에 의하여 받는 것은 상속재산으로 본다.
② 보험계약자가 피상속인이 아닌 경우에도 피상속인이 실질적으로 보험료를 납부하였을 때에는 피상속인을 보험계약자로 보아 제1항을 적용한다.

상속세 및 증여세법 제9조(상속재산으로 보는 신탁재산) ① 피상속인이 신탁한 재산은 상속재산으로 본다. 다만 제33조 제1항에 따라 수익자의 증여재산가액으로 하는 해당 신탁의 이익을 받을 권리의 가액(價額)은 상속재산으로 보지 아니한다.

② 피상속인이 신탁으로 인하여 타인으로부터 신탁의 이익을 받을 권리를 소유하고 있는 경우에는 그 이익에 상당하는 가액을 상속재산에 포함한다.

③ 수익자연속신탁의 수익자가 사망함으로써 타인이 새로 신탁의 수익권을 취득하는 경우 그 타인이 취득한 신탁의 이익을 받을 권리의 가액은 사망한 수익자의 상속재산에 포함한다.

상속세 및 증여세법 제10조(상속재산으로 보는 퇴직금 등) 피상속인에게 지급될 퇴직금, 퇴직수당, 공로금, 연금 또는 이와 유사한 것이 피상속인의 사망으로 인하여 지급되는 경우 그 금액은 상속재산으로 본다. 다만 다음 각 호의 어느 하나에 해당하는 것은 상속재산으로 보지 아니한다.

1. 「국민연금법」에 따라 지급되는 유족연금 또는 사망으로 인하여 지급되는 반환일시금

2. 「공무원연금법」, 「공무원 재해보상법」 또는 「사립학교교직원 연금법」에 따라 지급되는 퇴직유족연금, 장해유족연금, 순직유족연금, 직무상유족연금, 위험직무순직유족연금, 퇴직유족연금부가금, 퇴직유족연금일시금, 퇴직유족일시금, 순직유족보상금, 직무상유족보상금 또는 위험직무순직유족보상금

3. 「군인연금법」 또는 「군인 재해보상법」에 따라 지급되는 퇴역유족연금, 상이유족연금, 순직유족연금, 퇴역유족연금부가금, 퇴역유족연금일시금, 순직유족연금일시금, 퇴직유족일시금, 장애보상금 또는 사망보상금

4. 「산업재해보상보험법」에 따라 지급되는 유족보상연금·유족보상일시금·유족특별급여 또는 진폐유족연금

5. 근로자의 업무상 사망으로 인하여 「근로기준법」 등을 준용하여 사업자가 그 근로자의 유족에게 지급하는 유족보상금 또는 재해보상금과 그밖에 이와 유사한 것

처분 중이던 부동산도 상속재산에 포함될까?

피상속인이 사망했을 때 처분이 진행 중이던 재산은 상속재산에 포함될까? 이 물음에 대한 판단은 '피상속인이 사망한 시점에 이미 법률적으로 재산의 소유권이 이전되었는지 여부'를 기준으로 한다.

예를 들어, 피상속인이 자기 소유의 토지를 팔려고 계약을 체결한 이후 중도금까지만 받고 잔금을 받기 전에 매수인 이름으로 등기를 넘기지 않은 상태에서 사망했다면, 해당 토지는 상속재산에 포함된다. 법률적으로 매수인에게 등기를 이전했거나, 등기를 이전하기 전이라도 잔금까지 받았다면 토지의 소유권이 이전된 것으로 보는데, 앞의 경우에는 등기가 이전되지 않았고 매수인으로부터 중도금까지만 받았기 때문에, 아직 소유권이 이전되지 않았다고 판단한다.

반대로 피상속인이 토지를 사려고 계약은 체결했지만 중도금까지만 낸 상태에서 사망했다면, 해당 토지는 상속재산에 포함되지 않는다. 다만 토지는 상속재산에 포함되지 않더라도, 피상속인에게는 토지 매매계약에 따라 매도인에게 잔금을 지급하고 토지의 소유권을 이전받을 권리가 있으므로, 그 권리가 상속재산이 되어 상속인들에게 이전된다. 이때 상속재산의 금액은 토지의 시가에서 추가로 지급해야 할 잔금을 공제한 금액으로 본다.

한편, 피상속인이 국가나 지방자치단체, 정당에 남긴 재산은 상속재산에 포함되지 않는다. 피상속인이 특별히 의사표시를 하지는 않았지만 상속인이 상속세 신고기한까지 상속재산 중 일부를 국가나 지방자치단체에 증여하면 그 증여한 재산도 상속재산에 포함되지 않는다.

관련 법률

상속세 및 증여세법 제12조(비과세되는 상속재산) 다음 각 호에 규정된 재산에 대해서는 상속세를 부과하지 아니한다.

  1. 국가, 지방자치단체 또는 대통령령으로 정하는 공공단체(이하 "공공단체"라 한다)에 유증(사망으로 인하여 효력이 발생하는 증여를 포함하며, 이하 "유증 등"이라 한다)한 재산
  4. 「정당법」에 따른 정당에 유증 등을 한 재산
  5. 「근로복지기본법」에 따른 사내근로복지기금이나 그 밖에 이와 유사한 것으로서 대통령령으로 정하는 단체에 유증 등을 한 재산
  6. 사회통념상 인정되는 이재구호금품, 치료비 및 그 밖에 이와 유사한 것으로서 대통령령으로 정하는 재산
  7. 상속재산 중 상속인이 제67조에 따른 신고기한까지 국가, 지방자치단체 또는 공공단체에 증여한 재산

2부 상속·증여와 세금

상속세는 어떻게 계산할까?

상속세 과세가액을 구한다

피상속인이 남긴 총상속재산가액에서 상속세가 과세되지 않는 재산, 공과금, 장례비, 채무를 뺀 뒤에 피상속인이 죽기 전에 미리 증여한 재산을 더해서 상속세 과세가액을 계산한다.

공과금은 상속개시일, 즉 피상속인이 사망한 날을 기준으로 피상속인이 납부할 의무가 있는 것으로서 상속인에게 납부할 의무가 승계된 세금, 공공요금을 말한다. 장례비는 ① 피상속인이 죽은 날부터 장례일까지 장례에 직접 소요된 금액(최소 500만 원에서 최대 1000만 원), ② 봉안시설 또는 자연장지의 사용에 소요된 금액(최대

500만 원)을 합한 금액이다.

　채무는 명칭을 불문하고 상속개시일을 기준으로 피상속인이 부담해야 하는 확정된 부채를 의미한다. 그런데 채무에는 ① 상속개시일 전 10년 이내에 피상속인이 '상속인'에게 재산을 증여하기로 약속하여 부담하게 된 증여채무와 ② 상속개시일 전 5년 이내에 피상속인이 '상속인이 아닌 사람'에게 진 증여채무는 포함하지 않는다. 증여채무를 채무에 포함하지 않는 이유는 사전증여를 통해 의도적으로 채무의 금액을 늘려 상속세 과세가액을 줄이려는 시도를 막기 위해서이다.

　👤　A는 지인들로부터 예금계좌에 예치되어 있는 돈을 매달 현금으로 인출해서 자식들에게 주면 상속세나 증여세를 부담하지 않고 재산을 물려줄 수 있다는 얘기를 들었다. 그래서 한 달에 1000만 원씩 현금으로 인출해 각각 딸과 아들에게 주기 시작했다. 그렇게 열두 달을 해오다가 A가 사망하고 말았다. 지인들의 조언대로 이 돈은 상속세를 물지 않아도 되는 것일까?

　위 조언은 반은 맞고 반은 틀렸다. 국세청은 위 사례와 같이 상속세나 증여세를 회피하기 위하여 현금을 직접 주는 방식으로 재산을 물려주는 경우에도 세금을 부과한다. 상속개시일을 기준으로 일정 기간 내에 인출되거나 처분된 재산이 있는데, 그 돈을 어디에 썼는지 객관적으로 확인되지 않을 경우 상속세 과세가액에 더하도록 하는 것이다.

　구체적으로, 상속개시일 전 1년 이내에 처분하거나 인출한 금액이 재산 종류(① 현금, 예금 및 유가증권, ② 부동산, ③ 그 밖의 재산) 별로 합산했을 때 한 가지 종류라도 2억 원을 넘는 경우, 상속개시일 전 2년 이내를 기준으로 5억 원을 넘는 경우에 재산의 용도가 명백하지 않다면 이를 상속세 과세가액에 더한다. 그리고 피상속인이 부담한 채무를 합친 금액이 상속개시일 전 1년 이내에 2억 원 이상인 경우, 상속개시일 전 2년 이내에 5억 원 이상인 경우에도 용도가 객관적으로 명백하지 않다면 채무 금액을 상속세 과세가액에 더한다.

사례에서 A는 한 달에 딸과 아들에게 각각 1000만 원씩, 2000만 원을 현금으로 주었고, 이를 열두 달 동안 했으니 자식들에게 생전 증여한 현금은 총 2억 4000만 원이 된다. 이는 사망일(상속개시일) 전 1년 이내에 한 가지 종류의 재산을 합산한 과세 기준액 2억 원을 넘는 금액이므로 인출액에 대하여 사용처를 소명하지 못하면 이 금액이 상속세 과세가액에 포함된다.

상속세 과세표준을 구한다

위와 같은 과정을 거쳐 상속세 과세가액이 확정되었다면, 거기서 상속공제액과 감정평가 수수료를 빼고 상속세 과세표준을 계산한다. 과세표준이란 세금을 부과할 때 기준이 되는 금액을 의미하며, 상속공제란 상속세 과세표준을 계산할 때 상속재산의 가액에서 일정한 금액을 빼서 상속세 부담을 줄여주는 제도이다(190~200쪽에서 자세히 다룬다). 감정평가 수수료는 상속세를 납부하기 위해 상속재산을 평가하는 데 지출한 비용이다.

상속세 산출세액을 구한다

상속세 과세표준에 상속세율을 곱하여 상속세 산출세액을 계산한다. 현행 상속세 및 증여세법(이하 상증세법) 세율은 아래 표와 같으며 각 금액 구간별로 누진세율이 적용된다. 예를 들어, 상속세 과세표준이 3억 원이면 1억 원에 대해서는 10%, 1억 원을 초과하는 금액인 2억 원에 대해서는 20%의 세율이 적용되어 총 5000만 원이 산출세액이 된다. 이 세율은 2부 2장에서 살펴볼 증여세의 경우에도 동일하다.

과세표준	세율
1억 원 이하	10%
1억 원 초과 5억 원 이하	20%
5억 원 초과 10억 원 이하	30%
10억 원 초과 30억 원 이하	40%
30억 원 초과	50%

최종 납부세액을 구한다

이렇게 계산한 상속세 산출세액에서 세대를 생략한 상속에 따른 할증세액과 가산세 등을 더하고, 징수유예세액과 세액공제액을 빼면 신고납부세액이 도출되고, 신고납부세액에서 물납이나 연부연납을 적용받아 바로 납부하지 않는 세액을 빼고 나머지 세액을 납부하게 된다. 상속세 산출세액에 더하거나 빼는 항목, 물납과 연부연납에 대해서는 별도의 장에서 자세히 설명하겠다. 이 장에서 살펴본 납부세액을 결정하는 항목들을 정리하면 아래와 같다.

총상속재산가액
− 비과세 재산 − 공과금, 장례비, 채무 + 합산 대상 사전증여재산 + 추정상속재산
= 상속세 과세가액
− 상속공제 − 감정평가 수수료 공제
= 상속세 과세표준
× 세율(10%~50%, 5단계 초과누진세율)
= 상속세 산출세액
+ 세대 생략 할증세액 − 징수유예세액 − 세액공제액 + 신고불성실, 납부지연 가산세 등
= 신고납부세액
− 연부연납, 물납
= 납부세액

상속세 및 증여세법 제13조(상속세 과세가액) ① 상속세 과세가액은 상속
재산의 가액에서 제14조에 따른 것을 뺀 후 다음 각 호의 재산가액을 가
산한 금액으로 한다. 이 경우 제14조에 따른 금액이 상속재산의 가액을
초과하는 경우 그 초과액은 없는 것으로 본다.

    1. 상속개시일 전 10년 이내에 피상속인이 상속인에게 증여한 재산가액

    2. 상속개시일 전 5년 이내에 피상속인이 상속인이 아닌 자에게 증여한
    재산가액

② 제1항 제1호 및 제2호를 적용할 때 비거주자의 사망으로 인하여 상속
이 개시되는 경우에는 국내에 있는 재산을 증여한 경우에만 제1항 각 호의
재산가액을 가산한다.

상속세 및 증여세법 제14조(상속세재산의 가액에서 빼는 공과금 등) ① 거주
자의 사망으로 인하여 상속이 개시되는 경우에는 상속개시일 현재 피상속
인이나 상속재산에 관련된 다음 각 호의 가액 또는 비용은 상속재산의 가
액에서 뺀다.

    1. 공과금

    2. 장례비용

    3. 채무(상속개시일 전 10년 이내에 피상속인이 상속인에게 진 증여채무와 상
    속개시일 전 5년 이내에 피상속인이 상속인이 아닌 자에게 진 증여채무는 제외
    한다. 이하 이 조에서 같다)

상속세 및 증여세법 제15조(상속개시일 전 처분재산 등의 상속 추정 등) ①
피상속인이 재산을 처분하였거나 채무를 부담한 경우로서 다음 각 호의
어느 하나에 해당하는 경우에는 이를 상속받은 것으로 추정하여 제13조
에 따른 상속세 과세가액에 산입한다.

    1. 피상속인이 재산을 처분하여 받은 금액이나 피상속인의 재산에서 인
    출한 금액이 상속개시일 전 1년 이내에 재산 종류별로 계산하여 2억 원

이상인 경우와 상속개시일 전 2년 이내에 재산 종류별로 계산하여 5억 원 이상인 경우로서 대통령령으로 정하는 바에 따라 용도가 객관적으로 명백하지 아니한 경우

2. 피상속인이 부담한 채무를 합친 금액이 상속개시일 전 1년 이내에 2억 원 이상인 경우와 상속개시일 전 2년 이내에 5억 원 이상인 경우로서 대통령령으로 정하는 바에 따라 용도가 객관적으로 명백하지 아니한 경우

상속세 및 증여세법 제25조(상속세의 과세표준 및 과세최저한) ① 상속세의 과세표준은 제13조에 따른 상속세 과세가액에서 다음 각 호의 금액을 뺀 금액으로 한다.

1. 제18조, 제18조의2, 제18조의3, 제19조부터 제23조까지, 제23조의2 및 제24조의 규정에 따른 상속공제액
2. 대통령령으로 정하는 상속재산의 감정평가 수수료

② 과세표준이 50만 원 미만이면 상속세를 부과하지 아니한다.

4

상속을 받으면
무조건 상속세를 내야 할까?

상속재산이 있다고 무조건 상속세를 내는 것은 아니다. 일정한 요건을 충족하는 경우에는 상속재산 전부 또는 일부에 대해서 상속세를 부담하지 않을 수 있다. 다양한 종류의 상속공제제도가 있기 때문이다. '상속공제'란 상속세 과세표준을 계산할 때 상속재산의 가액에서 일정한 금액을 빼서 상속세 과세표준을 낮춤으로써 상속세 부담을 줄여주는 제도를 말한다.

상속공제제도가 있는 이유는 상속인과 피상속인의 관계, 상속재산의 성격 등 여러 가지 여건을 고려했을 때 상속세 부담을 줄여줄 필요가 있는 경우 일정 금액을 과세표준에서 제해 과세 형평을 도모하기 위한 것이다. 즉, 상속인들 입장에서 상속세 부담이 합리적인 수준이 될 수 있도록 조정하기 위한 장치를 마련해 둔 것이다. 또한 정책적으로 상속세를 낮춰줄 필요가 있는 경우에 정책수단의 일환으로 활용되기도 한다. 가업 장려를 위한 가업상속공제나 농업 보호를 위한 영농상속공제 등이 여기에 해당한다.

참고로 우리나라의 상속세제는 유산취득세 방식이 아닌 유산세 방식을 취하고 있다. 유산취득세 방식을 적용하면 여러 명의 상속인이 각각 물려받는 상속재산에 대하여 따로따로 상속세를 과세하는데, 유산세 방식을 적용하면 피상속인이 남긴 재산 전체를 기준으로 상속세를 계산하여 과세를 한다. 현재 상속세 과세방식을 유산세에서 유산취득세로 전환하려는 논의가 진행되고 있으며, 추후 1~2년 내에 법 개정이 이루어질 것으로 예상된다.

기초공제와 인적공제

상속공제 중 가장 먼저 살펴볼 것은 기초공제이다. 모든 상속에 대하여 2억 원을 공제한다. 피상속인이 국내에 살지 않는 경우 다른 상속공제는 적용되지 않지만 기초공제 2억 원은 적용받을 수 있다.

상속인과 피상속인의 인적 관계를 감안한 공제제도로 인적공제가 있다. 인적공제 중 대표적인 것이 배우자공제이다. 배우자가 실제 상속받은 재산이 없거나 상속재산가액이 5억 원 미만인 경우에는 5억 원이 공제되고, 배우자가 실제 상속받은 재산가액이 5억 원 이상인 경우에는 30억 원을 한도로 실제 상속받은 재산 금액만큼

공제된다. 배우자의 경우 피상속인의 재산 증식에 직간접적으로 기여했으리라는 점을 감안하여 배우자가 실제로 상속받는 재산가액을 기준으로 상당히 큰 금액을 공제해주는 것이다.

다른 인적공제보다 배우자공제의 한도가 크기 때문에 배우자공제를 많이 받을수록 좋다고 생각할 수 있지만, 배우자가 실제 상속받는 재산이 늘어나면 나중에 배우자가 사망했을 때 자식들이 다시 상속세를 부담해야 하기 때문에 결과적으로 상속세 부담이 늘어날 수도 있다. 또한 배우자 상속분이 유류분을 초과하면 상속인들 사이에 법적 분쟁이 발생할 수 있기 때문에, 단순히 배우자공제만 고려해서 배우자 상속분을 늘리는 것은 바람직하지 않다.

배우자공제 외의 인적공제에는 자녀, 미성년자, 연로자, 장애인 공제가 있다. 피상속인의 자녀 1인당 5000만 원이 공제되고, 상속인 및 동거가족 중 미성년자는 1인당 19세까지 남은 잔여 연수(1년 미만의 기간은 1년으로 친다)에 1000만 원을 곱한 금액이 추가로 공제된다. 자녀 및 미성년자 공제는 피상속인 사망 당시 아직 태어나지 않은 태아에 대해서도 적용된다. 상속인 및 동거가족 중 만 65세 이상인 연로자는 1인당 5000만 원, 장애인은 1인당 기대 여명(통계청에서 발표하는 성별·연령별 기대 여명, 1년 미만의 기간은 1년으로 친다) 연수에 1000만 원을 곱한 금액이 공제된다.

기초공제와 인적공제 외에 일괄공제도 있다. 기초공제 2억 원과 인적공제 중 배우자공제를 제외한 금액의 합계액이 5억 원 미만인 경우에는 5억 원이 일괄적으로 공제된다. 이때 5억 원을 '일괄공제'라고 한다. 예를 들어, 배우자공제를 제외한 인적공제 합계액이 2억 원인 경우 이 금액을 기초공제액과 합하면 4억 원이므로 일괄공제 5억 원을 적용받을 수 있는 것이다. 상속개시 당시 미성년 자녀나 연로자 등이 많지 않아 배우자공제를 제외한 인적공제와 기초공제의 합계액이 5억 원을 넘지 않는다면 일괄공제 5억 원을 적용하는 것이 유리하다.

결과적으로 상속인 중에 배우자와 자녀가 모두 있는 경우에는 일괄공제 5억 원과 배우자공제 최소 금액인 5억 원을 합한 10억 원을 최소한 공제받을 수 있고, 상속인 중에 배우자가 없는 경우에는 일괄공제 5억 원을 최소한 공제받을 수 있다. 반대로 말하면 상속재산이 위 금액보다 적으면 상속세는 걱정하지 않아도 된다.

관련 법률

상속세 및 증여세법 제18조(기초공제) 거주자나 비거주자의 사망으로 상속이 개시되는 경우에는 상속세 과세가액에서 2억 원을 공제한다.

상속세 및 증여세법 제19조(배우자 상속공제) ① 거주자의 사망으로 상속이 개시되어 배우자가 실제 상속받은 금액의 경우 다음 각 호의 금액 중 작은 금액을 한도로 상속세 과세가액에서 공제한다.

1. 다음 계산식에 따라 계산한 한도금액

   한도금액 = (A - B + C) × D - E

   A: 대통령령으로 정하는 상속재산의 가액

   B: 상속재산 중 상속인이 아닌 수유자가 유증 등을 받은 재산의 가액

   C: 제13조 제1항 제1호에 따른 재산가액

   D: 「민법」 제1009조에 따른 배우자의 법정상속분(공동상속인 중 상속을 포기한 사람이 있는 경우에는 그 사람이 포기하지 아니한 경우의 배우자

법정상속분을 말한다)

    E: 제13조에 따라 상속재산에 가산한 증여재산 중 배우자가 사전증
여받은 재산에 대한 제55조 제1항에 따른 증여세 과세표준

  2. 30억 원

④ 제1항의 경우에 배우자가 실제 상속받은 금액이 없거나 상속받은 금액
이 5억 원 미만이면 제2항에도 불구하고 5억 원을 공제한다.

상속세 및 증여세법 제20조(그 밖의 인적공제) ① 거주자의 사망으로 상속이
개시되는 경우로서 다음 각 호의 어느 하나에 해당하는 경우에는 해당 금액
을 상속세 과세가액에서 공제한다. 이 경우 제1호에 해당하는 사람이 제2호
에 해당하는 경우 또는 제4호에 해당하는 사람이 제1호부터 제3호까지 또
는 제19조에 해당하는 경우에는 각각 그 금액을 합산하여 공제한다.

  1. 자녀(태아를 포함한다) 1명에 대해서는 5000만 원

  2. 상속인(배우자는 제외한다) 및 동거가족 중 미성년자(태아를 포함한다)
에 대해서는 1000만 원에 19세가 될 때까지의 연수(年數)를 곱하여 계
산한 금액

  3. 상속인(배우자는 제외한다) 및 동거가족 중 65세 이상인 사람에 대해
서는 5000만 원

  4. 상속인 및 동거가족 중 장애인에 대해서는 1000만 원에 상속개시일
현재 「통계법」 제18조에 따라 통계청장이 승인하여 고시하는 통계표에
따른 성별·연령별 기대여명(期待餘命)의 연수를 곱하여 계산한 금액

③ 제1항 제2호 및 제4호를 적용할 때 1년 미만의 기간은 1년으로 한다.

상속세 및 증여세법 제21조(일괄공제) ① 거주자의 사망으로 상속이 개시
되는 경우에 상속인이나 수유자는 제18조와 제20조 제1항에 따른 공제액
을 합친 금액과 5억 원 중 큰 금액으로 공제받을 수 있다. 다만 제67조 또는
「국세기본법」 제45조의3에 따른 신고가 없는 경우에는 5억 원을 공제한다.

② 제1항을 적용할 때 피상속인의 배우자가 단독으로 상속받는 경우에는
제18조와 제20조 제1항에 따른 공제액을 합친 금액으로만 공제한다.

금융재산공제와 동거주택공제

상속재산 중에 금융재산이 있는 경우에는 금융재산 상속공제를 받을 수 있다. 이는 상속재산 중 금융재산에서 금융채무를 뺀 순금융재산 금액을 기준으로 적용한다. 순금융재산이 2000만 원 이하면 전액, 2000만 원 초과 1억 원 이하면 2000만 원, 1억 원을 초과하면 순금융재산의 20%가 공제된다. 공제한도액이 2억 원이기 때문에 순금융재산이 10억 원을 초과하면 공제액이 더 늘어나지는 않는다.

금융재산의 경우 재산의 파악 및 평가가 용이하므로 국가 입장에서는 피상속인이 다른 종류의 재산보다 금융재산을 많이 가지고 있을수록 상속세 과세에 드는 수고가 줄어든다. 이러한 점을 감안하여 금융재산의 형태로 상속재산을 보유하도록 유도하고자 금융재산에 대하여 상속공제를 적용하는 혜택을 주는 것이다.

피상속인의 사망으로 상속인의 주거 안정이 훼손되지 않도록 하는 취지에서 마련된 동거주택 상속공제도 있다. 이는 상속재산 중 일정한 요건을 충족하는 주택이 있는 경우 6억 원을 한도로 그 주택의 가액을 공제해 주는 것이다. 이 공제를 받기 위해서는 피상속인과 상속개시일을 포함해 10년 이상(상속인이 미성년자인 기간은 제외) 계속하여 한 주택에서 동거해 왔고, 1세대를 구성하면서 1세대 1주택에 해당해야 하며, 상속개시일 현재 무주택자이거나 피상속인과 공동으로 1세대 1주택을 보유한 상속인이 상속받은 주택이어야 한다.

그 밖에 상당한 규모의 가업을 잇는 경우 관심을 가질 만한 상속공제로 가업상속공제가 있다. 가업상속공제제도에 대해서는 3장에서 따로 살펴보겠다.

관련 법률

상속세 및 증여세법 제22조(금융재산 상속공제) ① 거주자의 사망으로 상속이 개시되는 경우로서 상속개시일 현재 상속재산가액 중 대통령령으로 정하는 금융재산의 가액에서 대통령령으로 정하는 금융채무를 뺀 가액(이하 이 조에서 "순금융재산의 가액"이라 한다)이 있으면 다음 각 호의 구분에 따른 금액을 상속세 과세가액에서 공제하되, 그 금액이 2억 원을 초과하면 2억 원을 공제한다.

　　1. 순금융재산의 가액이 2000만 원을 초과하는 경우: 그 순금융재산의 가액의 100분의 20 또는 2000만 원 중 큰 금액

　　2. 순금융재산의 가액이 2000만 원 이하인 경우: 그 순금융재산의 가액

상속세 및 증여세법 제23조의2(동거주택 상속공제) ① 거주자의 사망으로 상속이 개시되는 경우로서 다음 각 호의 요건을 모두 갖춘 경우에는 상속주택가액(「소득세법」 제89조 제1항 제3호에 따른 주택부수토지의 가액을 포함하되, 상속개시일 현재 해당 주택 및 주택부수토지에 담보된 피상속인의 채무액을 뺀 가액을 말한다)의 100분의 100에 상당하는 금액을 상속세 과세가액에서 공제한다. 다만 그 공제할 금액은 6억 원을 한도로 한다.

　　1. 피상속인과 상속인(직계비속 및 「민법」 제1003조 제2항에 따라 상속인이 된 그 직계비속의 배우자인 경우로 한정하며, 이하 이 조에서 같다)이 상속개시일부터 소급하여 10년 이상(상속인이 미성년자인 기간은 제외한다) 계속하여 하나의 주택에서 동거할 것

　　2. 피상속인과 상속인이 상속개시일부터 소급하여 10년 이상 계속하여 1세대를 구성하면서 대통령령으로 정하는 1세대 1주택(이하 이 조에서

"1세대 1주택"이라 한다)에 해당할 것. 이 경우 무주택인 기간이 있는 경우에는 해당 기간은 전단에 따른 1세대 1주택에 해당하는 기간에 포함한다.

3. 상속개시일 현재 무주택자이거나 피상속인과 공동으로 1세대 1주택을 보유한 자로서 피상속인과 동거한 상속인이 상속받은 주택일 것

공제제도를 이용할 때 주의할 점

유증이나 상속포기로 선순위 상속인이 아닌 상속인들이 재산을 물려받으면 그 재산의 금액만큼을 빼고 상속공제액을 계산하기 때문에 주의할 필요가 있다. 예를 들어, 피상속인의 자녀들이 1순위 상속인인 상황에서 피상속인이 유증으로 손자에게 상속재산 10억 원을 물려주었다면, 10억 원만큼 상속공제액이 감소하는 것이다.

이처럼 다양한 상속공제제도가 있기 때문에, 대부분의 경우 상속재산이 있더라도 그 전액이 아니라 일정 금액을 공제한 나머지 금액에 대해서만 상속세가 과세된다. 상속공제제도를 잘 알아두면 상속재산이 있다고 해서 막연히 엄청난 세금을 떠안을까 걱정하지 않아도 된다. 다만 일부 상속공제의 경우 요건이 까다롭기 때문에 피상속인 생전부터 미리 대비할 필요가 있다.

다음 [표1]에서는 금융재산공제의 경우를 조건별로 비교했고, [표2]에서는 배우자공제를 위해 배우자 상속분을 늘릴 경우 추후 발생할 상속세를 비교했다.

[표1] 상속재산이 10억 원인 경우

구분	금융재산 미포함		전액 금융재산*
	배우자, 자녀 모두 있는 경우	자녀만 있는 경우	자녀만 있는 경우
상속재산 과세가액	10억 원	10억 원	10억 원
배우자공제	▲5억 원	0원	0원
일괄공제	▲5억 원	▲5억 원	▲5억 원
금융재산 상속공제	-	-	▲2억 원
상속세 과세표준	0원	5억 원	3억 원
세율	-	20%	20%
산출세액	0원	9000만 원	5000만 원
신고납부세액공제(3%)	-	▲270만 원	▲150만 원
신고납부세액	0원	8730만 원	4850만 원

* 채무 없이 10억 원 전액이 순금융재산이라고 가정한다.

[표2] 상속재산이 10억 원이고, 배우자와 자녀가 한 명씩 있는 경우

구분		배우자가 10억 전액 상속받는 경우	배우자와 자녀가 5억씩 상속받는 경우
피상속인 사망 시	상속재산 과세가액	10억 원	10억 원
	배우자공제	▲10억 원	▲5억 원
	일괄공제	0원	▲5억 원
	상속세 과세표준	0원	0원
	세율	-	-
	산출세액	0원	0원
배우자 사망 시	상속재산 과세가액	10억 원	5억 원*
	일괄공제	▲5억 원	▲5억 원
	상속세 과세표준	▲5억 원	0원
	세율	20%	-
	산출세액	9000만 원	0원
	신고납부세액공제(3%)	▲270만 원	-
	신고납부세액	8730만 원	0원

* 피상속인이 사망했을 때 배우자와 자녀가 각각 5억 원씩 물려받았기 때문에, 추후 배우자가 사망했을 때 자녀가 물려받는 재산은 5억 원이다.

상속세 및 증여세법 제24조(공제 적용의 한도) 제18조, 제18조의2, 제18조의3, 제19조부터 제23조까지 및 제23조의2에 따라 공제할 금액은 제13조에 따른 상속세 과세가액에서 다음 각 호의 어느 하나에 해당하는 가액을 뺀 금액을 한도로 한다. 다만 제3호는 상속세 과세가액이 5억 원을 초과하는 경우에만 적용한다.

1. 선순위인 상속인이 아닌 자에게 유증 등을 한 재산의 가액
2. 선순위인 상속인의 상속포기로 그다음 순위의 상속인이 상속받은 재산의 가액
3. 제13조에 따라 상속세 과세가액에 가산한 증여재산가액(제53조, 제53조의2 또는 제54조에 따라 공제받은 금액이 있으면 그 증여재산가액에서 그 공제받은 금액을 뺀 가액을 말한다)

5

상속재산은
어떻게 평가할까?

상속재산은 사람들 사이에서 거래가 이루어진 재산이 아니라 피
상속인이 죽으면서 남긴 재산이기 때문에, 재산의 가치가 얼마나
되는지 따로 평가를 해야 한다. 그런데 현금이나 예금과 같이 가치
가 명확한 재산 외에는 재산가액을 어떻게 평가할지 명확하지 않
은 경우가 많다. 따라서 납세자와 국세청 사이에는 항상 상속재산
의 가액을 어떻게 평가할지에 관하여 이견이 있기 마련이고, 이러
한 이견이 납부할 상속세액을 둘러싼 법적 분쟁으로 이어지기도
한다.

시가를 구할 수 있는 경우

상속세액을 정확하게 계산하기 위해서는 상속재산의 가액을 정확하게 평가하는 것이 가장 중요하므로 상증세법은 상속재산의 평가에 관해 여러 규정을 두고 있다. 상증세법은 원칙적으로 상속받거나 증여받은 재산의 금액을 상속개시일, 즉 피상속인이 사망한 날이나 증여한 날 당시의 '시가時價'로 평가하도록 규정하면서, 상속개시일 전후 6개월 이내(증여재산의 경우 증여일 전 6개월부터 증여일 후 3개월까지)의 기간 중 피상속인의 재산을 매매, 감정, 수용, 경매 또는 공매할 경우 그 금액, 즉 매매가액, 감정가액, 보상가액, 경매가액, 공매가액을 '시가'로 규정하고 있다.

위와 같은 경우에는 제3자 사이에 거래가 이루어진 것과 마찬가지로 상속재산의 시가가 확인된 것으로 보는 것이다. 만약 위 기준에 따른 시가가 둘 이상이면 상속개시일이나 증여일을 전후하여 가장 가까운 날의 거래금액을 적용한다. 이때 감정의 경우에는 원칙적으로 둘 이상의 감정기관이 산정한 감정가액의 평균액을 시가로 인정하고, 예외적으로 토지나 주택과 같은 부동산 중 기준시가(공시지가 또는 국세청장 고시가액)가 10억 원 이하(공급계약상 공급가액이 10억 원 이하인 분양권 포함)인 경우라면 한 감정기관의 감정가액을 시가로 인정해 준다.

상장주식과 같이 거래 대상이 동일한 다른 거래가 존재하는 경우에는 상속개시일 전후로 2개월, 총 4개월 동안 거래소 시세의 평균액을 상증세법상 시가로 보도록 규정되어 있어 기계적으로 계산하면 되니 고민할 필요가 없다.

부동산은 어떨까? 아파트의 경우에는 상속받은 아파트와 완전히 동일한 아파트가 존재할 수는 없지만 ① 적어도 같은 단지에 있고, ② 전용면적의 차이가 5% 이내이며, ③ 국토교통부 장관이 매년 1월과 6월에 적정가격을 조사·산정하여 공시하는 '공동주택가격'의 차이가 5% 이내일 것이라는 요건을 모두 충족하는 다른 아파트의 매매가격가 있다면, 그 가액을 상속받은 아파트의 시가로 본다. 아파트의 경우 같은 단지 내 전용면적이 비슷한 아파트들은 어느 정도 시세가 비슷하게 형성된다는 점을 고려한 규정이다.

아파트 외의 다른 재산에 대해서는 상속받은 재산과 면적·위치·용도·종목 및 기준시가가 동일하거나 유사한 다른 재산의 시가를 상속받은 재산의 시가로 볼 수 있다고 규정되어 있지만, '유사하다'는 서술의 범위가 모호해서 시가를 정확하게 파악하기 어려운 경우가 허다하다.

시가를 구할 수 없는 경우

앞서 살펴본 것처럼 매매, 감정, 수용, 경매, 공매와 같은 사례가 전혀 없거나, 있다고 하더라도 유사한 사례를 찾을 수 없는 경우에는 어떻게 상속받은 재산의 가액을 평가할까? 이러한 경우에 대비해서 상증세법은 재산의 종류별로 매매가액 등 시가가 없는 경우 재산의 가액을 어떻게 평가할 것인지도 규정하고 있다. 이를 이른바

'보충적 평가방법'이라고 한다.

상속재산 중 매우 높은 비율을 차지하는 부동산에 대해서 살펴보자. 상증세법에서는 시가가 없는 부동산을 종류별로 구분해서 평가한다. 즉, ① 토지는 부동산 가격공시에 관한 법률(이하 '부동산공시법')에 따른 개별공시지가로, ② 주택 중 아파트, 연립주택, 다세대주택과 같은 공동주택의 경우에는 부동산공시법에 따른 공동주택가격으로, ③ 단독주택, 다가구주택과 같은 단독주택은 부동산공시법에 따른 개별주택가격으로, ④ 건물, 오피스텔 및 상업용 건물은 국세청장 고시가액으로 평가하도록 규정하고 있다(이하 '공시지가' 또는 '기준시가'). 따라서 매매가액이나 감정가액 등이 전혀 없는 경우에는 기준시가로 상속받은 부동산의 가액을 신고하면 된다. 사례를 통해 다시 한번 살펴보자.

👤 무남독녀인 A의 아버지가 갑자기 돌아가셨다. 상속인은 A와 A의 어머니 두 명이다. 아버지가 돌아가실 때 남긴 재산은 약 30년 전에 취득한 상가와 토지다. 그 상가와 토지가 있는 지역은 부동산 매매거래가 자주 일어나는 곳이 아니어서 적정한 가격이 얼마인지 판단하기가 쉽지 않다.
이러한 상황에서 A와 A의 어머니는 물려받은 상가와 토지의 상속세를 어떻게 계산해야 할까?

A가 물려받은 상가와 토지의 경우 돌아가신 아버지가 취득한 때로부터 약 30년이 흘렀고, 해당 부동산이 있는 지역은 부동산 매매거래가 자주 일어나는 곳이 아니어서 해당 부동산과 유사한 부동산

의 매매가액도 존재하지 않을 가능성이 높다. 이런 경우 부동산의 상증세법상 시가는 존재하지 않는다고 볼 수 있다. 그렇다면 상증세법에 따라 시가가 없는 경우로 보아 상가는 국세청장 고시가액을, 토지는 개별공시지가, 즉 기준시가를 해당 부동산의 가액으로 하여 상속세를 신고하면 될까?

상황에 따라 다르다. 일반적으로 부동산의 기준시가가 매매가액이나 감정가액보다 낮기 때문에 기준시가로 신고하면 상속세가 줄어들지만, 그렇게 신고하는 것이 항상 유리한 것은 아니다. 부동산의 가액과 상속공제액에 따라 유불리가 달라진다.

A의 경우 피상속인인 아버지의 사망 당시 어머니가 살아 계시기 때문에 어머니의 배우자공제로 최소 5억 원, 일괄공제 5억 원을 함께 적용받아, 최소한 10억 원의 상속공제를 받을 수 있다. 그런데 상속받은 부동산의 기준시가가 5억 원이고, 감정가액이 10억 원일 경우 (다른 상속재산이 없다고 가정할 때) 상속받은 부동산의 가액을 기준시가인 5억 원으로 신고하든, 감정가액인 10억 원으로 신고하든 해당 금액이 모두 상속공제액 범위 내에 있기 때문에 어느 경우든 상속세 과세표준이 '0원'이 된다.

그런데 추후 상속받은 부동산을 팔 때에는 상속받을 때 적용한 가액을 기준으로 취득가액을 산정하기 때문에, 취득가액이 낮을수록 매도가액과 차이가 커져 양도소득세를 더 부담해야 한다. 즉 위 사례에서 상속세를 신고할 때 부동산의 가액을 기준시가인 5억 원으로 신고하면 감정가액인 10억 원으로 신고할 경우와 비교해 5억 원에 대한 양도소득세를 더 부담해야 하는 것이다. 따라서 A의 입장에서는 감정가액인 10억 원을 부동산 가액으로 하여 상속세를 신고하는 편이 유리하다. 무조건 상속재산의 가액을 낮추어서 신고하는 게 좋다고 생각해서는 안 되는 이유이다.

이처럼 상속받은 부동산을 추후 양도할 때 부담할 세금까지 고려하면 상속세를 신고할 때 부동산의 가액을 낮게 신고하는 편이 마냥 유리하지는 않다. 따라서 나중에 부담할 양도소득세까지 감안하고 상속공제액을 최대한 활용하여 신고할 부동산의 가액을 결정할 필요가 있다. 이때 감정이 필요하면 상속인들이 직접 비용을 부담하고 감정을 진행할 수도 있고, 만약 상속개시 전후로 부동산을 담보로 대출을 받으면서 은행으로부터 감정을 받았다면 그 감정평가 결과를 활용할 수도 있다.

관련 법률

상속세 및 증여세법 제60조(평가의 원칙 등) ① 이 법에 따라 상속세나 증여세가 부과되는 재산의 가액은 상속개시일 또는 증여일(이하 "평가기준일"이라 한다) 현재의 시가(時價)에 따른다. 이 경우 다음 각 호의 경우에 대해서는 각각 다음 각 호의 구분에 따른 금액을 시가로 본다.

　1. 「자본시장과 금융투자업에 관한 법률」에 따른 증권시장으로서 대통령령으로 정하는 증권시장에서 거래되는 주권상장법인의 주식 등 중 대통령령으로 정하는 주식 등(제63조 제2항에 해당하는 주식 등은 제외한다)의 경우: 제63조 제1항 제1호 가목에 규정된 평가방법으로 평가한 가액

　2. 「가상자산 이용자 보호 등에 관한 법률」 제2조 제1호에 따른 가상자산의 경우: 제65조 제2항에 규정된 평가방법으로 평가한 가액

2부 상속·증여와 세금

② 제1항에 따른 시가는 불특정 다수인 사이에 자유롭게 거래가 이루어지는 경우에 통상적으로 성립된다고 인정되는 가액으로 하고 수용가격·공매가격 및 감정가격 등 대통령령으로 정하는 바에 따라 시가로 인정되는 것을 포함한다.

③ 제1항을 적용할 때 시가를 산정하기 어려운 경우에는 해당 재산의 종류, 규모, 거래 상황 등을 고려하여 제61조부터 제65조까지에 규정된 방법으로 평가한 가액을 시가로 본다.

④ 제1항을 적용할 때 제13조에 따라 상속재산의 가액에 가산하는 증여재산의 가액은 증여일 현재의 시가에 따른다.

⑤ 제2항에 따른 감정가격을 결정할 때에는 대통령령으로 정하는 바에 따라 둘 이상의 감정기관(대통령령으로 정하는 금액 이하의 부동산의 경우에는 하나 이상의 감정기관)에 감정을 의뢰하여야 한다. 이 경우 관할 세무서장 또는 지방국세청장은 감정기관이 평가한 감정가액이 다른 감정기관이 평가한 감정가액의 100분의 80에 미달하는 등 대통령령으로 정하는 사유가 있는 경우에는 대통령령으로 정하는 바에 따라 대통령령으로 정하는 절차를 거쳐 1년의 범위에서 기간을 정하여 해당 감정기관을 시가불인정 감정기관으로 지정할 수 있으며, 시가불인정 감정기관으로 지정된 기간 동안 해당 시가불인정 감정기관이 평가하는 감정가액은 시가로 보지 아니한다.

6

상속세를 더 내거나
덜 내는 경우

손주에게 바로 물려주면 상속세를 더 낸다

상속세는 상속이 일어날 때마다 내야 한다. 예를 들어, 할아버지
가 사망하면서 아버지에게 재산을 물려주면 그때 상속세를 한 번 내
야 하고, 아버지가 물려받은 재산을 그대로 가지고 있다가 사망하면
그 재산을 물려받은 아들이 다시 상속세를 내야 한다. 상속세는 상
속이라는 사건을 통해 부를 재분배하기 위한 목적으로 재산을 물려
받을 때마다 부과되는 세금이기 때문이다.

상속이 일어날 때마다 상속세를 내야 한다고 하니, 두세 번 일어
날 상속을 한 번으로 줄이면, 즉 중간 과정에서 이루어지는 상속을

생략하고 바로 다음 세대에게 상속하면 상속세를 줄일 수 있겠다는 생각이 들 수 있다. 예를 들어, 할아버지가 사망하기 전에 재산 중 일부를 아들이 아닌 손자에게 바로 물려주도록 유언을 하면, 해당 재산에 대해서는 아버지를 거칠 필요 없이 손자가 곧바로 상속인이 된다. 유언이 없었다면 '부모→자녀→손주' 두 단계로 이루어졌을 상속 과정이 '부모→손주' 한 단계로 줄어든 것이다.

이렇게 1순위 상속인을 건너뛰고 그다음 세대에게 바로 상속을 하면 두 번 내야 할 상속세를 한 번만 내면 되니 세금이 줄어드는 것은 맞다. 그런데 두 번 낼 상속세를 한 번만 낸다고 상속세가 절반으로 줄어드는 것은 아니다. 그 이유는 상증세법이 세대를 건너뛰고 이루어진 상속에 대하여 상속세를 더 내도록 정하고 있기 때문이다.

상증세법은 상속인이나 수유자가 피상속인의 자녀가 아니라 손주나 증손주 등인 경우, 즉 세대를 건너뛰고 상속이 이루어진 경우에는 상속세의 30%를 더 내도록 한다. 만약 세대를 건너뛰고 상속이 이루어진 재산이 20억 원을 넘으면 상속세의 40%를 더 내야 한다. 이를 '할증과세'라고 한다. 할증과세는 모든 상속재산에 대하여 적용하는 것이 아니라, 세대를 건너뛰고 상속이 이루어진 상속재산에 대해서만 적용한다. 실제 상속세를 계산할 때에는 전체 상속재산에서 세대를 건너뛰고 이루어진 상속재산의 비율을 구하고, 상속세 산출세액 중 그 비율만큼의 세액에 30% 또는 40%를 곱한 세금을 추가로 더한다.

하지만 어쩔 수 없이 세대를 건너뛰고 상속이 이루어지는 경우에는 할증과세가 적용되지 않는다. 예를 들어, 할아버지보다 아버지가 먼저 사망해 곧바로 손자에게 상속되는 경우에는 상속세를 더 내지 않아도 된다. 이렇게 부득이하게 세대를 건너뛰고 상속이 이루어지는 것을 민법에서는 '대습상속'이라고 부른다. 대습상속은 원래 상속인이 되었어야 하는 사람이 상속개시 이전에 사망한 경우뿐만 아니라, 상속인 중 결격사유 때문에 상속인이 되지 못하는 사람이 있는 경우에도 이루어진다(대습상속에 관해서는 1부 1장 「2. 상속인은 누구인가」에서 다루었다).

상속인이 되지 못하는 결격사유에는 고의로 직계존속, 피상속인, 그 배우자 또는 상속의 선순위나 동순위에 있는 자를 살해하거나 살해하려 한 경우, 사기 또는 강박으로 피상속인에게 상속에 관한 유언을 하게 한 경우, 피상속인의 유언 또는 유언의 철회를 방해한 경우 등이 있다. 피상속인의 상속에 관한 유언서를 위조·변조·파기 또는 은닉하는 경우도 결격사유에 해당한다.

관련 법률

상속세 및 증여세법 제27조(세대를 건너뛴 상속에 대한 할증과세) 상속인이나 수유자가 피상속인의 자녀를 제외한 직계비속인 경우에는 제26조에 따른 상속세 산출세액에 상속재산(제13조에 따라 상속재산에 가산한 증여재산 중 상속인이나 수유자가 받은 증여재산을 포함한다. 이하 이 조에서 같다) 중 그 상속인 또는 수유자가 받았거나 받을 재산이 차지하는 비율을 곱하여 계산한 금액의 100분의 30(피상속인의 자녀를 제외한 직계비속이면서 미성년자에 해당하는 상속인 또는 수유자가 받았거나 받을 상속재산의 가액이 20억 원을 초과하는 경우에는 100분의 40)에 상당하는 금액을 가산한다. 다만 「민법」 제1001조에 따른 대습상속(代襲相續)의 경우에는 그러하지 아니한다.

상속이 연달아 일어나면 상속세를 덜 낸다

　세대를 건너뛰고 상속이 이루어지는 경우 상속세를 더 내야 하는 반면, 상속이 일어나고 얼마 지나지 않아서 다시 상속이 일어나면 상속세를 덜 낸다. 다시 상속이 이루어진다는 것은 재산을 물려받은 상속인이 죽었다는 의미이다. 상속이 일어난 때로부터 10년 이내에 재산을 물려받은 상속인이나 수유자가 사망해서 다시 상속이 일어나면 상속세 중 일부를 깎아주는 것이다. 그러지 않으면 같은 재산에 대하여 짧은 기간 동안 상속세를 너무 많이 부담하기 때문이다.

　그렇다고 전체 상속세를 깎아주는 것은 아니고, 이전에 상속이 이루어질 때 상속세가 부과된 상속재산 중 다시 상속이 이루어지는 재산에 대해서 이전에 부담했던 상속세를 깎아준다. 상속이 다시 일어나는 기간이 짧을수록 더 많이 깎아주는데, 상속 후 1년 이내에 다시 상속이 일어나면 100%를 깎아주고, 기간이 1년씩 늘어날 때마다 감면비율이 10%씩 감소해 상속 후 10년 이내에 다시 상속이 일어나면 10%를 깎아준다.

관련 법률

상속세 및 증여세법 제30조(단기 재상속에 대한 세액공제) ① 상속개시 후 10년 이내에 상속인이나 수유자의 사망으로 다시 상속이 개시되는 경우에는 전(前)의 상속세가 부과된 상속재산(제13조에 따라 상속재산에 가산하는 증여재산 중 상속인이나 수유자가 받은 증여재산을 포함한다. 이하 이 조에서 같다) 중 재상속되는 상속재산에 대한 전의 상속세 상당액을 상속세 산출세액에서 공제한다.

② 제1항에 따라 공제되는 세액은 제1호에 따라 계산한 금액에 제2호의 공제율을 곱하여 계산한 금액으로 한다.

1.

$$\text{전의 상속세 산출세액} \times \dfrac{\text{재상속분의 재산가액} \times \dfrac{\text{전의 상속세 과세가액}}{\text{전의 상속재산가액}}}{\text{전의 상속세 과세가액}}$$

2.

재상속 기간	공제율
1년 이내	100분의 100
2년 이내	100분의 90
3년 이내	100분의 80
4년 이내	100분의 70
5년 이내	100분의 60
6년 이내	100분의 50
7년 이내	100분의 40
8년 이내	100분의 30
9년 이내	100분의 20
10년 이내	100분의 10

③ 제1항에 따라 공제되는 세액은 상속세 산출세액에서 제28조에 따라 공제되는 증여세액 및 제29조에 따라 공제되는 외국 납부세액을 차감한 금액을 한도로 한다.

2장

증여와 세금

증여세는 누가, 언제,
어디에 내야 할까?

> 👤 대한민국 국적을 가진 A는 고등학생 때 미국으로 유학을 가서 현재 대학을 다니고 있다. A는 아직 학생이어서 영주권이나 시민권을 취득하지는 못했다. 이런 상황에서 A의 아버지가 미국 소재 부동산을 A에게 증여했다면 증여세를 내야 할까?

경제적 가치가 있는 재산이나 권리를 아무런 대가를 주지 않고 공짜로 받는 것을 '증여'라고 하며, '증여세'는 이러한 증여로 부를 이전받았을 때 내야 하는 세금이다. 이때 재산을 주는 사람을 '증여자', 재산을 받는 사람을 '수증자'라고 한다.

증여세는 재산을 공짜로 받은 사람, 즉 수증자가 납부해야 한다.

재산을 받은 사람이 국내 거주자라면 다른 사람으로부터 받은 모든 재산에 대해서 증여세를 내야 하고, 외국 거주자라면 받은 재산 중 국내에 있는 재산에 대해서만 증여세를 내면 된다. 예를 들어 미국에 사는 자녀가 아버지로부터 미국에 있는 땅을 무상으로 넘겨받으면 한국에 증여세를 낼 필요가 없지만, 자녀가 미국에 살고 있더라도 아버지로부터 한국에 있는 땅을 무상으로 넘겨받으면 한국 국세청에 증여세를 내야 한다.

사례에서 A는 한국에 증여세를 내지 않아도 된다. 한국에 세금을 부담하는지 여부는 국적이 아니라 거주 여부로 판단한다. A는 대한민국 국적만 있고 미국 시민권은 없지만, 거주지는 미국이다. 거주지는 국적과 무관하게 실제 생활하는 곳이 어디인지를 기준으로 판단하는데, A의 경우에는 1년 중 대부분을 미국에서 학교를 다니며 생활하고 있기 때문에 미국이 거주지다. 따라서 A가 누군가로부터 증여를 받으면 증여받은 재산이 국내에 있는 경우에만 한국 증여세를 부담한다.

만약에 A가 아버지로부터 국내에 있는 부동산을 증여받았다면 어떨까? 앞에서 설명했듯이 A가 국내 거주자가 아니어도 물려받은 국내 부동산에 대하여 증여세를 납부해야 한다. 다만 이 경우에는 A가 외국에 거주 중이기 때문에 실질적으로 납부가 어려울 수 있으므로 증여자인 A의 아버지가 A가 납부해야 할 증여세에 대해서 연대납부의무를 부담한다. A가 증여세를 제대로 납부하지 않으면 국가는 A의 아버지에게 과세권을 행사할 수 있다는 뜻이다.

미국의 경우 이런 상황에서 수증자가 아닌 증여자가 증여세를 납부해야 하는데, 증여자가 미국 거주자가 아닌 경우에는 미국에 있는 재산을 증여한 경우에만 증여세를 부담한다. 미국은 비거주자도 증여에 대해 연간 면제 한도 금액이 1만 7000달러(원/달러 환율 1400원 기준, 한화 약 2400만 원)이고, 이 금액을 초과하는 금액을 증여하는 경우에 증여세를 내야 한다.

증여자가 미국 시민권자나 영주권자인 경우에는 통합세액공제 Unified Tax Credit 금액인 1292만 달러(한화 약 180억 원) 내에서 증여나 상속이 이루어지면 세금을 부담하지 않는다. 미국은 영주권자나 시민권자에 대해서는 증여·상속에 대한 세제 혜택이 매우 크다.

결국 위 사례의 경우 한국에는 증여세를 내지 않아도 되지만 미국에 증여세를 내야 하기 때문에 증여세를 완전히 피하기는 어렵다. 다만 A의 아버지가 미국으로 이주하여 미국에 거주하면서 영주권이나 시민권을 취득한 이후에 증여한다면 증여세 부담이 큰 폭으로 줄어들거나 증여세를 전혀 부담하지 않을 수 있다.

증여세는 증여일, 즉 재산을 무상으로 받은 날이 속하는 달의 말일부터 3개월 이내에 재산을 받은 사람의 주소지를 관할하는 세무서에 신고하고 납부하면 된다. 만약 이 기한 내에 증여세를 신고하지 않으면 증여세의 20%를 가산세로 내야 하고, 증여세를 낼 때까지 매일 0.022%(연 8.03%)의 이자를 추가로 내야 한다.

상속세 및 증여세법 제2조(정의) 이 법에서 사용하는 용어의 뜻은 다음과 같다.

　6. "증여"란 그 행위 또는 거래의 명칭·형식·목적 등과 관계없이 직접 또는 간접적인 방법으로 타인에게 무상으로 유형·무형의 재산 또는 이익을 이전(移轉)(현저히 낮은 대가를 받고 이전하는 경우를 포함한다)하거나 타인의 재산가치를 증가시키는 것을 말한다. 다만 유증, 사인증여, 유언대용신탁 및 수익자연속신탁은 제외한다.

상속세 및 증여세법 제4조의2(증여세 납부의무) ① 수증자는 다음 각 호의 구분에 따른 증여재산에 대하여 증여세를 납부할 의무가 있다.

　1. 수증자가 거주자(본점이나 주된 사무소의 소재지가 국내에 있는 비영리법인을 포함한다. 이하 이 항에서 같다)인 경우: 제4조에 따라 증여세 과세대상이 되는 모든 증여재산

　2. 수증자가 비거주자(본점이나 주된 사무소의 소재지가 외국에 있는 비영리법인을 포함한다. 이하 제6항과 제6조 제2항 및 제3항에서 같다)인 경우: 제4조에 따라 증여세 과세대상이 되는 국내에 있는 모든 증여재산

② 제1항에도 불구하고 제45조의2에 따라 재산을 증여한 것으로 보는 경우(명의자가 영리법인인 경우를 포함한다)에는 실제소유자가 해당 재산에 대하여 증여세를 납부할 의무가 있다.

⑥ 증여자는 다음 각 호의 어느 하나에 해당하는 경우에는 수증자가 납부할 증여세를 연대하여 납부할 의무가 있다.(후략)

　1. 수증자의 주소나 거소가 분명하지 아니한 경우로서 증여세에 대한 조세채권(租稅債權)을 확보하기 곤란한 경우

　2. 수증자가 증여세를 납부할 능력이 없다고 인정되는 경우로서 강제징수를 하여도 증여세에 대한 조세채권을 확보하기 곤란한 경우

　3. 수증자가 비거주자인 경우

상속세 및 증여세법 제6조(과세 관할) ② 증여세는 수증자의 주소지(주소지가 없거나 분명하지 아니한 경우에는 거소지를 말한다. 이하 이 항에서 같다)를 관할하는 세무서장 등이 과세한다. 다만 다음 각 호의 어느 하나에 해당하는 경우에는 증여자의 주소지를 관할하는 세무서장 등이 과세한다.

    1. 수증자가 비거주자인 경우

    2. 수증자의 주소 및 거소가 분명하지 아니한 경우

    3. 제45조의2에 따라 재산을 증여한 것으로 보는 경우

③ 다음 각 호의 어느 하나에 해당하는 경우에는 증여재산의 소재지를 관할하는 세무서장 등이 과세한다.

    1. 수증자와 증여자가 모두 비거주자인 경우

    2. 수증자와 증여자 모두의 주소 또는 거소가 분명하지 아니한 경우

    3. 수증자가 비거주자이거나 주소 또는 거소가 분명하지 아니하고, 증여자가 제38조 제2항, 제39조 제2항, 제39조의3 제2항, 제45조의3 및 제45조의4에 따라 의제된 경우

2

어떤 경우에
증여세가 과세될까?

증여세는 돈으로 환산할 수 있는 경제적 가치가 있는 모든 물건, 권리, 이익을 무상으로 받으면 내야 한다. 돈은 물론이고 부동산이나 자동차 등 재산가치가 있는 모든 것에 대해서 증여세가 과세된다. 재산을 일반적인 가격보다 싸게 사는 경우에도 증여세를 내야 한다. 일반적인 가격과 실제 거래가격의 차액만큼 부를 이전한 것으로 보는 것이다. 예를 들어, 자녀가 부모로부터 시가 10억 원의 아파트를 5억 원에 사면 그 차액인 5억 원을 증여한 것으로 본다.

적정하게 대가를 지불하고 재산을 매입했지만, 그 이후에 매입한 재산의 가치가 증가하는 경우에도 증여세를 내야 할 수 있다. 만약 자녀가 부모에게 돈을 주고 땅을 샀는데, 땅을 산 지 1년 만에 그

땅에서 대규모 개발사업이 시행되어 땅값이 크게 올랐다면 어떨까? 이런 경우에도 자식이 증여세를 내야 할까?

만약 자녀의 직업, 나이, 소득 및 재산 상태를 고려했을 때 자녀가 스스로 이와 같은 사정을 알고 땅을 살 수가 없었다고 인정되는 경우에는 증여세를 내야 한다. 직접 재산을 주지 않는 것처럼 보이면서 우회적인 방법으로 부를 이전하는 것을 막기 위해서다.

신탁이익의 증여

'신탁'은 돈이나 부동산 등 재산권을 소유한 자(위탁자)가 다른 사람(수탁자)에게 재산에 대한 권리(신탁재산, 예를 들어 부동산의 경우 그 소유권)를 주면서, 동시에 그 재산을 일정한 목적(신탁목적)에 따라 자기나 다른 사람(수익자)을 위하여 관리하게 하거나 처분하게 하는 법률관계를 의미하고, 신탁에 관하여 위탁자와 수탁자 사이에 체결하는 계약을 '신탁계약'이라고 한다.

신탁계약에 의하여 위탁자가 다른 사람을 신탁의 수익자로 지정한 경우 수익자가 받는 이익을 증여재산으로 보아 증여세를 과세한다. 이때 증여일은 수익이 수익자에게 실제 지급되는 날이다.

보험금의 증여

생명보험이나 손해보험을 가입한 뒤 사망하거나 사고 또는 질병으로 보험금을 받는다면, 사고 날짜 또는 진단 날짜를 증여일로 하여 증여세를 과세한다. 이때 증여세 과세 대상은 보험금을 받는 사람, 즉 피보험자가 아닌 사람이 납부한 보험료에 대한 보험금이다. 예를 들어, 아버지가 아들이 다칠 경우에 대비해 아들을 피보험자로 하는 상해보험을 가입하고 보험료를 납부해 왔는데 아들이 실제로 교통사고로 다쳐서 보험금을 지급받았다면, 아들은 지급받은 보험금에 대해서 증여세를 내야 한다. 아들이 보험료를 냈다면 증여세를 낼 필요가 없지만, 아버지가 보험료를 냈기 때문에 아버지가 아들에게 보험금만큼 재산을 이전했다고 보는 것이다.

만약 이런 상황에서 증여세를 피하기 위해 아버지가 아들에게 매달 보험료만큼 현금을 주고, 아들이 보험료를 내면 어떨까? 그러면 아버지로부터 받은 보험료와 보험금 모두에 대해서 증여세를 내야 한다. 다만 이중과세를 방지하기 위해서 보험금에 대한 증여세를 계산할 때 보험금에서 보험료를 뺀 재산에 대해서만 증여세를 과세한다. 그러지 않으면 보험료에 대해서 증여세를 내고, 또다시 보험금에 포함된 보험료에 대해서 증여세를 내는 셈이므로 이중으로 세금을 내는 문제가 발생하기 때문이다.

채무면제에 따른 증여

채권자로부터 빚을 면제받는 경우, 다른 사람이 빚을 대신 갚아주는 경우에도 증여세를 내야 한다. 빚이 줄어드는 만큼 경제적 이익을 얻기 때문이다. 예를 들어, 아버지가 아들이 은행으로부터 빌린 대출금 1억 원을 대신 갚아주었다면, 아들은 1억 원에 대한 증여세를 내야 한다.

부동산 무상사용에 따른 이익의 증여

다른 사람의 부동산을 무료로 사용함에 따라 이익을 얻은 경우에도 증여세를 내야 한다. 예를 들어, 아버지가 상가건물을 소유하고 있는데 딸에게 그 상가건물 1층을 임대료 없이 사용하게 했다면, 임대료에 대해서 증여세를 내야 한다. 아무런 대가를 지급하지 않고 다른 사람의 부동산을 담보로 제공하고 돈을 빌리는 경우에도 마찬가지다.

무상대출에 따른 이익의 증여

다른 사람으로부터 돈을 무상으로 또는 적정 이자율보다 낮은 이자율로 대출받은 경우에도 증여세를 내야 한다. 무상으로 대출받았으면 대출금액에 적정 이자율을 곱한 금액에 대해서, 적정 이자율보다 낮은 이자율로 대출받았으면 대출금액에 적정 이자율을 곱한 금액에서 실제 낸 이자를 뺀 금액에 대해서 증여세를 내야 한다. 대출기간이 정해져 있으면 정해진 대출기간을 적용하면 되고, 대출기간이 정해져 있지 않으면 1년을 대출기간으로 본다.

재산 취득자금의 증여 추정

재산을 취득한 자의 직업, 연령, 소득 및 재산 상태 등으로 볼 때 재산을 자기 힘으로 취득했다고 인정하기 어려운 경우에는 그 재산을 취득한 때에 그 재산의 취득자금을 증여받은 것으로 추정한다. 신고한 소득이 있거나 이전에 상속이나 증여를 받아 이미 세금을 납부한 기록이 있다면, 취득자금의 원천이 확인되므로 증여세를 내지 않아도 된다.

채무자가 스스로 빚을 갚았다고 인정하기 어려운 경우에도 마찬가지다. 이때에는 수증자로 지목된 사람이 증여세를 내지 않아도 된다는 점을 증명해야 한다. 즉, 자신이 번 돈이나 이전에 물려받은 돈이 있었다는 사실을 증명해야 증여세를 내지 않을 수 있다.

상속세 및 증여세법 제2조(정의) 이 법에서 사용하는 용어의 뜻은 다음과 같다.

　7. "증여재산"이란 증여로 인하여 수증자에게 귀속되는 모든 재산 또는 이익을 말하며, 다음 각 목의 물건, 권리 및 이익을 포함한다.

　　가. 금전으로 환산할 수 있는 경제적 가치가 있는 모든 물건

　　나. 재산적 가치가 있는 법률상 또는 사실상의 모든 권리

　　다. 금전으로 환산할 수 있는 모든 경제적 이익

상속세 및 증여세법 제4조(증여세 과세대상) ① 다음 각 호의 어느 하나에 해당하는 증여재산에 대해서는 이 법에 따라 증여세를 부과한다.

　1. 무상으로 이전받은 재산 또는 이익

　2. 현저히 낮은 대가를 주고 재산 또는 이익을 이전받음으로써 발생하는 이익이나 현저히 높은 대가를 받고 재산 또는 이익을 이전함으로써 발생하는 이익. 다만 특수관계인이 아닌 자 간의 거래인 경우에는 거래의 관행상 정당한 사유가 없는 경우로 한정한다.

　3. 재산 취득 후 해당 재산의 가치가 증가한 경우의 그 이익. 다만 특수관계인이 아닌 자 간의 거래인 경우에는 거래의 관행상 정당한 사유가 없는 경우로 한정한다.

3

증여세는
어떻게 계산할까?

증여세 과세가액을 구한다

증여세를 계산하기 위해서는 우선 수증자가 무상으로 받은 재산 총액, 즉 총증여재산가액에서 증여세가 과세되지 않는 재산, 증여재산이 담보로 제공된 채무를 빼 증여세 과세가액을 구한다. 증여세가 과세되지 않는 재산에는 증여자가 공익법인에 출연한 재산, 정당에 출연한 재산, 자녀들의 교육비·생활비·학자금·혼수비·치료비 등이 있다. 법에서 증여세가 과세되지 않는 자녀들의 교육비나 생활비 등의 금액에 관하여 구체적으로 정해두지는 않았지만, 일반적인 수준을 넘어서 너무 큰 금액을 지출하면 증여세를 내야 한다.

채무는 증여재산이 담보하는 채무를 말한다. 예를 들어, 딸이 아버지로부터 아파트를 무상으로 받았는데 그 아파트에 대한 주택담보대출이 있고 딸이 그 대출을 아버지 대신 갚기로 했다면, 주택담보대출금액을 빼고 증여세를 계산한다. 딸이 아파트를 증여받으면서 주택담보대출을 아버지 대신 갚기로 했으니 그만큼 딸의 경제적 부담이 늘어났다고 보는 것이다. 반대로 딸이 주택담보대출을 갚지 않고 아버지가 그대로 주택담보대출을 갚기로 하면, 주택담보대출금액을 빼지 않고 증여세를 계산한다.

증여세 과세가액을 계산할 때에는 수증자가 예전에 같은 증여자(부모나 조부모 중 한 명이 증여자인 경우 그 증여자의 배우자도 포함)로부터 증여받은 재산도 포함한다. 구체적으로, 수증자가 같은 증여자로부터 10년 이내에 증여받은 재산이 1000만 원 이상이면 그 재산도 포함해서 증여세를 계산한다. 반대로 같은 사람에게라도 10년 이전에 증여받았거나, 10년 이내에 증여받았더라도 다른 사람으로부터 재산을 받았다면, 증여세 과세가액에 포함하지 않는다. 증여를 할 때에는 가능하면 10년 간격을 두고 하라는 말이 여기서 나온 것이다. 이렇게 미리 증여한 재산도 더해서 증여세를 계산하는 이유는 나누어 증여를 해서 누진세율 적용을 회피하려는 시도를 막기 위해서이다.

증여세 과세표준을 구한다

위와 같은 과정을 거쳐 증여세 과세가액을 산출했다면, 거기서 증여공제액과 감정평가 수수료를 빼서 증여세 과세표준을 계산한다. 증여공제란 증여세 과세표준을 계산할 때 증여재산의 가액에서 일정한 금액을 빼서 증여세 부담을 줄여주는 제도이다(230~238쪽에서 자세히 다룬다). 감정평가 수수료는 증여세를 납부하기 위해 증여재산을 평가하는 데 지출한 비용이다.

증여세 산출세액을 구한다

증여세 과세표준에 증여세율을 곱하여 증여세 산출세액을 계산한다. 현행 상증세법상 세율은 다음 표처럼 2부 1장에서 살펴본 상속세율과 동일하며, 각 금액 구간별로 누진세율이 적용되는 것도 같다. 예를 들어, 증여세 과세표준이 8억 원이면 1억 원에 대해서는 10%, 1억 원 초과 5억 원 이하 금액인 4억 원에 대해서는 20%, 5억 원 초과 금액인 3억 원에 대해서는 30%의 세율이 적용되어 총 1억 8000만 원(1000만 원 + 8000만 원 + 9000만 원)이 산출세액이 된다.

과세표준	세율
1억 원 이하	10%
1억 원 초과 5억 원 이하	20%
5억 원 초과 10억 원 이하	30%
10억 원 초과 30억 원 이하	40%
30억 원 초과	50%

최종 납부세액을 구한다

이렇게 계산한 증여세 산출세액에 세대를 생략한 증여에 따른 할증세액과 가산세 등을 더하고, 징수유예세액과 세액공제액을 빼면 신고납부세액이 나온다. 신고납부세액에서 물납이나 연부연납을 적용받아 바로 납부하지 않는 세액을 빼고 나머지 세액을 납부하게 된다. 증여세 산출세액에 더하거나 빼는 항목들, 물납과 연부연납에 대해서는 뒤의 5장에서 자세히 설명하겠다. 이 장에서 살펴본 납부세액을 결정하는 항목들을 정리하면 아래와 같다.

총증여재산가액

- 비과세 재산
- 채무
+ 증여재산가액

= 증여세 과세가액

- 증여공제
- 감정평가 수수료 공제

= 증여세 과세표준

× 세율(10%~50%, 5단계 초과누진세율)

= 상속세 산출세액

+ 세대 생략 할증세액
- 징수유예세액
- 세액공제액
+ 신고불성실, 납부지연 가산세 등

= 신고납부세액

- 연부연납, 물납

= 납부세액

증여를 받으면
무조건 증여세를 내야 할까?

상속공제와 마찬가지로 증여를 할 때에도 일정한 요건을 충족하는 경우에는 증여재산 전부 또는 일부에 대해서 증여세를 면제해 주는 제도가 있는데, 이를 '증여공제'라고 한다. 증여공제는 증여세 과세표준을 계산할 때 증여재산의 가액에서 일정한 금액을 빼서 증여세 과세표준을 낮춤으로써 증여세 부담을 줄여주는 제도이다. 증여공제제도가 있는 이유는 증여자와 수증자의 관계를 고려했을 때 증여세 부담을 줄여줄 필요가 있는 경우 일정 금액을 과세표준에서 공제함으로써 과세 형평을 도모하기 위한 것이다.

증여공제에는 증여자와 수증자의 관계에 따라 적용되는 '증여재산공제'와 결혼이나 출산에 대하여 적용되는 '혼인·출산 증여재산

2부 상속·증여와 세금

공제' 두 가지가 있다.

관계에 따른 증여재산공제

증여재산공제는 증여자와 수증자의 관계에 따라서 일정 금액을 공제해 주는 제도다. 우선 남편이나 아내로부터 증여를 받으면 6억 원을 공제해 준다. 부부는 공동으로 재산을 형성했다고 보기 때문에 상당히 큰 금액을 공제해 주는 것이다.

부모나 조부모와 같은 직계존속으로부터 증여를 받으면 5000만 원을 공제해 준다. 다만 증여를 받은 수증자가 미성년자면 2000만 원만 공제해 준다. 만약 부모 중 한 명이 이혼이나 사별을 한 뒤 재혼을 했다면 새아버지나 새어머니로부터 증여를 받은 경우에도 같은 금액을 공제해 준다. 재혼 가정의 자녀 입장에서 친부나 친모가 아닌 사람은 법률적으로 직계존속이 아니지만, 증여재산공제에 있어서는 친부나 친모와 같이 취급하는 것이다.

자녀나 손주로부터 증여를 받는 경우에도 5000만 원을 공제해 주고, 직계존속과 마찬가지로 재혼 가정의 부모 중 친부나 친모가 아닌 사람도 친부나 친모와 동일하게 증여재산공제를 적용해서 5000만 원을 공제해 준다.

그 외에 형제를 포함해 6촌 이내 혈족, 4촌 이내 인척으로부터 증여를 받으면 1000만 원을 공제해준다.

증여세 과세가액은 10년 이내에 동일인으로부터 받은 증여재산가액을 합산하여 산출하고, 증여재산공제도 10년 이내에 공제받은 금액을 합산하여 공제 한도를 산출한다. 예를 들어 어머니로부터 1억 원을 증여받으려고 하는데, 5년 전에도 1억 원을 증여받으면서 이미 5000만 원 증여재산공제를 받았다면, 추가로 증여재산공제를 받을 수 없다. 간단히 생각해서 10년 단위로 세율 및 공제 범위가 결정된다고 보면 된다. 따라서 물려줄 재산이 많은 경우에는 장기간에 나누어 여러 번 증여하는 것이 무조건 세 부담을 줄이는 방법이니, 최저세율이 적용되는 범위 내에서 장기간 여러 번 나누어서 증여하는 방법을 적극 고려할 필요가 있다.

👤 A는 5년 전에 아내에게 2억 원을, 아들에게 5000만 원을 증여했는데, 이번에 같은 금액을 다시 증여하려고 한다. 이번 증여에는 얼마의 증여공제가 적용될까?

배우자로부터 증여를 받으면 6억 원까지 공제가 되는데, A가 5년 전에 아내에게 2억 원을 증여할 때 2억 원을 공제받았으니 공제한도가 4억 원 남아 있다. 따라서 이번에 2억 원을 증여할 때에도 세금을 내지 않아도 된다. 반면 아들의 경우 공제한도가 5000만 원이고 5년 전 증여 때 공제한도를 모두 사용했으니, 이번에 다시 5000만 원을 증여하면 아들은 5000만 원에 대한 증여세를 부담해야 한다.

상속세 및 증여세법 제53조(증여재산 공제) 거주자가 다음 각 호의 어느 하나에 해당하는 사람으로부터 증여를 받은 경우에는 다음 각 호의 구분에 따른 금액을 증여세 과세가액에서 공제한다. 이 경우 그 증여세 과세가액에서 공제받을 금액과 수증자가 그 증여를 받기 전 10년 이내에 공제받은 금액(제53조의2에 따라 공제받은 금액은 제외한다)을 합한 금액이 다음 각 호의 구분에 따른 금액을 초과하는 경우에는 그 초과하는 부분은 공제하지 아니한다.

　　1. 배우자로부터 증여를 받은 경우: 6억 원

　　2. 직계존속[수증자의 직계존속과 혼인(사실혼은 제외한다. 이하 이 조에서 같다) 중인 배우자를 포함한다. 이하 제53조의2에서 같다]으로부터 증여를 받은 경우: 5000만 원. 다만 미성년자가 직계존속으로부터 증여를 받은 경우에는 2000만 원으로 한다.

　　3. 직계비속(수증자와 혼인 중인 배우자의 직계비속을 포함한다)으로부터 증여를 받은 경우: 5000만 원

　　4. 제2호 및 제3호의 경우 외에 6촌 이내의 혈족, 4촌 이내의 인척으로부터 증여를 받은 경우: 1000만 원

혼인·출산 증여재산공제

A에게는 최근에 약혼을 하고 곧 결혼을 앞둔 딸이 한 명 있다. A는 딸이 결혼할 때에 물려주려고 2억 5000만 원을 모아두었는데, 이번 기회에 그 돈을 딸의 결혼자금으로 보태주려고 한다. 이때 A의 딸이 부담하는 증여세는 얼마일까?

혼인·출산 증여재산공제는 2024년부터 시행되었다. 기존에는 직계존속으로부터 증여를 받으면 증여세 과세가액에서 5000만 원을 공제해 줬는데, 2024년부터는 결혼을 하거나 아이를 낳으면 이 금액에 추가해서 1억 원을 더 공제해 준다. 결혼한 날(혼인관계증명서상 신고일) 전후로 2년, 즉 총 4년 이내, 또는 자녀를 출산한 날(출생신고서상 출생일) 또는 입양한 날(입양신고일)부터 2년 이내에 직계존속으로부터 증여를 받으면 적용된다. 직계존속으로부터 증여를 받는 경우에 적용되므로 부모뿐 아니라 조부모로부터 증여를 받는 경우에도 혼인·출산 증여재산공제를 받을 수 있다. 만약 신혼부부가 이 공제를 최대한 활용하면 각자 1억 5000만 원씩, 최대 3억 원에 대해서 증여세 비과세 혜택을 누릴 수 있다.

예를 들어, 부모가 자식에게 또는 조부모가 손주에게 결혼 전후 2년 내에 1억 5000만 원을 증여하면, 증여세 과세가액을 산출할 때 이 금액 중 5000만 원에 대해서는 일반 증여재산공제, 1억 원에 대해서는 혼인 증여재산공제를 받을 수 있다. 따라서 1억 5000만 원 전액이 증여세 과세가액에서 공제되어 증여세를 전혀 부담하지 않아도 된다.

그런데 이러한 증여재산공제는 증여할 때마다 매번 적용되는 것은 아니고 10년 단위로 한 번만 받을 수 있다. 만약 5년 전에 자식에게 5000만 원을 증여하면서 전액에 대해 일반 증여재산공제를 받았다면, 이번에 1억 5000만 원을 증여할 때에는 1억 원에 대해서만 공제받을 수 있고 나머지 5000만 원에 대해서는 증여세를 부담해야 한다.

사례에서 혼인·출산 증여재산공제를 이용하면 A가 딸에게 2억 5000만 원을 증여할 때 1억 5000만 원에 대해서는 공제를 받고 나머지 1억 원에 대해서만 증여세를 부담하면 된다. 증여재산 1억 원에 대해서는 10%의 세율이 적용되니, 1억 원에 10%를 곱해서 세액을 산출하면 1000만 원이다. 증여세를 신고기한 내에 신고·납부하면 3%의 신고세액공제가 적용되므로, 최종적으로 부담하는 증여세액은 위 산출세액 1000만 원에서 3%를 뺀 970만 원이 된다. 자녀를 출산하고 2년 내에 부모로부터 같은 금액의 돈을 증여받는 경우에도 마찬가지다.

다만 혼인과 출산을 합하여 모두 1억 원까지만 공제받을 수 있기 때문에, 혼인을 이유로 1억 원을 공제받은 다음 다시 출산을 이유로 1억 원을 공제받을 수는 없다.

👤 A는 딸에게 2억 5000만 원을 증여했고 딸은 혼인·출산 증여재산공제를 받아 증여세 970만 원의 납부까지 마쳤다. 그런데 결혼식을 일주일 앞두고 예비 신랑과 크게 싸운 뒤 파혼을 하고 말았다. A의 딸은 공제받은 증여세를 어떻게 해야 할까?

결혼 전에 혼인 증여재산공제를 적용해 증여세를 감액받았는데, 실제로는 결혼을 하지 않았다면 어떻게 될까?

당연히 공제를 통해 받은 혜택이 박탈된다. 결혼 전에 혼인 증여재산공제를 받은 사람이 증여일로부터 2년 이내에 결혼을 하지 않으면 증여세 수정신고를 통해 혼인 증여재산공제를 적용하지 않고 산출한 증여세를 납부해야 한다. 만약 여러 번 나누어서 증여를 받은 경우에는 공제가 적용된 최초 증여일을 기준으로 2년이 경과했는지 여부를 판단한다. 이 경우 증여일로부터 2년이 되는 날이 속하는 달의 말일부터 3개월이 되는 날까지 수정신고를 하면 일부 가산세는 부과되지 않지만, 증여일부터 수정신고일까지 기간에 대한 이자 상당액(1일 0.022%, 연 8.03%)을 추가로 납부해야 한다.

이에 따라 사례에서 A의 딸은 증여세를 다시 계산해 수정신고를 해야 한다. 혼인 증여재산공제가 적용되지 않으면 5000만 원만 공제되니 1억 원이 아니라 2억 원에 대해서 증여세를 내야 하고, 그 중 1억 원에 대해서는 20%의 세율이 적용된다. 그러면 산출세액은 3000만 원{(1억 원 × 10%) + (1억 원 × 20%)}이 된다. 이 금액에 증여일부터 수정신고일까지의 일수에 0.022%를 곱한 이자를 가산한 뒤 기존에 납부한 증여세 970만 원을 뺀 금액을 추가로 납부하면 된다.

그러나 약혼자의 사망 등 부득이한 사유가 있어서 결혼하지 못한 경우에는 그 사유가 발생한 달의 말일부터 3개월 이내에 증여받은 돈을 증여자에게 반환하면 처음부터 증여가 없었던 것으로 본다. 즉, 이 경우에는 처음부터 증여가 없었던 것으로 보기 때문에 증여세를 납부하지 않아도 된다.

증여를 받고 2년 내에 결혼했지만, 이혼을 했다면 어떻게 될까? 이혼을 했다고 해서 혼인 증여재산공제로 받은 혜택을 박탈하지는 않는다. 반면 혼인이 무효가 되면 처음부터 결혼을 하지 않았던 것이 되므로, 부득이한 사유 없이 결혼을 하지 않은 경우와 마찬가지로 증여세 수정신고를 통해 혼인 증여재산공제를 적용하지 않고 산출한 증여세를 납부해야 한다. 혼인무효소송에 대한 판결이 확정되는 날이 속하는 달의 말일부터 3개월이 되는 날까지 수정신고를 하면 일부 가산세는 부과되지 않지만, 증여일부터 수정신고일까지 기간에 대한 이자 상당액을 추가로 납부해야 한다.

관련 법률

상속세 및 증여세법 제53조의2(혼인·출산 증여재산공제) ① 거주자가 직계존속으로부터 혼인일(「가족관계의 등록 등에 관한 법률」 제15조 제1항 제3호에 따른 혼인관계증명서상 신고일을 말한다) 전후 2년 이내에 증여를 받는 경우에는 제2항 및 제53조 제2호에 따른 공제와 별개로 1억 원을 증여세 과세가액에서 공제한다. 이 경우 그 증여세 과세가액에서 공제받을 금액과 수증자가 이미 전단에 따라 공제받은 금액을 합한 금액이 1억 원을 초과하는 경우에는 그 초과하는 부분은 공제하지 아니한다.

② 거주자가 직계존속으로부터 자녀의 출생일(「가족관계의 등록 등에 관한 법률」 제44조에 따른 출생신고서상 출생일을 말한다) 또는 입양일(「가족관계의 등록 등에 관한 법률」 제61조에 따른 입양신고일을 말한다)부터 2년 이내에 증여를 받는 경우에는 제1항 및 제53조 제2호에 따른 공제와 별개로 1억 원을 증여세 과세가액에서 공제한다. 이 경우 그 증여세 과세가액에서 공제받을 금액과 수증자가 이미 전단에 따라 공제받은 금액을 합한 금액이 1억 원을 초과하는 경우에는 그 초과하는 부분은 공제하지 아니한다.

⑤ 거주자가 제1항에 따른 공제를 받은 후 약혼자의 사망 등 대통령령으로 정하는 부득이한 사유가 발생하여 해당 증여재산을 그 사유가 발생한 달의 말일부터 3개월 이내에 증여자에게 반환하는 경우에는 처음부터 증여가 없었던 것으로 본다.

⑥ 혼인 전에 제1항에 따른 공제를 받은 거주자가 증여일(공제를 적용받은

증여가 다수인 경우 최초 증여일을 말한다. 이하 이 항에서 같다)부터 2년 이내에 혼인하지 아니한 경우로서 증여일부터 2년이 되는 날이 속하는 달의 말일부터 3개월이 되는 날까지 「국세기본법」 제45조에 따른 수정신고 또는 같은 법 제45조의3에 따른 기한 후 신고를 한 경우에는 대통령령으로 정하는 바에 따라 같은 법 제47조의2부터 제47조의4까지에 따른 가산세의 전부 또는 일부를 부과하지 아니하되, 대통령령으로 정하는 바에 따라 계산한 이자 상당액을 증여세에 가산하여 부과한다.

⑦ 제1항에 따른 공제를 받은 거주자가 혼인이 무효가 된 경우로서 혼인 무효의 소에 대한 판결이 확정된 날이 속하는 달의 말일부터 3개월이 되는 날까지 「국세기본법」 제45조에 따른 수정신고 또는 같은 법 제45조의 3에 따른 기한 후 신고를 한 경우에는 대통령령으로 정하는 바에 따라 같은 법 제47조의2부터 제47조의4까지에 따른 가산세의 전부 또는 일부를 부과하지 아니하되, 대통령령으로 정하는 바에 따라 계산한 이자 상당액을 증여세에 가산하여 부과한다.

3장

증여세를 현명하게
절약하는 방법

며느리나 사위에게
증여하는 게 나을 수도 있다

👤 A에게는 아들과 딸이 있고, 둘 모두 결혼을 해서 며느리와 사위를 두었다. 최근에 자식들이 집을 구입한다고 해서 A는 자식들에게 집을 사는 데에 보태 쓸 수 있도록 현금을 증여할 생각이다. A가 증여세를 조금이라도 줄일 수 있는 방법은 없을까?

  며느리나 사위에게 재산을 물려주는 경우가 흔하지는 않다. 법정 상속인이라는 법률적 지위를 떠나서도 배우자와 자녀에게 재산을 물려주는 게 당연하게 여겨지기도 하거니와, 통념상 이혼하면 남인 며느리나 사위를 굳이 상속이나 증여의 대상으로 고려할 필요가 없기 때문일 것이다.

2부 상속·증여와 세금

그런데 자산 승계라는 측면에서 보면, 자녀에게 증여할 재산 중 일부라도 며느리나 사위에게 나누어 증여하면 상속세와 증여세 부담을 줄이는 데에 도움이 되는 경우가 있다. 그 이유는 두 가지다. 첫째로 며느리나 사위는 법정상속인에 포함되지 않아 상속인에 비해 짧은 증여재산 합산기간이 적용되기 때문이다. 둘째로 누진세율로 인해 동일한 가액의 재산을 증여할 경우 여러 명에게 나누어서 증여할수록 전체 세 부담이 줄어들기 때문이다.

2부 1장에서 살펴본 상속세 산출 방식을 떠올리면 이해하기가 좀 더 수월할 것이다. 상속세는 상속세 과세가액에서 각종 공제금액을 빼고 산정한 상속세 과세표준에 상속세율을 곱하여 산정하는데, 상속세 과세가액에는 피상속인이 사망 당시 소유하고 있던 재산뿐만 아니라 사망 이전에 증여한 재산도 포함된다. 그 이유는 상속개시 이전에 미리 재산을 증여해서 상속재산을 줄이는 방법으로 상속세를 회피하는 것을 막기 위해서이다.

그렇다고 상속개시 이전에 증여한 모든 재산이 상속세 과세가액에 포함되는 것은 아니다. 법정상속인에게 증여한 경우에는 상속개시일 전 10년 이내에 증여한 재산이 상속세 과세가액에 포함되고, 법정상속인이 아닌 사람에게 증여한 경우에는 상속개시일 전 5년 이내에 증여한 재산이 상속세 과세가액에 포함된다.

이 부분에서 자녀와 며느리 혹은 사위 간에 차이가 발생한다. 상속개시 이전에 자녀에게 증여를 하면 10년이 지나야 증여를 통해 물려준 재산이 상속세 과세가액에 포함되지 않는 반면, 법정상속인이 아닌 며느리나 사위에게 증여할 경우 5년이 지나면 증여를 통해 물려준 재산이 상속세 과세가액에 포함되지 않는다. 따라서 상속개시 전에 증여를 통해 상속세를 줄이려는 경우에는 자녀에게 재산을 물려주는 것보다 며느리나 사위에게 물려주는 것이 유리할 수 있다.

피상속인이 증여 이후 10년 이상 건강을 유지하면 상속·증여 계획에 차질이 없겠지만, 갑자기 건강이 악화될 수도 있으니 가능하면 증여재산 합산기간이 짧은 편이 낫다. 단순하게 생각하면, 자녀에게는 10년마다 증여를 통한 절세의 기회가 돌아오는 반면, 며느리나 사위에게는 5년마다 절세의 기회가 돌아오는 것이다. 이렇게 증여재산 합산기간을 고려하면, 자녀보다는 사위나 며느리에게 사전증여를 하는 것이 유리한 면이 있다.

물론 사전에 증여한 재산에 대해서는 상속세와 별도로 증여세를 납부해야 한다. 그럼에도 불구하고 사전증여를 통해 상속세를 줄일 수 있는 이유는 상속세와 증여세에 과세표준이 커질수록 세율이 증가하는 누진세율이 적용되기 때문이다. 현행법상 증여세 세율을 다시 한번 보자.

과세표준	세율
1억 원 이하	10%
1억 원 초과 5억 원 이하	20%
5억 원 초과 10억 원 이하	30%
10억 원 초과 30억 원 이하	40%
30억 원 초과	50%

이와 같은 누진세율 체계하에서는, 예를 들어 20억 원의 재산에 대해서 최고세율 40%를 적용하면 세액은 6억 4000만 원((1억 원×10%)+(4억 원×20%)+(5억 원×30%)+(10억 원×40%), 편의상 공제액 등은 고려하지 않음, 이하 같다)이고, 20억 원을 두 번에 나누어 각각 10억 원에 최고세율 30%를 적용하면 세액은 각각 2억 4000만 원((1억 원×10%)+(4억 원×20%)+(5억 원×30%))이니 합하면 4억 8000만 원이다.

그러므로 가능하면 재산을 나누어서 여러 차례에 걸쳐 증여하거나 상속하는 것이 세 부담 면에서는 유리하다. 같은 맥락에서 한 명에게만 증여하는 것보다 여러 명에게 나누어서 증여하는 것이 더 유리하다. 이러한 점에 착안하여 자녀들에게 증여할 재산 중 일부를 자녀의 배우자에게 나누어 증여하는 방안을 생각해 볼 수 있다.

요약하면 증여재산이 20억 원일 때, 20억 원을 자녀 한 명에게 전부 증여할 경우 6억 4000만 원의 증여세를 부담하는 반면, 자녀 부부에게 나누어 각각 10억 원씩을 증여하면 각자 2억 4000만 원씩, 총 4억 8000만 원의 증여세를 부담한다. 따라서 사전증여를 하더라도 자녀에게 전액 증여하는 것보다 며느리나 사위에게 일부 금액을 나누어 증여하면 전체 세 부담을 줄일 수 있다.

다만 사전증여를 고민할 때에는 상속세나 증여세 공제, 과거 증여로 인한 합산액이 세액에 영향을 미치므로 이러한 요소까지 고려해야 한다. 앞서 살펴보았듯이 증여의 경우 증여자가 누구인지에 따라 일정 금액을 증여세 과세가액에서 공제해 주는데, 현행법상 증여자별 공제금액은 다음과 같다.

증여자	공제액
배우자	6억 원
직계존속(부모, 조부모 등)	5000만 원
직계비속(자녀, 손주 등)	5000만 원
6촌 이내 혈족, 4촌 이내 인척	1000만 원

부모와 자녀는 직계존·비속 사이이므로 부모가 자녀에게 증여하는 경우 5000만 원이 공제되나, 시부모와 며느리 또는 장인·장모와 사위는 1촌 인척 사이이므로 사위나 며느리에게 증여하는 경우에는 1000만 원밖에 공제되지 않는다. 따라서 증여할 재산의 가액 및 그에 대한 공제액을 고려해서 사위나 며느리에게 얼마를 증여하는 것이 세 부담 면에서 더 유리한지도 따져보아야 한다.

2

싸게 파는 것도
한 방법이다

👤 A는 30억 원 정도의 자산을 보유하고 있지만, 자산의 대부분이 현금이 아닌 부동산이다. 부동산을 팔아 현금을 자식에게 증여하려고 보니, 부동산을 양도할 때 양도소득세도 부담해야 하고, 현금을 자식에게 증여할 때 증여세도 부담해야 해서 세 부담이 만만치 않다. A가 조금이라도 세금을 줄일 수 있는 방법은 없을까?

A가 생각해 볼 수 있는 방법은 자식에게 부동산을 조금 싼 가격에 증여하거나 양도하는 것이다. 시가가 하락한 때에 부동산을 증여함으로써 증여세 부담을 줄일 수 있다는 것은 흔히들 알지만, 일부는 직거래를 통해 자녀에게 주변 시세보다 낮은 가격으로 부동산

을 양도함으로써 추가적인 세 부담 없이 시가와 거래가의 차액을 증여하는 효과를 노리기도 한다. 이런 방식으로 재산을 물려주는 것이 가능할까?

상증세법은 시가를 기준으로 증여재산가액을 평가하도록 규정하고 있다. 예를 들어서 실거래가액이 20억 원인 아파트를 자식에게 증여하는 경우 20억 원을 기준으로 증여세를 계산한다. 그런데 아파트를 증여하는 게 아니라 실거래가보다 싼 가격으로 팔면 어떻게 될까?

우선 증여가 아닌 양도의 방식으로 소유권을 넘겨주면 양도인인 부모가 양도차익에 대한 양도소득세를 부담해야 한다. 다음으로 시가보다 낮은 가액으로 재산을 이전한다면 양도인이 시가와 거래가의 차액 중 일정 금액을 양수인인 자녀에게 증여한 것으로 보아 자녀에게 증여세를 과세한다.

이때 거래가가 시가보다 낮다고 무조건 증여세를 과세하는 것이 아니라 일정한 금액 기준을 초과하는 경우에 한해 증여세를 과세한다. 그 금액 기준은 3억 원(절대금액 기준) 또는 시가의 30%(상대금액 기준)이다. 두 금액 기준 중 하나라도 초과하면 그 초과액에 대하여 증여세가 과세된다.

예를 들어, 실거래가가 20억 원인 아파트를 자식에게 15억 원에 팔면 시가와 거래가의 차액은 5억 원이다. 5억 원은 상대금액 기준, 즉 시가 20억 원의 30%인 6억 원을 초과하지는 않지만 절대금액 기준인 3억 원을 초과한다. 따라서 차액 5억 원 중 3억 원을 초과하는 2억 원에 대해서 증여세가 과세된다. 반대로 말하면 아파트를 시가

2부 상속·증여와 세금

보다 5억 원 낮은 가격으로 양도해 실질적으로 5억 원을 증여했지만 그중 3억 원에 대해서는 증여세가 과세되지 않는 것이다.

이렇게 일정한 금액 기준을 완충장치로 둔 이유는 실거래가가 항상 변하기 때문에 특정한 가액을 시가라고 단정할 수 없고, 증여 의사 없이 거래 당사자들 사이의 협상력이나 개별적인 사정 때문에 시세와는 다소 차이가 있는 가액으로 거래할 수도 있기 때문이다. 이런 모든 경우를 증여세 과세대상으로 삼으면 실제 증여와는 무관한 거래에도 증여세를 부과하는 문제가 발생할 수 있을뿐더러 거래비용 증가로 개인 간의 자유로운 거래를 저해하는 결과를 낳을 수도 있다.

그런데 앞서 설명했듯이 시가와 거래가의 차액이 절대금액 기준과 상대금액 기준 중 어느 하나라도 초과하면 증여세 과세대상이 되고 절대금액 기준은 3억 원으로 고정되어 있기 때문에, 부동산 시세가 아무리 높아도 저가 양도를 통해 증여세 부담을 줄일 수 있는 금액에는 한계가 있다. 반대로 부동산 시세가 낮으면 시가와 거래가의 차액이 절대금액 기준인 3억 원을 초과하지 않을 수는 있겠지만 상대금액 기준, 즉 시가의 30%를 초과할 가능성은 높아진다.

그러므로 저가 양도를 통한 증여세 절세 효과를 높이려면 거래 대상 재산의 시세를 고려해서 적절한 시점에 적정한 가격으로 거래를 해야 하고, 자식이 싼 가격에 부동산을 살 수 있는 현금을 보유하고 있어야 한다. 이를 위해서는 장기적인 관점에서 미리 증여 계획을 세울 필요가 있다.

3
증여받은 부동산을 성급하게
팔면 세금 폭탄을 맞는다

A는 아파트를 여러 채 보유하고 있지만 수중에 현금은 얼마 없다. 이번에 보유하고 있는 아파트 중 시가 약 5억 원짜리 한 채를 팔아서 현금화하려고 하는데, 양도소득세 부담을 줄일 방법이 없을지 고민하고 있다. A는 다주택자이기 때문에 아파트를 팔 때 중과세율(1세대 2주택의 경우 20%, 1세대 3주택의 경우 30% 가산)이 적용된다. 이때 A의 지인이 A에게 "아파트를 아내에게 증여한 뒤 아내가 곧바로 팔면 증여세와 양도소득세 모두 부담하지 않아도 된다."고 조언해 주었다. 그 지인의 말이 맞을까?

결론부터 말하면 지인의 조언은 틀렸다. A의 지인이 위와 같은 조언을 한 이유는 두 가지로 볼 수 있다. 우선 배우자에게 증여를 받으

2부 상속·증여와 세금

면 6억 원 공제가 적용되어 증여받은 재산 가액에서 6억 원을 뺀 나머지 금액에 증여세가 과세되는데, A가 아내에게 시가 5억 원짜리 아파트를 증여한다면 전액 공제되어 증여세를 부담하지 않아도 되기 때문이다. 다음으로 양도소득세는 부동산을 파는 양도가와 예전에 산 취득가의 차액인 양도차익에 대하여 과세되는데, 아내가 증여받은 아파트를 바로 매각한다면 '증여 당시 시가'로 산정되는 취득가와 양도가의 차이가 거의 없어 양도차익도 없거나 미미하므로 양도소득세를 부담하지 않을 수 있다고 생각하기 때문이다. 이렇게 생각하면 정말 A는 세금 한 푼 내지 않고 아파트를 매각해서 현금화할 수 있는 것처럼 보인다.

그런데 우리 세법은 이 같은 방식으로 세금을 회피하는 경우를 방지하기 위해 특례를 두고 있다. 소득세법은 10년(기존에는 5년이었다가 2022년 말에 법이 개정되었다) 이내에 배우자나 직계존·비속인 조부모, 부모, 자녀, 손주 등으로부터 증여받은 토지나 건물 등을 양도할 경우 취득가를 수증자가 해당 부동산을 취득할 당시의 금액으로 보도록 규정하기 때문이다. 즉 '부동산을 증여받은 가격'이 아니라 '증여한 사람이 과거에 그 부동산을 산 가격'을 취득가로 보겠다는 것이다.

그 대신 증여를 받는 과정에서 증여세를 납부했다면 양도차익을 계산할 때 납부한 증여세만큼 필요경비로 공제해 준다. 이를 통해 증여 없이 부동산을 양도하는 경우와 증여 이후에 부동산을 양도하는 경우가 부담하는 세액이 비슷하도록 맞춘다.

이 규정에 따르면 A의 사례에서 아내가 증여받은 아파트를 양도할 때 취득가는 '증여 당시의 시가'가 아니라 'A가 아파트를 취득했을 때의 가액'으로 적용된다. 즉, 양도소득세를 계산할 때에는 A의 아내가 아니라 A가 아파트를 양도하는 것으로 취급하겠다는 뜻이다. 만약 A가 과거에 아파트를 2억 원에 샀다면, A의 아내가 아파트를 증여받은 직후 5억 원에 팔 경우 양도차익 3억 원에 대하여 양도소득세를 부담해야 한다. 다만 보유기간 또한 A가 그 아파트를 취득한 때를 취득일로 보아 산정하기 때문에, 그에 따라 세율 및 장기보유 특별공제를 받을 수 있다.

A는 세금을 피하려다가 오히려 아내 명의로 세금을 내게 되었고, 아내에게 아파트를 증여하면서 5억 원의 증여재산공제를 사용해 버렸기 때문에, 아파트 증여일로부터 10년 내에는 그 금액만큼 증여재산공제를 사용할 수 없게 되었다. 결과적으로 얻은 것은 없고, 잃은 것만 있는 셈이다.

이런 특례제도는 증여 후 양도를 통해서 변칙적으로 세금을 회피하는 것을 차단하기 위해서 마련되었다. 모든 경우에 적용되는 것은 아니고 배우자나 직계존·비속으로부터 부동산이나 부동산을 취득할 수 있는 권리, 회원권 등을 증여받았을 때 적용된다. 즉, 증여자가 배우자나 직계존·비속처럼 매우 가까운 가족인 경우에, 증여받은 재산이 부동산이나 회원권 등인 경우에 한한다. 예를 들어, 형제에게 건물을 증여받거나 배우자에게 주식을 증여받은 경우에는 이 특례가 적용되지 않는다. 특례를 적용한 결과 그렇지 않은 경우보다 세 부담이 적어지는 경우에도 특례를 적용하지 않는다.

배우자로부터 부동산을 증여받은 경우에는 증여 이후에 이혼 등으로 혼인관계가 소멸된 뒤 부동산을 양도하더라도 이 특례가 적용되고, 예외적으로 배우자 사망으로 혼인관계가 소멸된 경우에만 적용되지 않는다. 즉, 남편이 아내에게 건물을 증여한 뒤 두 사람이 이혼을 하고, 이후에 아내가 그 건물을 팔 경우에도 특례가 적용되는 것이다. 증여 이후에 이혼을 가장해서 세 부담을 회피하려는 시도를 방지하려는 목적이다. 다만 배우자 사망은 인위적으로 혼인관계를 소멸시킬 수 있는 사유가 아니기 때문에 예외를 인정한다.

이처럼 부동산 증여를 통해 양도소득세를 줄이려는 시도를 막기 위한 특례제도가 있으니, 증여받은 재산을 양도할 때에는 신중을 기해야 한다. 증여받은 지 10년 이후에 양도를 해야 증여재산공제와 같은 효과는 제대로 누리면서 양도소득세 부담이 가중되지 않으니, 증여받은 부동산은 최소 10년 이상 장기 보유하는 것이 세금 측면에서 유리하다.

소득세법 제101조(양도소득의 부당행위계산) ① 납세지 관할 세무서장 또는 지방국세청장은 양도소득이 있는 거주자의 행위 또는 계산이 그 거주자의 특수관계인과의 거래로 인하여 그 소득에 대한 조세 부담을 부당하게 감소시킨 것으로 인정되는 경우에는 그 거주자의 행위 또는 계산과 관계없이 해당 과세기간의 소득금액을 계산할 수 있다.

② 거주자가 제1항에서 규정하는 특수관계인(제97조의2 제1항을 적용받는 배우자 및 직계존비속의 경우는 제외한다)에게 자산을 증여한 후 그 자산을 증여받은 자가 그 증여일부터 10년 이내에 다시 타인에게 양도한 경우로서 제1호에 따른 세액이 제2호에 따른 세액보다 적은 경우에는 증여자가 그 자산을 직접 양도한 것으로 본다. 다만 양도소득이 해당 수증자에게 실질적으로 귀속된 경우에는 그러하지 아니한다.

　　1. 증여받은 자의 증여세(「상속세 및 증여세법」에 따른 산출세액에서 공제·감면세액을 뺀 세액을 말한다)와 양도소득세(이 법에 따른 산출세액에서 공제·감면세액을 뺀 결정세액을 말한다. 이하 제2호에서 같다)를 합한 세액

　　2. 증여자가 직접 양도하는 경우로 보아 계산한 양도소득세

③ 제2항에 따라 증여자에게 양도소득세가 과세되는 경우에는 당초 증여받은 자산에 대해서는 「상속세 및 증여세법」의 규정에도 불구하고 증여세를 부과하지 아니한다.

자녀의 창업을 도와주면
증여세를 덜 낸다

 A의 아들은 최근 직장을 그만두고 카페를 창업하려고 준비 중이다. 그동안 모아둔 돈과 퇴직금을 전부 카페 창업 자금으로 쓰고 일부 부족한 자금은 아버지에게 도움을 요청했다. A는 아들에게 현금을 증여해서 아들을 최대한 지원해 주고 싶다. 이때 세금을 줄일 수 있는 방법은 없을까?

우리 세법은 정책적으로 지원이 필요한 경우 세금을 깎아주거나 납부 시기를 유예해 줌으로써 혜택을 제공한다. 예를 들어, 자녀가 가업을 물려받아서 사업을 계속 운영하면 증여세 납부 시기를 미뤄주고 상속세를 깎아주며, 직접 농사를 짓는 자식이 농지를 물려받으면 증여세를 면제해 준다. 이처럼 정책적으로 지원이 필요한 분야에 주어지는 세제 혜택 중 하나가 '창업자금 증여세 과세특례'이다. 이 과세특례를 적용하면 창업자금을 물려받을 경우 증여 당시에는 증여세를 적게 내고, 나중에 상속이 일어났을 때 적게 냈던 증여세만큼 상속세를 추가로 납부한다.

창업자금 증여세 과세특례를 받기 위해서는 몇 가지 요건을 충족해야 하는데, 요건이 그리 복잡하지는 않다. 우선 증여를 받는 사람이 18세 이상인 자녀여야 하고, 증여를 하는 사람은 60세 이상인 부모여야 한다. 만약 증여 전에 부모가 사망했다면, 조부모가 증여해도 요건을 충족한 것으로 본다.

그리고 증여를 받은 자금은 법에서 정한 업종의 중소기업을 창업하는 데 써야 한다. 제조업, 건설업, 전자금융업, 음식점업, 사업시설관리 및 조경 서비스업 등 다양한 업종에서 과세특례를 받을 수 있다. 다만 변호사업, 변리사업, 세무사업 등 전문 자격을 요하는 일부 업종은 제외된다. 물려주는 재산의 범위에도 제한이 있다. 토지, 건물, 주식 등 양도소득세가 과세되는 재산은 과세특례를 받을 수 없다. 따라서 자산을 매각하거나 담보로 대출을 받아 현금화해서 물려주는 것이 과세특례 요건을 충족할 수 있는 손쉬운 방법이다.

과세특례 요건을 모두 충족하면 50억 원을 한도로 5억 원을 공제하고 10% 세율을 적용해서 증여세를 계산한다. 50억 원을 증여해도 증여세는 4억 5000만 원((50억 원−5억 원)×10%)만 부담하면 된다. 과세특례가 적용되지 않으면 1억 원 이하 금액에 대해서만 10%의 세율이 적용되고, 1억 원을 초과하는 금액부터 누진세율이 적용되어 30억 원 초과 금액에 대해서는 50%의 최고세율이 적용된다.

그러면 50억 원을 증여했을 때 약 20억 원에 달하는 증여세를 부담해야 한다. 다른 공제 요소들을 제외하고 단순히 비교해도 창업자금 증여세 과세특례가 매우 큰 혜택이라는 것을 알 수 있다. 창업을 통해 열 명 이상을 새로 고용하는 경우에는 한도가 더 늘어나 100억 원까지 과세특례를 받을 수 있다.

창업자금을 지원하기 위해 증여하는 경우에 한하여 증여세를 깎아주기 때문에, 재산을 물려받고 실제로 창업을 하지 않으면 원래대로 증여세를 내야 하고, 법에서 정한 이자(1일 0.022%, 연 8.03%)까지 추가로 납부해야 한다. 구체적으로 살펴보면, ① 재산을 물려받은 날부터 2년 이내에 창업을 하지 않는 경우, ② 재산을 물려받은 날부터 4년 이내에 물려받은 재산을 모두 창업을 위해(사업용 자산 취득, 사업장 임차보증금 및 임차료) 사용하지 않는 경우, ③ 법에서 정한 업종 외에 다른 업종을 운영하는 경우 등이다. 과세특례를 받은 경우에는 창업자금 사용명세를 세무서에 제출해야 하는데, 이를 위반하면 가산세(사용명세 미제출 또는 불분명 금액 × 0.3%)가 부과된다.

또한 겉으로 보기에만 창업을 한 것처럼 꾸미고 실제로는 새로 사업을 시작하는 게 아니라 기존에 하던 사업을 그대로 하는 경우에도 과세특례를 받을 수 없다. 예를 들어, ① 개인 명의로 하던 사업을 법인으로 전환해서 하는 경우, ② 종전의 사업에 사용되던 자산을 인수해서 같은 종류의 사업을 하는 경우, ③ 폐업 후 사업을 재개해서 폐업 전의 사업과 같은 종류의 사업을 하는 경우 등이 해당한다.

주의해야 할 점은 창업자금 증여세 과세특례를 통해 증여세를 감면해 준다고 해서 그 증여세를 완전히 면제해 주는 것은 아니라는 사실이다. 나중에 증여한 사람이 사망해서 상속이 개시되면 창업자금으로 증여한 재산을 상속재산에 더해서 상속세를 계산하고 기존에 납부했던 증여세를 공제해 주는 방식으로 정산하기 때문이다. 결국에는 창업자금에 대해서도 나중에 상속세를 부담해야 되기 때문에 세금을 완전히 면제해 주는 것은 아닌 셈이다.

그럼에도 불구하고 과세특례를 받으면 증여세 절세액이 상당히 크기 때문에 증여를 할 때 경제적 부담을 줄일 수 있고, 창업자금을 증여한 날부터 상속이 개시되는 날(증여한 사람이 사망한 날)까지 감면받은 증여세를 투자·운용해 이익을 얻을 수도 있기 때문에, 창업자금 증여세 과세특례는 납세자에게 매우 유용한 제도이다.

관련 법률

조세특례제한법 제30조의5(창업자금에 대한 증여세 과세특례) ① 18세 이상인 거주자가 제6조 제3항 각 호에 따른 업종을 영위하는 중소기업을 창업할 목적으로 60세 이상의 부모(증여 당시 아버지나 어머니가 사망한 경우에는 그 사망한 아버지나 어머니의 부모를 포함한다. 이하 이 조부터 제30조의7까지에서 같다)로부터 토지·건물 등 대통령령으로 정하는 재산을 제외한 재산을 증여받는 경우에는 「상속세 및 증여세법」 제53조, 제53조의2 및 제56조에도 불구하고 해당 증여받은 재산의 가액 중 대통령령으로 정하는 창업자금[증여세 과세가액 50억 원(창업을 통하여 10명 이상을 신규 고용한 경우에는 100억 원)을 한도로 하며, 이하 이 조에서 "창업자금"이라 한다]에 대해서는 증여세 과세가액에서 5억 원을 공제하고 세율을 100분의 10으로 하여 증여세를 부과한다. 이 경우 창업자금을 2회 이상 증여받거나 부모로부터 각각 증여받는 경우에는 각각의 증여세 과세가액을 합산하여 적용한다.

② 창업자금을 증여받은 자는 증여받은 날부터 2년 이내에 창업을 하여야 한다. 이 경우 사업을 확장하는 경우로서 대통령령으로 정하는 경우는 창업으로 보며, 다음 각 호의 어느 하나에 해당하는 경우는 창업으로 보지 아니한다.

1. 합병·분할·현물출자 또는 사업의 양수를 통하여 종전의 사업을 승계하여 같은 종류의 사업을 하는 경우

1의2. 종전의 사업에 사용되던 자산을 인수 또는 매입하여 같은 종류의 사업을 하는 경우로서 인수 또는 매입한 자산가액의 합계액이 사업개시일이 속하는 과세연도의 종료일 또는 그다음 과세연도의 종료일 현재 대통령령으로 정하는 사업용 자산의 총 가액에서 차지하는 비율이 100분의 50 미만으로서 대통령령으로 정하는 비율을 초과하는 경우

2. 거주자가 하던 사업을 법인으로 전환하여 새로운 법인을 설립하는 경우

3. 폐업 후 사업을 다시 개시하여 폐업 전의 사업과 같은 종류의 사업을 하는 경우

4. 다른 업종을 추가하는 등 새로운 사업을 최초로 개시하는 것으로 보기 곤란한 경우, 그 밖에 이와 유사한 것으로서 대통령령으로 정하는 경우

③ 창업자금을 증여받아 제2항에 따라 창업을 한 자가 새로 창업자금을 증여받아 당초 창업한 사업과 관련하여 사용하는 경우에는 제2항 제3호 및 제4호를 적용하지 아니한다.

④ 창업자금을 증여받은 자는 증여받은 날부터 4년이 되는 날까지 창업자금을 모두 해당 목적에 사용하여야 한다.

⑤ 창업자금을 증여받은 자가 제2항에 따라 창업하는 경우에는 대통령령으로 정하는 날에 창업자금 사용명세(증여받은 창업자금이 50억 원을 초과하는 경우에는 고용명세를 포함한다)를 증여세 납세지 관할 세무서장에게 제출하여야 한다. 이 경우 창업자금 사용명세를 제출하지 아니하거나 제출된

창업자금 사용명세가 분명하지 아니한 경우에는 그 미제출분 또는 불분명한 부분의 금액에 1000분의 3을 곱하여 산출한 금액을 창업자금 사용명세서 미제출 가산세로 부과한다.

⑧ 창업자금은 「상속세 및 증여세법」 제3조의2 제1항을 적용할 때 상속재산에 가산하는 증여재산으로 본다.

⑩ 창업자금에 대한 증여세액에 대하여 「상속세 및 증여세법」 제28조를 적용하는 경우에는 같은 조 제2항에도 불구하고 상속세 산출세액에서 창업자금에 대한 증여세액을 공제한다. 이 경우 공제할 증여세액이 상속세 산출세액보다 많은 경우 그 차액에 상당하는 증여세액은 환급하지 아니한다.

가업을 이으면
상속세와 증여세를 덜 낸다

가업상속공제

가업상속공제는 독일의 제도를 본떠 1997년에 처음 도입한 것으로, 피상속인이 영위하던 사업을 일정한 요건을 갖추어 상속인이 승계하는 경우 최대 600억 원(피상속인이 가업을 영위한 기간에 따라 차등 적용)까지 상속세 과세가액에서 공제하여 상속세 부담을 줄여주는 제도이다.

이 제도를 도입하기 전까지는 상속인이 가업을 승계할 의사가 있더라도 상속세 납부를 위하여 가업승계에 필요한 주식이나 사업용 자산을 처분해야 했기 때문에, 가업을 승계하는 데에 어려움을 겪거

나 가업승계 자체를 포기할 수밖에 없는 경우가 종종 있었다. 가업
상속공제는 상속세 부담으로 인해 발생하는 이러한 어려움을 덜어
주어 원활하게 가업을 승계할 수 있도록 돕는 제도이다.

가업상속공제를 받기 위해서는 여러 요건을 충족해야 하는데, 세
부적으로 가업, 피상속인, 상속인별로 각각 요건이 규정되어 있다.
구체적인 내용은 다음과 같다.

구분		요건
가업	계속 경영	• 피상속인이 10년 이상 계속하여 경영한 기업
	매출액, 자산	• 중소기업 ① 업종 요건(상속세 및 증여세법 시행령 별표 '가업상속공제를 적용받는 중소·중견기업의 해당 업종') 충족 ② 매출액이 업종별 매출액 기준(중소기업기본법 시행령 별표 1) 충족 미만 ③ 자산 총액 5000억 원 미만 ④ 공정거래법상 공시대상 기업집단에 미포함 • 중견기업 ① 중소기업이 아님 ② 업종 요건(상속세 및 증여세법 시행령 별표 '가업상속공제를 적용받는 중소·중견기업의 해당 업종') 충족 ③ 상속개시일 직전 3개 소득세 과세기간 또는 법인세 사업 연도의 매출액의 평균이 5000억 원 미만 ③ 공정거래법상 상호출자제한 기업집단에 미포함
피상속인	주식 보유	• 중소기업 또는 중견기업의 최대주주 • 피상속인 및 그의 특수관계인이 합하여 주식 40%(상장법인 20%) 이상을 10년 이상 계속하여 보유

　　　　　　　　　　　　　　　　2부 상속·증여와 세금

	대표이사 재직	• 다음 중 어느 하나에 해당하는 기간 동안 대표이사(개인사업자인 경우 대표자)로 재직 ① 가업 영위기간의 50% 이상 ② 10년 이상(상속인이 피상속인의 대표이사 또는 대표자의 직을 승계한 날부터 상속개시일까지 계속 재직한 경우) ③ 상속개시일부터 소급하여 10년 중 5년 이상
	연령	• 상속개시일 현재 18세 이상
상속인*	가업 종사	• 상속개시일 전에 2년 이상 직접 가업에 종사 • 상속개시일 2년 전부터 가업에 종사했으나, 상속개시일부터 소급하여 2년에 해당하는 날부터 상속개시일까지의 기간 중 병역의무 이행, 질병, 취학 등으로 가업에 종사하지 못한 기간이 있는 경우 그 기간은 가업에 종사한 기간으로 봄 • 피상속인이 65세 이전에 사망하거나 천재지변과 같은 부득이한 사유로 사망한 경우에는 요건을 충족한 것으로 봄
	임원 취임	• 상속세 과세표준 신고기한까지 임원으로 취임 • 상속세 과세표준 신고기한으로부터 2년 이내에 대표이사 또는 대표자로 취임

* 상속인의 배우자가 요건을 모두 충족하는 경우에도 요건을 모두 충족한 것으로 봄

위 요건들을 모두 충족하면 일정한 한도 내에서 상속세 과세가액에서 가업상속재산가액을 공제한다. 가업상속재산가액은 상속인이 물려받은 가업과 관련된 재산의 가액을 합한 금액이다. 개인사업인 경우에는 가업에 직접 사용되는 토지, 건축물, 기계장치 등 사업용 자산의 가액에서 해당 자산에 담보된 채무액을 뺀 가액으로 계산한다. 법인인 경우에는 그 법인이 발행한 주식의 가액으로 가업상속재산가액을 계산한다.

피상속인이 가업을 경영한 기간에 따라 공제한도에 차이가 있는데, 다음 표와 같이 가업 경영기간이 길수록 한도가 높아진다.

피상속인의 경영기간	공제한도
10년 이상 20년 미만	300억 원
20년 이상 30년 미만	400억 원
30년 이상	600억 원

그리고 가업승계에 대해서는 가업상속공제를 통한 세금 감면 외에 상속세 납부기간에도 혜택을 준다. 일반적인 경우에는 상속세를 10년간 나누어 납부하는 것만 허용되지만, 가업상속공제를 받은 경우에는 20년간 나누어 납부하거나 10년간 납부하지 않고 이후 10년간 나누어 납부하는 것이 허용된다.

앞서 살펴본 요건들은 상속개시 시점에 충족해야 하는 것들인데, 그 외에 상속개시일 이후 5년간 충족해야 하는 사후관리 요건들도 있다. 상속인이 정당한 사유 없이 사후관리 요건 중 하나라도 위반하면 가업상속공제로 공제받은 금액(가업용 자산을 처분한 경우에는 처분비율을 곱한 금액으로 한다)을 상속개시 당시의 상속세 과세가액에 더해 상속세를 다시 계산하고, 여기에 이자(연 3.5%)까지 더해서 상속세를 납부해야 한다. 즉, 가업상속공제를 통해 절감한 세금보다 더 많은 세금을 추가로 납부하게 되는 셈이다. 따라서 사후관리 요건을 충족하도록 유지하는 일도 매우 중요하다. 사후관리 요건의 구체적인 내용은 다음과 같다.

구분	위반 요건	정당한 사유
가업용 자산	• 가업용 자산의 40% 이상 처분한 경우	• 상속인 사망 • 가업용 자산에 대한 수용 • 국가나 지방자치단체에 가업용 자산 양도, 증여 • 사업장 이전 • 합병, 분할, 개인사업의 법인 전환 • 내용연수(건물, 차량, 기계 등 유형고정 자산의 효용이 지속되는 기간)가 지난 가업용 자산 처분 • 주된 업종 변경과 관련하여 자산을 처분, 변경된 업종을 가업으로 영위하기 위해서 자산을 대체 취득 • 가업용 자산 처분 금액을 연구·인력 개발비로 사용
가업 종사	• 상속인이 대표이사나 대표자로 종사하지 않게 된 경우 • 가업의 주된 업종을 변경하는 경우(한국표준산업분류에 따른 대분류 내의 업종 변경, 평가심의위원회 심의를 받은 업종 변경은 허용) • 가업을 1년 이상 휴업하거나 폐업하는 경우	• 상속인 사망 • 국가나 지방자치단체에 가업용 자산 증여 • 병역의무 이행, 질병, 취학
주식 보유	• 주식 처분, 유상증자 등으로 상속인의 지분율이 감소하는 경우 • 상속인의 특수관계인이 주식을 처분해서 최대주주에 해당하지 않게 된 경우	• 상속인 사망 • 합병, 분할 • 국가나 지방자치단체에 주식 증여 • 상장요건 충족을 위한 지분 감소 • 무상균등감자(주주에 대한 보상 없이 자본금을 줄이면서 모든 주주가 지분율에 따라 주식을 감자하는 것) • 채무자 회생 및 파산에 관한 법률에 따른 법원의 결정에 따른 무상감자 또는 채무 출자전환

고용 유지	• 상속개시일부터 5년간 정규직 근로자(근로기준법에 따라 계약을 체결한 근로자. 계약기간이 1년 미만인 근로자 등 제외) 수의 전체 평균과 총급여액의 전체 평균이 상속개시일이 속하는 소득세 과세기간 또는 법인세 사업연도의 직접 2개 기간 수치 평균의 90%에 미달하는 경우	없음

가업상속공제를 받은 상속인은 가업용 자산, 가업 및 지분의 구체적인 내용을 납세지 관할 세무서장에게 제출해야 한다. 관할 세무서에서 가업상속공제를 받은 상속인이 사후관리 요건을 준수하고 있는지 확인하기 위해서이다.

한편, 피상속인이나 상속인이 가업의 경영과 관련하여 조세포탈 또는 회계부정 행위(상속개시일 전 10년 이내 또는 상속개시일부터 5년 이내의 기간 중 행위로 한정)로 징역형 또는 벌금형을 선고받고 그 선고받은 죄형이 확정된 경우에는 가업상속공제를 적용하지 않는다. 이미 가업상속공제를 받은 상속인이 위와 같은 죄형이 확정된 경우에는 가업상속공제 금액을 상속개시 당시의 상속세 과세가액에 더하여 상속세를 다시 계산하고, 여기에 이자까지 더해서 상속세를 납부해야 한다. 조세포탈이나 회계부정을 저지른 경우에는 가업상속공제 같은 세제상 혜택을 받을 수 있는 기회 자체를 박탈하겠다는 의미다.

상속세 및 증여세법 제18조의2(가업상속공제) ① 거주자의 사망으로 상속이 개시되는 경우로서 가업[대통령령으로 정하는 중소기업 또는 대통령령으로 정하는 중견기업(상속이 개시되는 소득세 과세기간 또는 법인세 사업연도의 직전 3개 소득세 과세기간 또는 법인세 사업연도의 매출액 평균금액이 5000억 원 이상인 기업은 제외한다. 이하 이 조에서 같다)으로서 피상속인이 10년 이상 계속하여 경영한 기업을 말한다. 이하 같다]의 상속(이하 "가업상속"이라 한다)에 해당하는 경우에는 가업상속 재산가액에 상당하는 금액을 상속세 과세가액에서 공제한다. 이 경우 공제하는 금액은 다음 각 호의 구분에 따른 금액을 한도로 한다.

1. 피상속인이 10년 이상 20년 미만 계속하여 경영한 경우: 300억 원
2. 피상속인이 20년 이상 30년 미만 계속하여 경영한 경우: 400억 원
3. 피상속인이 30년 이상 계속하여 경영한 경우: 600억 원

⑧ 피상속인 또는 상속인이 가업의 경영과 관련하여 조세포탈 또는 회계부정 행위(「조세범 처벌법」 제3조 제1항 또는 「주식회사 등의 외부감사에 관한 법률」 제39조제1항에 따른 죄를 범하는 것을 말하며, 상속개시일 전 10년 이내 또는 상속개시일부터 5년 이내의 기간 중의 행위로 한정한다. 이하 제18조의3에서 같다)로 징역형 또는 대통령령으로 정하는 벌금형을 선고받고 그 형이 확정된 경우에는 다음 각 호의 구분에 따른다.

1. 제76조에 따른 과세표준과 세율의 결정이 있기 전에 피상속인 또는 상속인에 대한 형이 확정된 경우: 가업상속공제를 적용하지 아니할 것
2. 가업상속공제를 받은 후에 상속인에 대한 형이 확정된 경우: 가업상속공제 금액을 상속개시 당시의 상속세 과세가액에 산입하여 상속세를 부과할 것. 이 경우 대통령령으로 정하는 바에 따라 계산한 이자 상당액을 그 부과하는 상속세에 가산한다.

가업승계 증여세 과세특례

　가업승계 증여세 과세특례도 가업상속공제처럼 가업승계를 장려하기 위해 세제 혜택을 주는 제도이다. 가업승계 증여세 과세특례는 2007년 말 신설된 것으로, 피상속인의 사망에 따라 상속이 이루어지는 것을 전제로 한 가업상속공제와 달리 피상속인이 생전에 미리 가업을 물려주기 위해 주식을 증여할 경우 원래 세율보다 훨씬 낮은 세율을 적용하여 증여세를 부과하고, 이후 피상속인 사망 시 상속세 과세가액에 합산 및 정산하는 제도이다. 즉 가업상속공제는 세금(상속세)을 깎아주는 제도인 데 반해, 가업승계 증여세 과세특례는 세금(증여세)을 증여 시점에 곧바로 걷지 않고 상속 시점에 걷음으로써 납부 시점을 뒤로 늦춰주는 제도이다.

　가업승계 증여세 과세특례를 받기 위해서는 여러 요건을 충족해야 하는데, 세부적으로 가업, 증여자, 수증자별로 각각 요건이 규정되어 있다. 구체적인 내용은 다음과 같다.

구분		요건
가업*	계속 경영	• 수증자가 10년 이상 계속하여 경영한 기업
	매출액, 자산	• 중소기업 ① 업종 요건(상증세법 시행령 별표 '가업상속공제를 적용받는 중소·중견기업의 해당 업종') 충족 ② 매출액이 업종별 매출액 기준(중소기업기본법 시행령 별표 1) 충족 미만 ③ 자산총액 5000억 원 미만 ④ 공정거래법상 공시대상 기업집단에 미포함 • 중견기업 ① 중소기업이 아님 ② 업종 요건(상증세법 시행령 별표 '가업상속공제를 적용받는 중소·중견기업의 해당 업종') 충족 ③ 상속개시일 직전 3개 소득세 과세기간 또는 법인세 사업연도의 매출액의 평균금액이 5000억 원 미만 ④ 공정거래법상 상호출자제한 기업집단에 미포함
증여자	연령	• 60세 이상
	관계	• 수증자의 부모
	주식 보유	• 증여자 및 그의 특수관계인이 합하여 주식 40%(상장법인 20%) 이상을 10년 이상 계속하여 보유
수증자**	연령	• 증여일 현재 18세 이상
	가업 종사	• 증여세 과세표준 신고기한까지 가업에 종사
	임원 취임	• 증여일로부터 3년 이내에 대표이사 취임

* 가업의 요건은 가업상속공제와 동일함
** 수증자의 배우자가 요건을 모두 충족하는 경우에도 요건을 모두 충족한 것으로 봄

    가업승계 증여세 과세특례가 적용되면 증여세 과세가액에서 10억 원을 공제하고, 부모의 가업 경영기간에 따라 일정한 금액을

한도(최대 600억 원)로 과세표준 120억 원까지는 10%, 120억 원 초과 금액에는 20% 세율로 증여세가 부과된다. 원래 증여세 과세표준이 30억 원을 초과할 경우 최고세율인 50%가 적용되는 것을 감안하면, 가업승계 증여세 과세특례의 감면 혜택이 얼마나 큰지 알 수 있다.

부모가 가업을 경영한 기간에 따라 낮은 세율이 적용되는 금액의 한도에 차이가 있는데, 다음 표와 같이 경영기간이 길수록 한도가 높아진다.

부모의 경영기간	한도
10년 이상 20년 미만	300억 원
20년 이상 30년 미만	400억 원
30년 이상	600억 원

가업승계 증여세 과세특례를 받는 경우에는 증여세를 최장 15년간 나누어서 납부할 수 있다. 가업상속공제와 마찬가지로 납부기간에도 혜택을 주는 것이다.

앞서 살펴본 요건들은 주식증여 당시 충족해야 하는 것들인데, 그 밖에도 증여일 이후 5년간 충족해야 하는 사후관리 요건들도 있다. 수증자가 정당한 사유(수증자의 사망, 국가나 지방자치단체에 주식증여, 병역의무 이행, 질병, 취학 등) 없이 사후관리 요건 중 하나라도 위반하면 증여받은 주식에 증여세가 부과되고(기존에 납부한 증여세는 뺀 금액으로 계산한다), 여기에 이자(연 3.5%)까지 더해서 증여세를 납부해야 한다. 즉, 가업승계 증여세 과세특례를 통해 절감한 세금보다 더 많은 세금을 추가로 납부하게 되는 셈이다. 따라서 사후관리 요건을 충족하도록 유지하는 일도 매우 중요하다. 사후관리 요건의 구체적인 내용은 다음과 같다.

구분	위반 요건
가업 종사	• 수증자가 대표이사로 재직하지 않게 된 경우 • 가업의 주된 업종을 변경하는 경우(한국표준산업분류에 따른 대분류 내의 업종 변경, 평가심의위원회 심의를 받은 업종 변경은 허용) • 가업을 1년 이상 휴업하거나 폐업하는 경우
주식 보유	• 주식 처분, 유상증자 등으로 상속인의 지분율이 감소하는 경우 • 수증자의 특수관계인이 주식을 처분해서 최대주주에 해당하지 않게 된 경우

가업상속공제와 동일하게, 증여자나 수증자가 가업의 경영과 관련하여 조세포탈 또는 회계부정 행위(증여일 전 10년 이내 또는 증여일부터 5년 이내의 기간 중 행위로 한정)로 징역형 또는 벌금형을 선고받고 그 선고받은 죄형이 확정된 경우에는 가업승계 증여세 과세특례를 적용하지 않는다. 이미 과세특례를 받은 상속인이 위와 같은 죄형이 확정된 경우에는 과세특례를 적용한 주식가액에 증여세가 부과되고, 여기에 이자까지 더해서 증여세를 납부해야 한다.

조세특례제한법 제30조의6(가업의 승계에 대한 증여세 과세특례) ① 18세 이상인 거주자가 60세 이상의 부모로부터 「상속세 및 증여세법」 제18조의2 제1항에 따른 가업(이 경우 "피상속인"은 "부모"로, "상속인"은 "거주자"로 보며, 이하 이 조 및 제30조의7에서 "가업"이라 한다)의 승계를 목적으로 해당 가업의 주식 또는 출자지분(이하 이 조에서 "주식 등"이라 한다)을 증여받고 대통령령으로 정하는 바에 따라 가업을 승계한 경우에는 「상속세 및 증여세법」 제53조, 제53조의2 및 제56조에도 불구하고 그 주식 등의 가액 중 대통령령으로 정하는 가업자산 상당액에 대한 증여세 과세가액(다음 각 호의 구분에 따른 금액을 한도로 한다)에서 10억 원을 공제하고 세율을 100분의 10(과세표준이 120억 원을 초과하는 경우 그 초과금액에 대해서는 100분의 20)으로 하여 증여세를 부과한다. 다만 가업의 승계 후 가업의 승계 당시 「상속세 및 증여세법」 제22조 제2항에 따른 최대주주 또는 최대출자자에 해당하는 자(가업의 승계 당시 해당 주식 등의 증여자 및 해당 주식 등을 증여받은 자는 제외한다)로부터 증여받는 경우에는 그러하지 아니한다.

　　1. 부모가 10년 이상 20년 미만 계속하여 경영한 경우: 300억 원
　　2. 부모가 20년 이상 30년 미만 계속하여 경영한 경우: 400억 원
　　3. 부모가 30년 이상 계속하여 경영한 경우: 600억 원

② 제1항을 적용할 때 주식 등을 증여받고 가업을 승계한 거주자가 2인 이상인 경우에는 각 거주자가 증여받은 주식 등을 1인이 모두 증여받은 것으로 보아 증여세를 부과한다. 이 경우 각 거주자가 납부하여야 하는 증여세액은 대통령령으로 정하는 방법에 따라 계산한 금액으로 한다.

④ 거주자 또는 부모가 가업의 경영과 관련하여 조세포탈 또는 회계부정 행위(「조세범 처벌법」 제3조 제1항 또는 「주식회사 등의 외부감사에 관한 법률」 제39조 제1항에 따른 죄를 범하는 것을 말하며, 증여일 전 10년 이내 또는 증여일부터 5년 이내의 기간 중의 행위로 한정한다. 이하 제71조에서 같다)로 징역형 또는 대통령령으로 정하는 벌금형을 선고받고 그 형이 확정된 경우에

는 다음 각 호의 구분에 따른다.

    1. 「상속세 및 증여세법」 제76조에 따른 과세표준과 세율의 결정이 있기 전에 거주자 또는 부모에 대한 형이 확정된 경우: 제1항을 적용하지 아니한다.

    2. 제1항을 적용받은 후에 거주자 또는 부모에 대한 형이 확정된 경우: 증여받은 주식 등의 가액에 대하여 「상속세 및 증여세법」에 따라 증여세를 부과한다. 이 경우 대통령령으로 정하는 바에 따라 계산한 이자 상당액을 증여세에 가산하여 부과한다.

4장

—

이런 경우에도
증여세를 내야 할까?

다른 사람의 도움으로 재산을
구입하거나 빚을 갚는 경우

 A는 딸이 직장생활을 시작하고부터 딸과 대화를 자주 못 나누고 있다. 그러다가 아무래도 딸의 얼굴에 근심이 가득한 것 같아 무슨 일이 있는지 물어봤더니, 딸이 취업 후 급하게 돈이 필요해서 신용대출을 받았는데 그 돈을 아직 못 갚고 있다고 했다. A는 딸의 대출을 대신 갚아주려고 한다. 이 경우에도 증여세를 내야 할까?

우리 세법은 재산을 몰래 물려주고 증여세를 내지 않는 경우를 방지하기 위해서 스스로 재산을 취득하거나 빚을 갚기 힘든 상황인데도 재산을 취득하거나 빚을 갚은 경우에는 재산을 물려받은 것으로 보아 증여세를 과세한다.

　　　　　　　　　　　　　　　　2부 상속·증여와 세금

구체적으로 보면 재산을 취득한 사람이 ① 신고한 소득금액(소득세를 신고·납부한 근로소득, 사업소득 등), ② 신고한 상속 또는 증여 재산의 금액, ③ 보유하고 있는 재산을 처분한 돈으로 재산을 취득하거나 빚을 갚은 금액을 모두 합한 금액이 취득한 재산 또는 상환한 채무 금액에 미달하는 경우를 말한다. 이때 실명이 확인된 계좌에 보유하고 있는 재산은 계좌의 명의자가 취득한 것으로 본다. 한마디로 재산을 취득하거나 빚을 갚은 돈이 어디서 생긴 것인지 확인되지 않으면 누군가로부터 재산을 증여받은 것으로 보겠다는 의미이다.

하지만 자금의 출처가 확인되지 않는 모든 경우를 증여로 보아 과세하는 것은 아니다. 만약 자금의 출처가 확인되지 않는 금액이 '취득한 재산 또는 상환한 채무 금액의 20%' 또는 '2억 원'보다 적으면 증여세를 과세하지 않는다.

그리고 재산 취득일 전 또는 채무 상환일 전 10년 이내에 주택과 주택을 제외한 기타 재산의 취득 금액 및 채무 상환 금액이 각각 다음 표의 기준에 미달하고, 주택이나 기타 재산 취득 금액 및 채무 상환 금액의 합계액이 총액 한도 기준에 미달하는 경우에도 앞서 살펴본 증여 추정 규정이 적용되지 않는다.

구분	취득 재산		채무 상환	총액 한도
	주택	기타 재산		
30세 미만	5000만 원	5000만 원	5000만 원	1억 원
30세 이상	1.5억 원	5000만 원	5000만 원	2억 원
40세 이상	3억 원	1억 원	5000만 원	4억 원

이처럼 일정 금액 이상인 경우에는 자금의 출처가 확인되지 않으면 증여로 보아 증여세를 과세하고, 자금의 출처를 완전히 숨기는 것도 쉽지 않으니, 세금을 내지 않고 재산을 물려주거나 경제적으로 도움을 주는 것은 현실적으로 어렵다.

관련 법률

상속세 및 증여세법 제45조(재산 취득자금 등의 증여 추정) ① 재산 취득자의 직업, 연령, 소득 및 재산 상태 등으로 볼 때 재산을 자력으로 취득하였다고 인정하기 어려운 경우로서 대통령령으로 정하는 경우에는 그 재산을 취득한 때에 그 재산의 취득자금을 그 재산 취득자가 증여받은 것으로 추정하여 이를 그 재산 취득자의 증여재산가액으로 한다.

② 채무자의 직업, 연령, 소득, 재산 상태 등으로 볼 때 채무를 자력으로 상환(일부 상환을 포함한다. 이하 이 항에서 같다)하였다고 인정하기 어려운 경우로서 대통령령으로 정하는 경우에는 그 채무를 상환한 때에 그 상환자금을 그 채무자가 증여받은 것으로 추정하여 이를 그 채무자의 증여재산가액으로 한다.

③ 취득자금 또는 상환자금이 직업, 연령, 소득, 재산 상태 등을 고려하여 대통령령으로 정하는 금액 이하인 경우와 취득자금 또는 상환자금의 출처에 관한 충분한 소명(疏明)이 있는 경우에는 제1항과 제2항을 적용하지 아니한다.

④ 「금융실명거래 및 비밀보장에 관한 법률」 제3조에 따라 실명이 확인된 계좌 또는 외국의 관계 법령에 따라 이와 유사한 방법으로 실명이 확인된 계좌에 보유하고 있는 재산은 명의자가 그 재산을 취득한 것으로 추정하여 제1항을 적용한다.

2

다른 사람 명의로
재산을 등재하는 경우

　소유자가 바뀌면 등기나 등록, 명의개서(주식 소유자가 바뀌어 주
주명부에 기재된 주주의 이름과 보유주식 수를 변경하는 일)를 해야 하는
재산이 있다. 부동산, 자동차, 주식, 선박이 대표적인 예이다. 이 중
부동산을 제외한 나머지 재산은 실제 소유자 이름(법률용어로는 '명
의'라고 한다)이 아닌 다른 사람 이름으로 등기나 등록, 명의개서를
하는 것이 법률상 금지되어 있지 않은데, 이와 같이 실제 소유자와
다른 이름으로 등기 등을 하는 것을 '명의신탁'이라고 한다. 명의신
탁을 하면 그 재산은 대외적으로 명의자의 소유로 취급되고, 나아가
세법상으로는 그 명의자, 즉 서류상에 그 재산의 소유자로 등재된 사
람에게 증여된 것으로 본다. 이를 '명의신탁 증여 의제擬製'라고 한다.

'증여로 의제한다'는 말은 '증여한 것과 동일하게 보아 증여와 같은 법률 효과를 부여한다'는 의미다. 예를 들어, 실제로는 아버지가 자동차의 소유자인데 딸 이름으로 자동차를 등록하면 아버지가 딸에게 자동차를 증여한 것으로 보겠다는 뜻이다.

부동산은 명의신탁 증여 의제 적용 대상이 아니다. 부동산 명의신탁 자체가 법률상 무효일 뿐만 아니라, 부동산을 다른 사람 명의로 등기하면 부동산실명법에 따라 과징금이나 이행강제금을 부과하고 5년 이하의 징역 또는 2억 원 이하의 벌금에 처하도록 별도로 규제하기 때문이다.

명의신탁 증여 의제가 가장 문제가 되는 재산은 주식이다. 주식의 실제 소유자가 있는데도 다른 사람이 주주인 것처럼 주주명부에 등재하는 경우가 종종 있기 때문이다. 2001년 이전까지는 주식회사를 설립하려면 최소한 세 명의 주주가 필요했는데, 이런 이유로 실제로는 1인 단독으로 회사를 설립하면서 형식상으로는 다른 사람의 이름을 빌려서 주주로 올리는 경우도 많았다.

이러한 이유 외에도 한 사람이 지나치게 많은 주식을 보유할 경우 부담해야 하는 의무 때문에 일부 주식을 다른 사람 명의로 등재하는 경우도 있다. 예를 들어, 우리 세법은 회사가 세금을 제대로 납부하지 않으면 지분율이 50%를 초과하는 주주에게 회사가 내지 않은 세금 중 해당 주주의 지분율에 상응하는 세액을 내도록 한다. 이를 '과점주주의 제2차 납세의무'라고 하는데, 이를 피하기 위해서 일부러 50% 이하로 지분율을 유지하려고 50%를 넘는 주식은 다른 사람 이름으로 등재하기도 한다. 또는 배당소득을 분산해서 종합소득세 누진세율 적용을 피해 세금을 줄이거나, 차명주식을 활용해 재산을 은폐하는 등 다양한 이유로 주식에 대한 명의신탁이 이루어진다.

이유가 어떻든 납세의무를 회피하고 공정한 거래에 반하는 여러 문제를 야기할 수 있는 행위이기 때문에, 이를 방지하기 위해서 명의신탁 증여 의제 제도를 두는 것이다.

명의신탁 증여 의제의 경우에는 명의신탁으로 받은 재산의 가액을 증여재산으로 보아 증여세를 부과한다. 다만 이 경우에는 재산을 증여받은 것으로 보는 사람(수증자)이 아니라 실제 소유자(증여자)가 증여세를 납부할 의무를 부담한다. 종전에는 명의신탁 증여 의제의 경우에도 일반적인 증여와 마찬가지로 수증자가 증여세 납세의무를 부담하도록 규정되어 있었으나, 2018년 말에 법이 개정되어 증여자가 납세의무를 부담하게 되었다. 만약 명의신탁이 적발되어 증여 의제가 적용되면, 무신고가산세 20%와 명의신탁일 이후부터 실제 납부일까지의 기간에 대한 납부지연가산세(매일 0.022%, 연이율 8.03%)까지 부담해야 되기 때문에, 배보다 배꼽이 더 클 수도 있다.

물론 재산을 다른 사람에게 명의신탁했다고 해서 무조건 증여세가 부과되는 것은 아니다. 다른 사람 이름으로 재산을 등기·등록하거나 명의개서를 했더라도 세금을 회피하려는 목적이 없었던 경우에는 증여로 보지 않는다. 세금을 회피하려는 목적이 없었다는 점은 납세자가 증명해야 하는데, 법원은 합리적이고 특별한 이유가 있는 아주 예외적인 경우에만 세금을 회피하려는 목적이 없었다고 인정한다. 결국 대부분의 경우 다른 사람 이름으로 재산을 등기·등록하거나 명의개서를 하면 증여세가 과세되기 때문에 조심할 필요가 있다. 사례를 통해 좀 더 구체적으로 알아보자.

명의신탁을 철회할 수 있을까?

👤 A는 2000년에 자신이 100% 출자해서 프랜차이즈 회사를 설립한 뒤 현재까지 운영 중인데, 회사를 설립할 때 주식 명의를 분산하는 것이 여러모로 유리하다는 지인들의 조언을 듣고 주주명부 주식 중 50%를 아내 이름으로 등재했다. 그런데 시간이 지나고 보니 아내 이름으로 된 주식 50% 때문에 주주총회 같은 절차를 진행할 때마다 100% 권리를 행사하지 못하는데다 최근에는 아내와 사이도 좋지 않아 아내 이름으로 등재한 주식을 자신의 이름으로 되돌리고 싶다. 가능한 일일까?

실제로 A처럼 회사를 설립할 때에는 별생각 없이 다른 사람 명의를 빌려서 주주로 등재했다가 나중에 되돌리려는 사람이 꽤 많다. 만약 아내 이름으로 된 주식을 그냥 A에게 되돌린다면 오히려 아내가 A에게 주식을 증여한 것으로 보아 증여세가 과세될 수 있다. 이를 피하기 위해서 아내가 A에게 주식을 양도하는 방식으로 이전하면 양도소득세와 증권거래세를 부담해야 한다. 어떤 경우든 설립 이후 회사의 가치가 커졌다면 세 부담이 매우 커질 수 있고, 이와 같은 방식을 사용하는 것은 실제 주식의 소유관계에도 부합하지 않는다는 문제점이 있다.

2부 상속·증여와 세금

이럴 때 활용할 수 있는 제도가 '명의신탁주식 실제 소유자 확인 제도'이다. 이 제도를 이용하면 국세청으로부터 명의신탁주식의 실제 소유자임을 확인받을 수 있다. 위 사례를 대입해 보면, 회사를 설립할 때 A가 아내 이름으로 한 명의신탁에 대해서는 증여 의제에 따른 증여세를 내야 하지만, 주식 명의를 A 이름으로 되돌리는 것에 대해서는 세금을 부담하지 않아도 된다. 주식을 명의신탁할 당시보다 회사의 가치가 커지는 것이 일반적이고, 임의로 주식 명의를 되돌릴 때 발생할 수 있는 과세 위험을 생각하면, 이 제도를 활용해서 명의를 되돌리는 방법이 가장 합리적이다. 반대로 명의신탁 당시보다 회사의 가치가 줄어들었다면 명의자(명의수탁자)가 실제 소유자에게 양도나 증여를 하는 것이 세 부담 면에서 유리할 수 있다.

명의신탁주식 실제 소유자 확인제도를 모든 경우에 활용할 수 있는 것은 아니고 몇 가지 요건을 충족해야 한다. ① 주식발행법인이 2001년 7월 23일 이전에 설립되었고, ② 실명전환일 현재 중소기업에 해당하며, ③ 실제 소유자와 명의자 모두 법인 설립 당시 발기인으로서 설립 당시에 명의신탁한 주식을 실제 소유자에게 되돌리는 경우여야 한다. 이러한 요건을 모두 충족하면 먼저 주주명부에 실제 소유자에게 주식을 되돌리는 것으로 명의개서를 한 뒤 실제 소유자가 관할 세무서에 몇 가지 서류(주식 명의개서 확인서, 중소기업 기준검토표, 실제 소유자를 입증하는 증빙서류 등)를 첨부해서 명의신탁주식 실제 소유자 확인 신청을 하면 된다.

명의신탁주식 실제 소유자 확인제도를
이용할 수 없다면?

👤 B는 회사를 설립할 때 아내 이름으로 명의신탁한 주식을 자신의 이름으로 되돌리고 싶어 명의신탁주식 실제 소유자 확인제도를 이용하려고 했다. 하지만 세무서 담당 공무원으로부터 회사가 2005년에 설립됐고 중소기업에도 해당하지 않아 이 제도를 이용할 수 없다는 답변을 받았다. 다른 방법은 없을까?

위 제도를 이용할 수 없다면 사전에 국세청으로부터 명의신탁주식의 실제 소유자임을 확인받을 수 있는 방법은 없다. 이런 경우 실무적으로는 명의신탁 사실을 입증할 수 있는 각종 서류를 미리 준비해 두고, 나중에 세무조사를 받을 때 명의신탁 사실을 확인받는 방법밖에 대안이 없다.

이렇게 명의신탁 사실을 확인받으려면, 세무조사 이전에 미리 주식 명의를 실제 소유자로 되돌리기보다는 세무조사 때 명의신탁 사실을 입증할 수 있는 서류들을 제시하고 명의신탁 사실을 인정받아 과세처분을 받는 것이 일반적이다. 다만 세무조사 때까지 시일이 너무 많이 남은 경우에는 가산세 부담이 커질 수 있기 때문에, 명의신탁 사실을 입증하는 것이 충분히 가능하다면 사전에 미리 명의를 되돌리고 증여 의제에 따른 증여세를 납부하기도 한다.

상속세 및 증여세법 제45조의2(명의신탁재산의 증여 의제) ① 권리의 이전 이나 그 행사에 등기 등이 필요한 재산(토지와 건물은 제외한다. 이하 이 조에 서 같다)의 실제 소유자와 명의자가 다른 경우에는 「국세기본법」 제14조 에도 불구하고 그 명의자로 등기 등을 한 날(그 재산이 명의개서를 하여야 하 는 재산인 경우에는 소유권취득일이 속하는 해의 다음 해 말일의 다음 날을 말한 다)에 그 재산의 가액(그 재산이 명의개서를 하여야 하는 재산인 경우에는 소유 권취득일을 기준으로 평가한 가액을 말한다)을 실제 소유자가 명의자에게 증 여한 것으로 본다. 다만 다음 각 호의 어느 하나에 해당하는 경우에는 그 러하지 아니한다.

　　1. 조세 회피의 목적 없이 타인의 명의로 재산의 등기 등을 하거나 소유 권을 취득한 실제 소유자 명의로 명의개서를 하지 아니한 경우

　　3. 「자본시장과 금융투자업에 관한 법률」에 따른 신탁재산인 사실의 등 기 등을 한 경우

　　4. 비거주자가 법정대리인 또는 재산관리인의 명의로 등기 등을 한 경우

③ 타인의 명의로 재산의 등기 등을 한 경우 및 실제 소유자 명의로 명의 개서를 하지 아니한 경우에는 조세 회피 목적이 있는 것으로 추정한다. 다 만 실제 소유자 명의로 명의개서를 하지 아니한 경우로서 다음 각 호의 어 느 하나에 해당하는 경우에는 조세 회피 목적이 있는 것으로 추정하지 아 니한다.

　　1. 매매로 소유권을 취득한 경우로서 종전 소유자가 「소득세법」 제105 조 및 제110조에 따른 양도소득 과세표준신고 또는 「증권거래세법」 제 10조에 따른 신고와 함께 소유권 변경 내용을 신고하는 경우

　　2. 상속으로 소유권을 취득한 경우로서 상속인이 다음 각 목의 어느 하 나에 해당하는 신고와 함께 해당 재산을 상속세 과세가액에 포함하여 신고한 경우. 다만 상속세 과세표준과 세액을 결정 또는 경정할 것을 미 리 알고 수정신고하거나 기한 후 신고를 하는 경우는 제외한다.

④ 제1항을 적용할 때 주주명부 또는 사원명부가 작성되지 아니한 경우에는 「법인세법」 제109조 제1항 및 제119조에 따라 납세지 관할 세무서장에게 제출한 주주 등에 관한 서류 및 주식등변동상황명세서에 의하여 명의개서 여부를 판정한다. 이 경우 증여일은 증여세 또는 양도소득세 등의 과세표준 신고서에 기재된 소유권이전일 등 대통령령으로 정하는 날로 한다.

3
특수관계법인의
일감 몰아주기

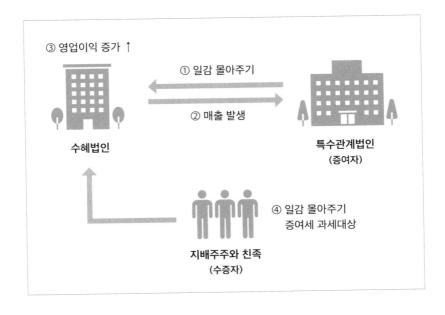

일감 몰아주기에 대한 증여세 과세제도는 본인, 자녀, 친척 등이 주주인 회사('수혜법인'이라고 한다)에 특수관계인 다른 회사('특수관계법인'이라고 한다)가 일감을 몰아주어 본인, 자녀, 친척 등이 얻게 된 간접적인 이익에 증여세를 부과하기 위한 목적으로 2012년부터 도입됐다. 편법을 통해 실질적으로 부를 대물림하면서도 세금을 내지 않는 경우를 방지하기 위한 것이다.

예를 들어, A가 B회사와 C회사의 대주주인데, B회사가 C회사에게 일방적으로 일감을 몰아줘서 C회사의 이익이 크게 증가한 경우, 이로 인하여 결국 대주주인 A가 이익을 얻으니 A에게 증여세를 과세하겠다는 것이다.

일감 몰아주기 증여세 과세가 적용되는 요건은 ① 수혜법인의 세후영업이익이 있을 것, ② 특수관계법인 거래비율이 30%(중견기업 40%, 중소기업 50%, 이를 '정상거래비율'이라고 한다)를 넘을 것, ③ 수혜법인의 지배주주(주주 중 지분율이 가장 높은 개인)와 그의 친족(배우자, 6촌 이내의 혈족, 4촌 이내의 인척)의 주식보유비율이 3%(중견기업과 중소기업 10%, 이를 '한계보유비율'이라고 한다)를 넘을 것이다. ②항의 경우 특수관계법인 상대 매출액이 1000억 원을 초과하고 중견기업이나 중소기업에 해당하지 않으면 정상거래비율을 20%로 적용한다.

간단히 말하면, 수혜법인이 특수관계법인과 거래하는 비중이 너무 높고, 수혜법인의 지배주주와 그의 친족이 보유한 수혜법인 지분율이 높으면, 수혜법인이 특수관계법인과 거래를 해서 얻은 이익 중 지분율에 해당하는 만큼 수혜법인의 지배주주와 그의 친족이 이익을 얻은 것으로 보고 과세하겠다는 것이다.

2부 상속·증여와 세금

증여재산으로 보는 이익은 수혜법인의 종류에 따라 아래 산식으로 계산한다.

구분	계산식
중소 기업	수혜법인의 세후영업이익 × (특수관계법인 거래비율 − 50%) × (주식보유비율 − 10%)
중견 기업	수혜법인의 세후영업이익 × (특수관계법인 거래비율 − 20%) × (주식보유비율 − 5%)
그 외	수혜법인의 세후영업이익 × (특수관계법인 거래비율 − 5%) × 주식보유비율

수혜법인의 지배주주와 그의 친족은 위 식에 따라 계산한 이익에 대하여 수혜법인의 법인세 신고기한(사업연도 종료일부터 3개월, 12월 말 결산 법인의 경우 그다음 해 3월 말)이 속하는 달의 말일부터 3개월이 되는 날까지 증여세를 내야 한다.

관련 법률

상속세 및 증여세법 제45조의3(특수관계법인과의 거래를 통한 이익의 증여 의제) ① 법인이 제1호에 해당하는 경우에는 그 법인(이하 이 조 및 제68조에서 "수혜법인"이라 한다)의 지배주주와 그 지배주주의 친족[수혜법인의 발행주식총수 또는 출자총액에 대하여 직접 또는 간접으로 보유하는 주식보유비율(이하 이 조에서 "주식보유비율"이라 한다)이 대통령령으로 정하는 보유비율(이하 이 조에서 "한계보유비율"이라 한다)을 초과하는 주주에 한정한다. 이하 이 조에서 같다]이 제2호의 이익(이하 이 조 및 제55조에서 "증여의제이익"이라 한다)을 각각 증여받은 것으로 본다. 이 경우 수혜법인이 사업부문별로 회계를 구분하여 기록하는 등 대통령령으로 정하는 요건을 갖춘 경우에는 제1호 및 제2호를 적용할 때 대통령령으로 정하는 바에 따라 사업부문별로 특수관계법인 거래비율 및 세후영업이익 등을 계산할 수 있다.

　1. 법인이 다음 각 목의 어느 하나에 해당하는 경우

　　가. 법인이 대통령령으로 정하는 중소기업(이하 이 조에서 "중소기업"이라 한다) 또는 대통령령으로 정하는 중견기업(이하 이 조에서 "중견기업"이라 한다)에 해당하는 경우: 법인의 사업연도 매출액(『법인세법』 제43조의 기업회계기준에 따라 계산한 매출액을 말한다. 이하 이 조에서 같다) 중에서 그 법인의 지배주주와 대통령령으로 정하는 특수관계에 있는 법인(이하 이 조에서 "특수관계법인"이라 한다)에 대한 매출액(『독점규제 및 공정거래에 관한 법률』 제31조에 따른 공시대상기업집단 간의 교차거래 등으로서 대통령령으로 정하는 거래에서 발생한 매출액을 포함한다. 이하 이 조에서 같다)이 차지하는 비율(이하 이 조에서 "특수관계법인거래비율"이라 한다)이 그 법인의 규모 등을 고려하여 대통령령으로 정하는 비율(이하 이 조에서 "정상거래비율"이라 한다)을 초과하는 경우

　　나. 법인이 중소기업 및 중견기업에 해당하지 아니하는 경우: 다음의 어느 하나에 해당하는 경우

　　　1) 가목에 따른 사유에 해당하는 경우

　　　2) 특수관계법인 거래비율이 정상 거래비율의 3분의 2를 초과하는 경우로서 특수관계법인에 대한 매출액이 법인의 규모 등을 고려하여 대통령령으로 정하는 금액을 초과하는 경우

② 증여의제이익의 계산 시 지배주주와 지배주주의 친족이 수혜법인에 직접적으로 출자하는 동시에 대통령령으로 정하는 법인을 통하여 수혜법인에 간접적으로 출자하는 경우에는 제1항의 계산식에 따라 각각 계산한 금액을 합산하여 계산한다.

③ 증여의제이익의 계산은 수혜법인의 사업연도 단위로 하고, 수혜법인의 해당 사업연도 종료일을 증여시기로 본다.

4

특수관계법인의
일감 떼어주기

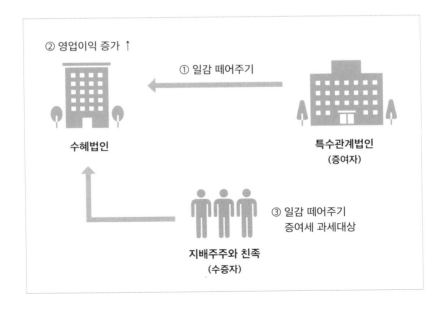

일감 떼어주기에 대한 증여세 과세제도도 일감 몰아주기와 마찬가지로 본인, 자녀, 친척 등이 주주인 회사(수혜법인)에 특수관계에 있는 다른 회사(특수관계법인)와의 거래를 통해서 본인, 자녀, 친척 등이 얻게 된 간접적인 이익에 대해 세금을 부과하려는 목적으로 2016년부터 도입됐다. 일감 몰아주기와 다른 점은 특수관계법인이 직접 수행하거나 다른 사업자가 수행하고 있던 사업기회를 수혜법인에 제공함으로써 수혜법인이 이익을 얻은 경우에 과세한다는 점이다. 이 제도도 편법을 통해 실질적으로 부를 대물림하면서 세금을 내지 않는 경우를 방지하기 위한 것이다.

예를 들어, A가 B회사와 C회사의 대주주인데, B회사가 직접 수행할 수 있는 사업을 포기하고 C회사가 그 사업을 수행할 수 있도록 도와 C회사의 이익이 크게 증가한 경우, 이로 인하여 결국 대주주인 A가 이익을 얻으니 증여세를 과세하겠다는 것이다.

일감 떼어주기 증여세 과세가 적용되는 요건은 ① 수혜법인이 제공받은 사업기회로 인하여 부문별 영업이익이 있을 것, ② 수혜법인의 지배주주와 그의 친족이 보유한 수혜법인 주식의 비율이 30% 이상일 것이다.

간단히 말해서 수혜법인이 특수관계법인으로부터 사업기회를 제공받아 이익을 얻었고, 수혜법인의 지배주주와 그의 친족이 보유한 수혜법인 지분율이 높으면, 수혜법인이 특수관계법인과 거래를 해서 얻은 이익 중 지분율에 해당하는 만큼 수혜법인의 지배주주와 그의 친족이 이익을 얻은 것으로 보고 과세하겠다는 것이다.

증여재산으로 보는 이익은 시점에 따라 다음 식으로 계산한다.

구분	계산식
개시 사업연도	[{(제공받은 사업기회로 인하여 발생한 개시사업연도 수혜법인의 이익×지배주주 등의 주식보유비율)−개시사업연도분의 법인세 납부세액 중 상당액*}÷개시사업연도의 월수×12]×3
정산 사업연도	{(제공받은 사업기회로 인하여 개시사업연도부터 정산사업연도까지 발생한 수혜법인의 이익 합계액)×지배주주 등의 주식보유비율}−개시사업연도분부터 정산사업연도분까지의 법인세 납부세액 중 상당액*

* 수혜법인의 산출세액(토지 등 양도소득에 대한 법인세액은 제외)에서 법인세액의 공제·감면액을 뺀 세액 × 사업기회를 제공받은 해당 사업부문의 영업이익이 수혜법인의 각 사업연도의 소득금액에서 차지하는 비율

수혜법인의 지배주주와 그의 친족은 위 식에 따라 계산한 이익에 대하여 수혜법인의 법인세 신고기한(사업연도 종료일부터 3개월, 12월 말 결산 법인의 경우 그다음 해 3월 말)이 속하는 달의 말일부터 3개월이 되는 날까지 증여세를 내야 한다.

관련 법률

상속세 및 증여세법 제45조의4(특수관계법인으로부터 제공받은 사업기회로 발생한 이익의 증여 의제) ① 지배주주와 그 친족(이하 이 조에서 "지배주주 등"이라 한다)이 직접 또는 간접으로 보유하는 주식보유비율이 100분의 30 이상인 법인(이하 이 조에서 "수혜법인"이라 한다)이 지배주주와 대통령령으로 정하는 특수관계에 있는 법인(대통령령으로 정하는 중소기업과 그 밖에 대통령령으로 정하는 법인은 제외한다)으로부터 대통령령으로 정하는 방법으로 사업기회를 제공받는 경우에는 그 사업기회를 제공받은 날(이하 이 조에

서 "사업기회제공일"이라 한다)이 속하는 사업연도(이하 이 조에서 "개시사업연도"라 한다)의 종료일에 그 수혜법인의 지배주주 등이 다음 계산식[앞의 표로 갈음한다]에 따라 계산한 금액(이하 이 조에서 "증여의제이익"이라 한다)을 증여받은 것으로 본다.

② 제1항에 따른 증여세 과세표준의 신고기한은 개시사업연도의 「법인세법」 제60조 제1항에 따른 과세표준의 신고기한이 속하는 달의 말일부터 3개월이 되는 날로 한다.

③ 제1항에 따라 증여의제이익이 발생한 수혜법인의 지배주주 등은 개시사업연도부터 사업기회제공일 이후 2년이 지난 날이 속하는 사업연도(이하 이 조에서 "정산사업연도"라 한다)까지 수혜법인이 제공받은 사업기회로 인하여 발생한 실제 이익을 반영하여 다음 계산식[앞의 표로 갈음한다]에 따라 계산한 금액(이하 이 조에서 "정산증여의제이익"이라 한다)에 대한 증여세액과 제2항에 따라 납부한 증여의제이익에 대한 증여세액과의 차액을 관할 세무서장에게 납부하여야 한다. 다만 정산증여의제이익이 당초의 증여의제이익보다 적은 경우에는 그 차액에 상당하는 증여세액(제2항에 따라 납부한 세액을 한도로 한다)을 환급받을 수 있다.

④ 제1항 및 제3항에 따른 지배주주 등의 주식보유비율은 개시사업연도 종료일을 기준으로 적용한다.

⑤ 제3항에 따른 증여세 과세표준의 신고기한은 정산사업연도의 「법인세법」 제60조 제1항에 따른 과세표준의 신고기한이 속하는 달의 말일부터 3개월이 되는 날로 한다.

5

특정법인과
거래하는 경우

특정법인 거래 증여세 과세제도는 본인, 자녀, 친척 등의 지분율이 30% 이상인 회사('특정법인'이라고 한다)가 지배주주의 특수관계인과 일방적으로 유리한 거래를 해서 이익을 얻어 본인, 자녀, 친척 등이 얻게 된 간접적인 이익에 대해 세금을 부과하려는 목적으로 2016년부터 도입됐다. 이 제도도 편법을 통해 실질적으로 부를 대물림하면서 세금을 내지 않는 경우를 방지하기 위한 것이다.

예를 들어, A가 B회사의 주식 50%를 보유하고 있는데, B회사가 A의 배우자로부터 재산을 증여받아 이익을 얻은 경우, 이로 인하여 결국 A가 이익을 얻으니 증여세를 과세하겠다는 것이다.

특정법인이 지배주주의 특수관계인으로부터 재산이나 서비스를 무상으로 제공받는 경우, 재산이나 서비스를 통상적인 거래 관행에 비추어 볼 때 너무 낮은 대가로 양도 또는 제공받는 경우, 특정법인의 채무를 면제하는 경우 등과 같이 거래를 통해서 특정법인이 일방적으로 이익을 얻는 경우에 증여세가 과세된다. 이때 '너무 낮은 대가'란 시가와 대가와의 차액이 시가의 30% 이상이거나 그 금액이 3억 원 이상인 경우를 말한다.

증여재산으로 보는 이익은 특정법인이 거래를 통해 얻은 이익에서 아래 식으로 계산한 금액을 뺀 금액이다. 만약 계산한 이익이 1억 원 미만이면 증여세가 과세되지 않는다.

> 특정법인의 산출세액(토지 등 양도소득에 대한 법인세액은 제외)에서 법인세액의 공제·감면액을 뺀 세액×특정법인이 거래를 통해 얻은 이익이 수혜 법인의 각 사업연도의 소득금액에서 차지하는 비율

이 요건에 해당하는 특정법인의 지배주주와 그의 친족은 특정법인의 법인세 신고기한(사업연도 종료일부터 3개월, 12월 말 결산 법인의 경우 그다음 해 3월 말)이 속하는 달의 말일부터 3개월이 되는 날까지 증여세를 내야 한다.

상속세 및 증여세법 제45조의5(특정법인과의 거래를 통한 이익의 증여 의제)

① 지배주주와 그 친족(이하 이 조에서 "지배주주 등"이라 한다)이 직접 또는 간접으로 보유하는 주식보유비율이 100분의 30 이상인 법인(이하 이 조 및 제68조에서 "특정법인"이라 한다)이 지배주주의 특수관계인과 다음 각 호에 따른 거래를 하는 경우에는 거래한 날을 증여일로 하여 그 특정법인의 이익에 특정법인의 지배주주 등이 직접 또는 간접으로 보유하는 주식보유비율을 곱하여 계산한 금액을 그 특정법인의 지배주주 등이 증여받은 것으로 본다.

　　1. 재산 또는 용역을 무상으로 제공받는 것

　　2. 재산 또는 용역을 통상적인 거래 관행에 비추어 볼 때 현저히 낮은 대가로 양도·제공받는 것

　　3. 재산 또는 용역을 통상적인 거래 관행에 비추어 볼 때 현저히 높은 대가로 양도·제공하는 것

　　4. 그 밖에 제1호부터 제3호까지의 거래와 유사한 거래로서 대통령령으로 정하는 것

② 제1항에 따른 증여세액이 지배주주 등이 직접 증여받은 경우의 증여세 상당액에서 특정법인이 부담한 법인세 상당액을 차감한 금액을 초과하는 경우 그 초과액은 없는 것으로 본다.

5장

상속·증여세 납부하기

상속세를 꼭 한꺼번에
내야 할까?

👤 국내 중견기업의 창업주 A가 교통사고로 갑자기 사망했다. A의 배우자와 자식들은 아무런 준비도 못 한 채 가장의 죽음으로 인한 여러 현실적인 문제에 맞닥뜨렸다. 그중 하나가 A가 남긴 재산의 상속과 그에 따른 상속세 납부다. 상속재산 중 현금이 충분해서 상속세를 납부하는 데에 문제가 없다면 좋겠지만, A의 경우 재산의 대부분이 자신이 창업한 비상장회사의 주식이었다. 그래서 상속재산의 금액은 매우 큰 반면, 상속세를 낼 현금은 턱없이 부족한 상황에 처했다. 이런 경우 A의 상속인들은 어떻게 하면 좋을까?

사례의 상속인들은 당장 상속세를 납부할 현금이 없는 것도 문제이지만, A가 보유하고 있던 주식이 비상장회사 주식이기 때문에 주식 일부를 매각해서 현금화하기도 쉽지 않아 가까운 시일 내에 상속세 납부 재원을 마련하기가 매우 난감할 것이다.

이렇게 상속받은 재산의 대부분이 현금이 아닌데다 현금화하기도 까다로운 주식이나 부동산이어서 상속세를 내기 어려울 때 이용할 수 있는 제도가 '연부연납'이다. 연부연납은 일정 기간 동안 상속세를 나누어서 내도록 함으로써 상속세를 한 번에 낼 때 생기는 과중한 세 부담을 분산시켜, 상속재산을 보호하고 납세의무를 좀더 수월하게 이행할 수 있도록 도와주는 제도이다.

연부연납과 유사한 제도로 '분납'이 있는데, 분납은 상속세 신고납부기한 내에 한 번, 신고납부기한부터 2개월 내에 한 번, 총 두 번에 나누어 상속세를 내는 것인 반면, 연부연납은 최장 10년 동안 매년 한 번씩 상속세를 나누어 낼 수 있다는 차이가 있다.

연부연납은 상속세 납부세액이 2000만 원을 넘는 경우 신청할 수 있고, 관할 세무서장이 이를 허가하면 적용받을 수 있다. 국세청은 연부연납을 통해 상속세 납부기한을 연장해 주는 대신 납세의무 이행을 보장하기 위한 담보를 요구하는데, 이때 담보로 제공할 수 있는 재산은 금전, 유가증권, 납세보증보험증권, 납세보증서, 토지, 보험에 가입되고 등기·등록된 건물, 공장재단, 선박, 항공기 등이다. 특히 금전, 유가증권(상장주식, 국채증권, 지방채증권, 상장회사 채권, 양도성예금증서 등), 납세보증보험증권, 납세보증서 중 하나를 담보로 연부연납을 신청하는 경우에는 신청 당일에 관할 세무서장의 허가를 받은 것으로 처리된다. 즉, 이 네 가지 담보는 다른 담보들보다 더 신뢰할 수 있다고 보아 관할 세무서장의 허가를 별도로 거치지 않아도 되는 것이다.

그런데 담보로 제공할 수 있는 재산에 비상장주식은 포함되지 않기 때문에, 상속재산 대부분이 비상장주식인 경우에는 납세보증보험증권이나 납세보증서를 이용하는 방법을 고려해 볼 수 있다. 그러나 이 경우에는 상속재산에 비례하여 보험료나 보증료를 부담해야 한다.

상속세 연부연납 기간은 연부연납 허가일부터 10년 내의 범위에서 납세의무자가 신청한 기간으로 정한다. 기존에는 연부연납이 가능한 최장 기간이 5년이었는데, 2022년 초 법이 개정되어 상속세의 경우 최장 기간이 10년(가업상속공제를 받거나 중소기업 또는 중견기업을 상속받은 경우에는 20년 또는 연부연납 허가 후 10년이 되는 날부터 10년)으로 늘어났다.

연부연납세액은 연부연납 대상 세액을 '연부연납기간+1'로 나눈 금액으로 산정한다. 예들 들어 상속세액이 12억 원인데, 그중 11억 원을 10년 동안 연부연납하기로 했다면 11억 원을 '10년+1', 즉 11로 나눈 금액인 1억 원과 연부연납 대상 금액이 아닌 1억 원을 합한 2억 원을 상속세 신고납부기한 내에 납부하고, 그 후 매년 1억 원을 추가로 납부하면 된다. 다만 매년 납부할 금액이 최소 1000만 원은 넘어야 하므로, 10년 동안 연부연납으로 나눠 내려면 상속세 납부액이 최소 1억 1000만 원을 넘어야 하고, 만일 이 금액보다 상속세가 적다면 상속세 연부연납 기간을 10년보다 짧게 정해야 한다.

연부연납이 납세의무자에게 편리한 제도는 맞지만 공짜는 아니다. 연부연납은 실질적으로 상속세 납부기한을 연장해 주는 것이기 때문에, 상속세를 한꺼번에 납부하는 경우와의 형평성을 고려하여 가산금이 추가로 부과된다. 현행법상 가산금 이자율은 국세환급가산금 이자율과 동일하게 연 3.5%이다. 이 이자율은 금리를 반영하여 수시로 변경된다.

또한 연부연납 허가를 받았더라도 납세의무자가 기한 내에 나누어서 내기로 한 상속세를 제때 납부하지 않거나 제공된 담보가 변경되는 등 납세의무를 제대로 이행하지 않으면 관할 세무서장은 연부연납을 취소하고 남은 세액을 전부 징수할 수 있다.

이처럼 연부연납은 상속세 납부기한을 연장해 줌으로써 납세의무자의 세 부담을 줄여주는 제도이기는 하나, 그에 따른 비용(가산금, 담보 관련 비용)이 추가로 들기 때문에 이 제도를 활용할지 여부는 납세의무자가 처한 상황에 따라 신중하게 결정해야 한다. 그럼에도, 상속세를 납부할 재원을 한꺼번에 마련하기 위해서 상속재산을 헐값에 팔아치우거나 높은 이자를 지불하면서 돈을 빌리지 않아도 되니, 알아두면 유용한 제도임은 분명하다.

상속세 및 증여세법 제71조(연부연납) ① 납세지 관할 세무서장은 상속세 납부세액이나 증여세 납부세액이 2000만 원을 초과하는 경우에는 대통령령으로 정하는 방법에 따라 납세의무자의 신청을 받아 연부연납을 허가할 수 있다. 이 경우 납세의무자는 담보를 제공하여야 하며, 「국세징수법」 제18조 제1항 제1호부터 제4호까지의 규정에 따른 납세담보를 제공하여 연부연납 허가를 신청하는 경우에는 그 신청일에 연부연납을 허가받은 것으로 본다.

② 제1항에 따른 연부연납의 기간은 다음 각 호의 구분에 따른 기간의 범위에서 해당 납세의무자가 신청한 기간으로 한다. 다만 각 회분의 분할납부 세액이 1000만 원을 초과하도록 연부연납기간을 정하여야 한다.

    1. 상속세의 경우: 다음 각 목의 상속재산별 구분에 따른 기간

        가. 제18조의2에 따라 가업상속공제를 받았거나 대통령령으로 정하는 요건에 따라 중소기업 또는 중견기업을 상속받은 경우의 대통령령으로 정하는 상속재산(「유아교육법」 제7조 제3호에 따른 사립유치원에 직접 사용하는 재산 등 대통령령으로 정하는 재산을 포함한다. 이하 이 조에서 같다): 연부연납 허가일부터 20년 또는 연부연납 허가 후 10년이 되는 날부터 10년

        나. 그 밖의 상속재산의 경우: 연부연납 허가일부터 10년

    2. 증여세의 경우: 다음 각 목의 증여재산별 구분에 따른 기간

        가. 「조세특례제한법」 제30조의6에 따른 과세특례를 적용받은 증여재산: 연부연납 허가일부터 15년

        나. 가목 외의 증여재산: 연부연납 허가일부터 5년

④ 납세지 관할 세무서장은 제1항에 따라 연부연납을 허가받은 납세의무자가 다음 각 호의 어느 하나에 해당하게 된 경우에는 대통령령으로 정하는 바에 따라 그 연부연납 허가를 취소하거나 변경하고, 그에 따라 연부연납과 관계되는 세액의 전액 또는 일부를 징수할 수 있다.

1. 연부연납 세액을 지정된 납부기한(제1항 후단에 따라 허가받은 것으로 보는 경우에는 연부연납 세액의 납부 예정일을 말한다)까지 납부하지 아니한 경우

2. 담보의 변경 또는 그 밖에 담보 보전(保全)에 필요한 관할 세무서장의 명령에 따르지 아니한 경우

4. 상속받은 사업을 폐업하거나 해당 상속인이 그 사업에 종사하지 아니하게 된 경우 등 대통령령으로 정하는 사유에 해당하는 경우

상속세 및 증여세법 제72조(연부연납 가산금) 제71조에 따라 연부연납의 허가를 받은 자는 다음 각 호의 어느 하나에 규정한 금액을 각 회분의 분할납부 세액에 가산하여 납부하여야 한다.

1. 처음의 분할납부 세액에 대해서는 연부연납을 허가한 총세액에 대하여 제67조와 제68조에 따른 신고기한 또는 납부고지서에 의한 납부기한의 다음 날부터 그 분할납부 세액의 납부기한까지의 일수(日數)에 대통령령으로 정하는 비율을 곱하여 계산한 금액

2. 제1호 외의 경우에는 연부연납을 허가한 총세액에서 직전 회까지 납부한 분할납부 세액의 합산금액을 뺀 잔액에 대하여 직전 회의 분할납부 세액 납부기한의 다음 날부터 해당 분할납부기한까지의 일수에 대통령령으로 정하는 비율을 곱하여 계산한 금액

2

상속세를 꼭 현금으로
내야 할까?

　'물납'은 상속재산에서 현금이 아닌 다른 재산이 큰 비중을 차지하여 현금으로 상속세를 전액 낼 수 없는 경우 활용할 수 있는 방법이다. 원래 상속세를 포함한 세금은 현금으로 내야 하는데, 물납은 상속세를 현금이 아닌 다른 형태의 재산, 예를 들어 부동산이나 주식 등으로 납부하는 것을 말한다. 연부연납은 상속재산 중 현금이 상속세 납부세액보다 적을 경우 상속세를 현금으로 납부하되 그 기한을 연장해 주는 것인 반면, 물납은 현금이 아닌 다른 형태의 재산으로 상속세 일부를 납부할 수 있도록 해준다는 점에서 차이가 있다.

　국가 입장에서는 현금이 아닌 다른 형태의 재산으로 상속세를 징수할 경우 해당 재산의 가격이 변동하거나 현금화하기 어려울 위험을 부담해야 하므로, 물납은 일정한 요건을 모두 충족하는 경우에만 제한적으로 허용된다. 구체적으로 보면, ① 금액을 기준으로 상속재산 중 부동산과 유가증권이 상속재산의 2분의 1을 초과할 것, ② 상속세 납부세액이 2000만 원을 초과할 것, ③ 상속세 납부세액이 상속재산가액 중 특정 금융재산(현금, 예금, 적금, 특정금전신탁 등)의 가액을 초과할 것이라는 세 가지 요건이 모두 충족되어야 한다.

위 요건들 중 첫 번째 요건을 둔 이유는 상속재산 중 물납이 허용되는 재산의 가액이 차지하는 비중이 높은 경우에만 물납을 허용하겠다는 것이다. 두 번째와 세 번째 요건을 둔 이유는 그보다 쉽게 이해할 수 있다. 상속세 납부세액이 크지 않거나 상속재산 중 현금 또는 쉽게 현금화할 수 있는 금융재산의 가액이 상속세 납부세액보다 크면 상속세를 현금으로 납부할 여력이 충분할 터이므로 물납을 허용하지 않겠다는 것이다.

위 요건들을 모두 충족하는 경우에도 상속세 전액을 물납의 방식으로 납부할 수 있는 것은 아니고, 법에서 정한 일정한 한도의 세액 내에서만 물납이 가능하다. 그 한도는 ① 상속재산 중 물납할 수 있는 부동산 및 유가증권 가액의 비율에 상응하는 상속세 납부세액, ② 상속세 납부세액에서 상속재산 중 금융재산(현금, 예금, 적금, 특정금전신탁 등)과 상장유가증권의 가액을 뺀 금액, 즉 금융재산을 초과하는 상속세 납부세액 중 작은 금액이다. 간단히 말하면 상속재산 중 현금 또는 쉽게 현금화할 수 있는 재산으로 납부할 수 있는 세액을 뺀 나머지 납부세액에 대해서, 물납을 하려는 재산의 가액에 상응하는 세액에 한해서만 물납을 허용하는 것이다.

물납할 수 있는 재산의 범위에도 제한이 있다. 물납이 허용되는 재산은 국내 소재 부동산과 유가증권이다. 유가증권에는 채권, 주식, 수익증권 등이 모두 포함되지만 주식의 경우에는 가격 변동이 심하기 때문에 예외적인 경우에만 물납이 허용된다.

상장주식은 원칙적으로 물납이 허용되지 않지만 예외적으로 상장주식이 최초로 상장되어 처분이 제한된 경우에는 물납이 허용된다. 상장주식의 경우 처분이 제한되어 있지 않으면 쉽게 현금화할 수 있으므로 주식을 팔아서 마련한 돈으로 상속세를 납부하면 되니 굳이 물납을 허용할 이유가 없기 때문이다. 비상장주식도 원칙적으로 물납이 허용되지 않지만 예외적으로 비상장주식 외에 다른 상속재산이 없거나 다른 상속재산으로 상속세를 물납하더라도 부족하면 물납이 허용된다. 비상장주식의 경우 상장주식과 달리 객관적인 시장가치를 측정하기 어렵고, 현금화하기도 어렵기 때문에 예외적인 경우에 한하여 물납을 허용하는 것이다. 다만 주식으로 물납하는 경우 피상속인으로부터 승계한 기업의 보유지분이 줄어들어 경영권이 위협을 받을 수도 있으므로, 이러한 점을 고려하여 신중하게 결정해야 한다.

2023년부터는 문화재와 미술품으로도 물납을 할 수 있게 되었다. 2020년 이건희 전 삼성그룹 회장이 사망한 뒤 이듬해에 상속인들은 고인이 생전에 수집한 미술품 2만 3000여 점을 국립기관과 미술관에 기증했는데, 이 일을 계기로 문화재와 미술품 상속 및 물납에 대한 논의가 재점화되어 결국 법이 개정되었다. 상속재산에서 문화재와 미술품이 상당한 비중을 차지하는 경우, 물납이 허용되지 않으면 문화재나 미술품을 매각해서 상속세 재원을 마련할 수밖에 없다. 그렇게 되면 납세자 입장에서 번거롭게 매각 절차를 거쳐야 하는 문제도 있지만, 국가 입장에서도 보존할 가치가 있는 중요 문화재나 미술품이 해외로 유출될 위험이 있다는 문제가 제기된 것이다. 다만 문화재와 미술품 물납은 문화체육관광부 장관이 해당 문화재나 미술품이 역사적·학술적·예술적 가치가 있어 물납에 적합하다고 관할 세무서장에게 요청하는 경우에만 허용된다. 국세청이 문화재나 미술품의 객관적인 가치를 판단하기 어려운 현실을 감안하여 문화체육관광부에 물납의 적합성을 판단할 수 있는 권한을 부여한 것이다.

법이 정한 요건을 모두 충족하더라도 무조건 물납이 허용되는 것은 아니다. 부동산에 지상권 또는 지역권이 설정되었거나 묘지가 있는 등 해당 부동산에 대하여 온전히 재산권을 행사하기 어려운 경우, 유가증권을 발행한 회사가 폐업하거나 회생절차를 진행 중이어서 해당 유가증권의 가치가 하락한 사실이 명백한 경우에는 관할 세무서장이 물납을 허가하지 않거나 이미 물납한 재산의 변경을 명할 수 있다.

물납 신청은 상속세 신고납부기한 내에 상속세 과세표준을 신고하면서 함께 해야 한다. 이 기한은 반드시 지켜야 하며, 기한을 넘겨 신청할 경우 물납 허가가 나지 않는다.

앞서 살펴본 연부연납과 분납처럼 물납 또한 여러 제약에도 불구하고, 상속세를 납부할 재원을 한꺼번에 마련하기 위해서 상속재산을 헐값에 팔아치우거나 높은 이자를 지불하면서 돈을 빌리지 않아도 되니, 알아두면 유용한 제도임은 분명하다.

상속세 및 증여세법 제73조(물납) ① 납세지 관할 세무서장은 다음 각 호의 요건을 모두 갖춘 경우에는 대통령령으로 정하는 바에 따라 납세의무자의 신청을 받아 물납을 허가할 수 있다. 다만 물납을 신청한 재산의 관리·처분이 적당하지 아니하다고 인정되는 경우에는 물납허가를 하지 아니할 수 있다.

    1. 상속재산(제13조에 따라 상속재산에 가산하는 증여재산 중 상속인 및 수유자가 받은 증여재산을 포함한다) 중 부동산과 유가증권(국내에 소재하는 부동산 등 대통령령으로 정하는 물납에 충당할 수 있는 재산으로 한정한다)의 가액이 해당 상속재산가액의 2분의 1을 초과할 것

    2. 상속세 납부세액이 2000만 원을 초과할 것

    3. 상속세 납부세액이 상속재산가액 중 대통령령으로 정하는 금융재산의 가액(제13조에 따라 상속재산에 가산하는 증여재산의 가액은 포함하지 아니한다)을 초과할 것

상속세 및 증여세법 제73조의2(문화유산 등에 대한 물납) ① 다음 각 호[위의 제73조 제1항 제2호 및 제3호와 동일]의 요건을 모두 갖춘 납세의무자는 상속재산에 대통령령으로 정하는 문화유산 및 미술품(이하 이 조에서 "문화유산 등"이라 한다)이 포함된 경우 납세지 관할 세무서장에게 해당 문화유산 등에 대한 물납을 신청할 수 있다.

② 납세지 관할 세무서장은 제1항에 따른 물납 신청이 있는 경우 대통령령으로 정하는 방법에 따라 해당 물납 신청 내역 등을 문화체육관광부 장관에게 통보하여야 한다.

③ 문화체육관광부 장관은 물납을 신청한 문화유산 등이 역사적·학술적·예술적 가치가 있는 등 물납이 필요하다고 인정되는 경우 납세지 관할 세무서장에게 대통령령으로 정하는 절차에 따라 해당 문화유산 등에 대한 물납을 요청하여야 한다.

④ 납세지 관할 세무서장은 제3항에 따른 요청을 받은 경우 해당 문화유산 등이 대통령령으로 정하는 절차에 따라 국고 손실의 위험이 크지 아니하다고 인정되는 경우 물납을 허가한다.

상속세를 제때 내지 않으면 어떻게 될까?

가산세의 종류

세금을 적게 내거나 늦게 내면 원래 내야 하는 세금뿐만 아니라 일종의 과태료에 해당하는 돈을 추가로 내야 하는데, 이를 가산세라고 한다. 가산세는 크게 무신고가산세, 과소·초과환급신고가산세(이하 '과소신고가산세'), 납부지연가산세, 세 가지이다. 무신고가산세는 신고해야 할 세금을 아예 신고하지 않은 경우에 부과되고, 과소신고가산세는 세금을 신고하기는 했지만 법에 따라 신고해야 할 세액보다 적은 금액으로 신고한 경우에 부과된다. 그리고 납부지연가산세는 세금을 신고했는지와 무관하게, 원래 내야 할 세액보다 적게 납부한 세액에 대해서 최종적으로 납부할 때까지 기간에 비례해서, 즉 이자처럼 부과되는 가산세이다.

만약 세금을 신고하지 않으면 무신고가산세와 납부지연가산세가 함께 부과되고, 세금을 신고하기는 했지만 법에 따라 신고해야 하는 세액보다 적은 금액으로 신고한 경우에는 과소신고가산세와 납부지연가산세가 함께 부과된다.

무신고가산세는 납부세액(정확하게는 납부해야 할 세액)의 20%인데, 부정행위로 신고를 하지 않은 경우에는 40%(역외거래, 즉 거래 당사자 중 한쪽이나 양쪽 모두가 외국인인 경우 60%)가 적용된다. 여기서 부정행위는 이중장부 작성, 거짓 증빙 또는 거짓 문서의 작성 및 수취, 장부와 기록의 파기, 재산의 은닉, 소득·수익·행위·거래의 조작 또는 은폐 등을 말한다.

과소신고가산세는 적게 신고한 세액(이하 '과소신고세액')의 10%이고, 부정행위로 적게 신고한 세액에 대해서는 40%(역외거래의 경우 60%)가 적용된다. 그런데 상속세나 증여세의 경우 세액을 적게 신고했더라도 예외적으로 과소신고가산세를 부담하지 않는 경우가 있다. 예를 들어, 상속세나 증여세 신고 당시 재산의 소유권에 관한 분쟁이 있어 상속재산이나 증여재산으로 확정되지 않았다가 그 이후에 소송 결과에 따라 상속재산이나 증여재산으로 결정된 경우에는 가산세가 부과되지 않는다. 단순 착오로 상속공제나 증여공제를 잘못 적용해서 세액을 적게 신고한 경우에도 과소신고가산세가 부과되지 않는다. 납세자가 의도적으로 세액을 적게 신고한 것이 아닌 경우에까지 가산세를 부과하는 것은 부당하다는 판단에서다.

2부 상속·증여와 세금

납부지연가산세는 '납부하지 않은 세액(이하 '미납세액')의 3%'와 '미납세액 × 미납기간 × 이자율'을 합한 금액으로 부과한다. 이자율은 시장이자율에 따라 변경되는데 현행법상 이자율은 1일에 0.022%다. 이를 연 이자율로 환산하면 8.03%다. 최근 기준금리가 많이 오르기는 했지만, 이를 감안하더라도 매우 높은 편이다. 미납기간이 늘어난다고 납부지연가산세가 무한정 늘어나는 것은 아니다. 미납기간은 최대 5년까지만 적용할 수 있기 때문에, 미납기간이 5년을 초과하더라도 납부지연가산세를 계산할 때 적용하는 미납기간은 5년으로 한다. 미납기간이 5년을 초과하면 납부지연가산세만 하더라도 미납세액의 50%에 가까우므로 납세자 입장에서는 배보다 배꼽이 더 큰 상황이 될 수 있다.

이처럼 세금을 제때, 정확하게 납부하지 않으면 가산세까지 추가로 부담해야 하고, 미납기간이 길어질수록 가산세 금액이 눈덩이처럼 불어나므로, 상속·증여 이전에 미리 세액을 정확하게 계산하고 법에서 정한 기한 내에 신고·납부하는 것이 매우 중요하다.

국세기본법 제47조의2(무신고가산세) ① 납세의무자가 법정신고기한까지 세법에 따른 국세의 과세표준 신고(예정신고 및 중간신고를 포함하며, 「교육세법」 제9조에 따른 신고 중 금융·보험업자가 아닌 자의 신고와 「농어촌특별세법」 및 「종합부동산세법」에 따른 신고는 제외한다)를 하지 아니한 경우에는 그 신고로 납부하여야 할 세액(이 법 및 세법에 따른 가산세와 세법에 따라 가산하여 납부하여야 할 이자 상당 가산액이 있는 경우 그 금액은 제외하며, 이하 "무신고납부세액"이라 한다)에 다음 각 호의 구분에 따른 비율을 곱한 금액을 가산세로 한다.

> 1. 부정행위로 법정신고기한까지 세법에 따른 국세의 과세표준 신고를 하지 아니한 경우: 100분의 40(역외거래에서 발생한 부정행위인 경우에는 100분의 60)
>
> 2. 제1호 외의 경우: 100분의 20

국세기본법 제47조의3(과소신고·초과환급신고가산세) ① 납세의무자가 법정신고기한까지 세법에 따른 국세의 과세표준 신고(예정신고 및 중간신고를 포함하며, 「교육세법」 제9조에 따른 신고 중 금융·보험업자가 아닌 자의 신고와 「농어촌특별세법」에 따른 신고는 제외한다)를 한 경우로서 납부할 세액을 신고하여야 할 세액보다 적게 신고(이하 이 조 및 제48조에서 "과소신고"라 한다)하거나 환급받을 세액을 신고하여야 할 금액보다 많이 신고(이하 이 조 및 제48조에서 "초과신고"라 한다)한 경우에는 과소신고한 납부세액과 초과신고한 환급세액을 합한 금액(이 법 및 세법에 따른 가산세와 세법에 따라 가산하여 납부하여야 할 이자 상당 가산액이 있는 경우 그 금액은 제외하며, 이하 "과소신고납부세액 등"이라 한다)에 다음 각 호의 구분에 따른 산출방법을 적용한 금액을 가산세로 한다.

> 1. 부정행위로 과소신고하거나 초과신고한 경우: 다음 각 목의 금액을 합한 금액
>
>> 가. 부정행위로 인한 과소신고납부세액 등의 100분의 40(역외거래

에서 발생한 부정행위로 인한 경우에는 100분의 60)에 상당하는 금액

　나. 과소신고납부세액 등에서 부정행위로 인한 과소신고납부세액 등

　　을 뺀 금액의 100분의 10에 상당하는 금액

2. 제1호 외의 경우: 과소신고납부세액 등의 100분의 10에 상당하는

　금액

국세기본법 제47조의4(납부지연가산세) ① 납세의무자(연대납세의무자, 납세자를 갈음하여 납부할 의무가 생긴 제2차 납세의무자 및 보증인을 포함한다)가 법정납부기한까지 국세(「인지세법」 제8조 제1항에 따른 인지세는 제외한다)의 납부(중간예납·예정신고납부·중간신고납부를 포함한다)를 하지 아니하거나 납부하여야 할 세액보다 적게 납부(이하 "과소납부"라 한다)하거나 환급받아야 할 세액보다 많이 환급(이하 "초과환급"이라 한다)받은 경우에는 다음 각 호의 금액을 합한 금액을 가산세로 한다.

1. 납부하지 아니한 세액 또는 과소납부분 세액(세법에 따라 가산하여 납부하여야 할 이자 상당 가산액이 있는 경우에는 그 금액을 더한다)×법정납부기한의 다음 날부터 납부일까지의 기간(납부고지일부터 납부고지서에 따른 납부기한까지의 기간은 제외한다)×금융회사 등이 연체대출금에 대하여 적용하는 이자율 등을 고려하여 대통령령으로 정하는 이자율

2. 초과환급받은 세액(세법에 따라 가산하여 납부하여야 할 이자 상당 가산액이 있는 경우에는 그 금액을 더한다)×환급받은 날의 다음 날부터 납부일까지의 기간(납부고지일부터 납부고지서에 따른 납부기한까지의 기간은 제외한다)×금융회사 등이 연체대출금에 대하여 적용하는 이자율 등을 고려하여 대통령령으로 정하는 이자율

3. 법정납부기한까지 납부하여야 할 세액(세법에 따라 가산하여 납부하여야 할 이자 상당 가산액이 있는 경우에는 그 금액을 더한다) 중 납부고지서에 따른 납부기한까지 납부하지 아니한 세액 또는 과소납부분 세액×100분의 3(국세를 납부고지서에 따른 납부기한까지 완납하지 아니한 경우에 한정한다)

부과제척기간이란?

A는 가지고 있던 현금과 미술품을 자식에게 직접 건네는 방법으로 재산을 증여했다. 그러면 재산의 소유권 이전에 대해서 아무런 흔적이 남지 않으니 국가에서도 세금을 부과할 수 없으리라 생각했고, "세월이 지나면 어차피 세금을 부과할 수도 없다."는 얘기도 들었던 터라 마음 편히 지냈다.

A는 정말 세금 걱정을 안 해도 되는 것일까?

아무리 훌륭한 권리를 가지고 있을지라도 제때 행사하지 않으면 법적으로 보호를 받을 수 없는 경우가 있다. 그러한 제도 중 하나가 바로 '소멸시효'이다. 소멸시효는 권리자가 권리를 행사할 수 있는데도 장기간 권리를 행사하지 않으면 권리가 소멸하는 효과가 생기는 제도다. 시간이 많이 지났다고 권리 자체를 없애버리는 것이 부당해 보일 수도 있다. 그럼에도 불구하고 이러한 제도를 두는 이유는, 권리를 행사하지 않는 기간이 오래 지속되어 당사자들이 처한 불안정한 법적 상태를 해소해서 법적 안정성을 높이기 위해서이다.

우리 법에서는 상황에 따라 소멸시효 기간을 다르게 규정하는데, 일반적인 채권의 소멸시효는 10년, 상거래로 인하여 발생한 채권의 소멸시효는 5년이다. 더 짧은 소멸시효가 적용되는 경우도 있다. 보험금 청구권에는 3년, 숙박료·음식료·보험료 등에는 1년의 소멸시효가 적용된다.

예를 들어, 친구에게 돈을 빌려주고 1년 뒤에 돌려받기로 했는데, 친구가 돈을 갚기로 한 날, 즉 돈을 빌려준 날 이후 1년이 지난 때부터 10년 동안 돈을 갚으라고 독촉을 전혀 하지 않으면 채권 자체가 없어져서 돈을 영영 돌려받을 수 없게 된다. 권리 자체가 사라지기 때문에 더 이상 돈을 빌려간 친구에게 돈을 갚으라고 요구할 수 없는 것이다.

세금도 국가가 납세자에 대하여 가지는 채권, 즉 조세채권의 성격을 지니므로 세금 부과와 관련해서도 소멸시효와 비슷한 제도를 두고 있다. 관련 법령에는 세금을 부과할 수 있는 기간이라는 의미로 '부과제척기간'이란 것이 있는데, 국가는 부과제척기간이 지난 이후에는 더 이상 국민에게 세금을 내라고 요구할 수 없다. 일반적인 부과제척기간은 5년인데(국제거래는 7년), 납세자가 법정신고기한까지 신고를 하지 않은 경우에는 7년, 사기나 부정행위로 세금을 포탈하거나 환급 또는 공제를 받은 경우에는 10년(국제거래는 15년)의 부과제척기간이 적용된다.

그런데 상속세와 증여세에는 다른 세금보다 더 긴 부과제척기간이 적용된다. 기본 제척기간이 10년이고, ① 납세자가 부정행위로 상속세나 증여세를 포탈하거나 환급 또는 공제를 받은 경우, ② 상속세 및 증여세 신고서를 제출하지 않은 경우, ③ 신고서는 제출했지만 거짓 신고 또는 누락 신고를 한 경우에는 15년의 부과제척기간이 적용된다. 상속세와 증여세는 다른 세금에 비해서 세원을 포착하기 어려운 경우가 많으니 부과제척기간을 더 길게 정해서 세금을 걷지 못하는 사태를 방지하려는 것이다.

그러면 재산을 물려준 뒤 신고를 하지 않든, 부정행위를 저지르든, 어떤 경우에도 15년만 넘기면 세금을 안 내도 되는 걸까?

그렇지 않다. 우리 세법은 예외적으로 납세자가 부정행위로 상속세나 증여세를 포탈하는 경우에는 국가가 상속 또는 증여가 있음을 안 날부터 1년 이내에, 즉 세무서에 의하여 그러한 사실이 밝혀진 날부터 1년 이내에 상속세 및 증여세를 부과할 수 있도록 규정한다.

이러한 특례 부과제척기간이 적용되는 경우는 ① 다른 사람 명의로 되어 있는 피상속인 또는 증여자의 재산을 물려준 경우, ② 국외에 있는 재산을 물려준 경우, ③ 유가증권, 서화書畵, 골동품 등을 물려준 경우, ④ 수증자의 명의로 되어 있는 증여자의 금융자산을 수증자가 보유하고 있거나 사용한 경우, ⑤ 다른 사람 명의로 명의신탁한 재산에 대하여 증여한 것으로 보는 경우(명의신탁 증여 의제), ⑥ 상속인이나 수증자가 가상자산 사업자(가상자산 거래소)를 통하지 않고 가상자산을 물려받은 경우 등이 있다.

다만 특례 부과제척기간은 상속인이나 증여자 및 수증자가 사망한 경우에는 적용되지 않는다. 그리고 상속하거나 증여한 재산가액이 50억 원 이하인 경우에도 적용되지 않는다. 50억 원을 초과하는 고액의 상속이나 증여의 경우에만 특별히 더 연장된 부과제척기간을 적용하는 것이다.

상속세와 증여세에는 다른 세금보다 긴 부과제척기간이 적용되고, 법에서 정한 몇몇 경우에는 상속 또는 증여가 있음을 안 날부터 1년이라는 특례 부과제척기간까지 적용된다는 점을 고려하면, 상속세나 증여세를 신고하지 않고도 발각되지 않아 세금을 안 내는 일은 현실적으로 불가능하다. 따라서 위법한 방법으로 상속세나 증여세를 내지 않으려 애쓰고 오랜 기간 마음을 졸이면서 사는 것보다는 법에서 허용하는 범위 내에서 지혜롭게 세금을 줄일 수 있는 방법을 고민하는 것이 바람직하다.

국세기본법 제26조의2(국세의 부과제척기간) ① 국세를 부과할 수 있는 기간(이하 "부과제척기간"이라 한다)은 국세를 부과할 수 있는 날부터 5년으로 한다. 다만 역외거래[「국제조세조정에 관한 법률」 제2조 제1항 제1호에 따른 국제거래(이하 "국제거래"라 한다) 및 거래 당사자 양쪽이 거주자(내국법인과 외국법인의 국내 사업장을 포함한다)인 거래로서 국외에 있는 자산의 매매·임대차, 국외에서 제공하는 용역과 관련된 거래를 말한다. 이하 같다]의 경우에는 국세를 부과할 수 있는 날부터 7년으로 한다.

② 제1항에도 불구하고 다음 각 호의 어느 하나에 해당하는 경우에는 다음 각 호의 구분에 따른 기간을 부과제척기간으로 한다.

　　1. 납세자가 법정신고기한까지 과세표준신고서를 제출하지 아니한 경우: 해당 국세를 부과할 수 있는 날부터 7년(역외거래의 경우 10년)

　　2. 납세자가 대통령령으로 정하는 사기나 그 밖의 부정한 행위(이하 "부정행위"라 한다)로 국세를 포탈(逋脫)하거나 환급·공제를 받은 경우: 그 국세를 부과할 수 있는 날부터 10년(역외거래에서 발생한 부정행위로 국세를 포탈하거나 환급·공제받은 경우에는 15년). 이 경우 부정행위로 포탈하거나 환급·공제받은 국세가 법인세이면 이와 관련하여 「법인세법」 제67조에 따라 처분된 금액에 대한 소득세 또는 법인세에 대해서도 또한 같다.

④ 제1항 및 제2항에도 불구하고 상속세·증여세의 부과제척기간은 국세를 부과할 수 있는 날부터 10년으로 하고, 다음 각 호의 어느 하나에 해당하는 경우에는 15년으로 한다. 부담부증여에 따라 증여세와 함께 「소득세법」 제88조 제1호 각 목 외의 부분 후단에 따른 소득세가 과세되는 경우에 그 소득세의 부과제척기간도 또한 같다.

1. 납세자가 부정행위로 상속세·증여세를 포탈하거나 환급·공제받은 경우

2.「상속세 및 증여세법」제67조 및 제68조에 따른 신고서를 제출하지 아니한 경우

3.「상속세 및 증여세법」제67조 및 제68조에 따라 신고서를 제출한 자가 대통령령으로 정하는 거짓 신고 또는 누락 신고를 한 경우(그 거짓 신고 또는 누락 신고를 한 부분만 해당한다)

⑤ 납세자가 부정행위로 상속세·증여세(제7호의 경우에는 해당 명의신탁과 관련한 국세를 포함한다)를 포탈하는 경우로서 다음 각 호의 어느 하나에 해당하는 경우 과세관청은 제4항에도 불구하고 해당 재산의 상속 또는 증여가 있음을 안 날부터 1년 이내에 상속세 및 증여세를 부과할 수 있다. 다만 상속인이나 증여자 및 수증자(受贈者)가 사망한 경우와 포탈세액 산출의 기준이 되는 재산가액(다음 각 호의 어느 하나에 해당하는 재산의 가액을 합친 것을 말한다)이 50억 원 이하인 경우에는 그러하지 아니한다.

1. 제3자의 명의로 되어 있는 피상속인 또는 증여자의 재산을 상속인이나 수증자가 취득한 경우

2. 계약에 따라 피상속인이 취득할 재산이 계약이행기간에 상속이 개시됨으로써 등기·등록 또는 명의개서가 이루어지지 아니하고 상속인이 취득한 경우

3. 국외에 있는 상속재산이나 증여재산을 상속인이나 수증자가 취득한 경우

4. 등기·등록 또는 명의개서가 필요하지 아니한 유가증권, 서화(書畵), 골동품 등 상속재산 또는 증여재산을 상속인이나 수증자가 취득한 경우

5. 수증자의 명의로 되어 있는 증여자의「금융실명거래 및 비밀보장에 관한 법률」제2조 제2호에 따른 금융자산을 수증자가 보유하고 있거나 사용·수익한 경우

6.「상속세 및 증여세법」제3조 제2호에 따른 비거주자인 피상속인의 국내재산을 상속인이 취득한 경우

7.「상속세 및 증여세법」제45조의2에 따른 명의신탁재산의 증여 의제에 해당하는 경우

8. 상속재산 또는 증여재산인「특정 금융거래정보의 보고 및 이용 등에 관한 법률」에 따른 가상자산을 같은 법에 따른 가상자산 사업자(같은 법 제7조에 따라 신고가 수리된 자로 한정한다)를 통하지 아니하고 상속인이나 수증자가 취득한 경우

4

상속·증여세를 제때 납부하면
그걸로 끝일까?

👤 A는 최근 아버지가 돌아가시며 남긴 재산을 물려받았다. 상속세는 아버지가 돌아가신 후 6개월 내에 신고해야 한다고 들어서 급하게 세무사를 통해 상속세를 신고하고 세금을 납부했다. 세금을 기한 내에 신고하고 낸 A는 상속세에 대해서 더 이상 신경 쓰지 않아도 될까?

납세자가 상속세나 증여세를 신고하면 세무서장은 납세자가 신고한 내용을 검토해서 최종적으로 납부할 세액을 결정해야 한다. 법에는 이와 같은 결정을 내려야 하는 기간이 정해져 있는데, 상속세는 신고기한부터 9개월, 증여세는 신고기한부터 6개월이다.

세무서장은 위 기간 내에 상속세 또는 증여세 세액을 결정해서 납

2부 상속·증여와 세금

세자에게 통지해야 하므로, 신고 내용에 대한 조사가 필요하면 위 기간 내에 마쳐야 한다. 일반적으로 상속세는 신고기한부터 약 6개월 내에, 증여세는 신고기한부터 약 3개월 내에 세무서의 조사를 받게 된다. 이때 납세자가 신고한 재산 내역이 정확한지, 공제가 정확하게 적용되었는지, 세액은 정확한지 등을 조사하고, 신고한 내용에 잘못이 있으면 잘못된 내용을 수정해서 납부 세액을 결정한다.

일반적으로 상속세의 경우 상속공제 등으로 인하여 납부할 세액이 없는 경우를 제외하고는 모두 조사를 한다. 증여세의 경우 단순히 재산을 증여하는 경우에는 약식으로 조사를 하고, 채무와 함께 증여를 하거나 금융 내역에 대한 조사가 필요한 경우 등에 한하여 세부 내역을 조사한다. 이처럼 상속세와 증여세는 신고 후 조사 및 세액 결정 절차가 있으니, 신고를 했다고 다 끝난 것이 아니라 세액이 결정되어야 모든 절차가 일단락된다.

특히 세무서장은 상속재산이 30억 원 이상이고, 상속개시일(피상속인 사망일)부터 5년 내에 상속인의 부동산, 주식, 금융재산 등이 상속개시 당시보다 크게 증가한 경우에는 세액에 문제가 없었는지 다시 조사할 수 있다. 따라서 상속재산이 거액이라면 상속세를 신고할 때 재산이 누락되지 않도록 주의해야 하고, 추후에 다른 이유로 재산이 증가했다면 그러한 사정을 설명할 수 있도록 준비해야 한다.

만약 위와 같은 조사를 통해 세무서장이 결정한 세액에 이견이 있으면 그 결정에 불복해서 다투어야 한다. 이 경우에도 세금을 납부하지 않고 다투면 가산세를 추가로 부담해야 하니, 가능하면 세무서장의 결정에 따른 세액을 먼저 납부한 뒤에 결정의 위법성을 다투는 편이 낫다.

세무서장의 결정에 대한 불복은 결정을 받은 날부터 90일 이내에 조세심판원에 심판청구를 하거나 국세청장 또는 감사원에 심사청구를 제기하면 된다. 심판청구나 심사청구로도 이의 제기가 받아들여지지 않으면, 심판청구나 심사청구 결정을 받은 날부터 다시 90일 이내에 행정소송을 제기해야 한다.

관련 법률

국세기본법 제55조(불복) ① 이 법 또는 세법에 따른 처분으로서 위법 또는 부당한 처분을 받거나 필요한 처분을 받지 못함으로 인하여 권리나 이익을 침해당한 자는 이 장의 규정에 따라 그 처분의 취소 또는 변경을 청구하거나 필요한 처분을 청구할 수 있다. 다만 다음 각 호의 처분에 대해서는 그러하지 아니한다.

    1. 「조세범 처벌절차법」에 따른 통고처분
    2. 「감사원법」에 따라 심사청구를 한 처분이나 그 심사청구에 대한 처분
    3. 이 법 및 세법에 따른 과태료 부과처분

2부 상속·증여와 세금

한 권으로 끝내는 상속과 증여

초판 1쇄 발행 2025년 2월 7일

지은이   양소라 허시원
펴낸이   신현만
펴낸곳   (주)커리어케어 출판본부 SAYKOREA

출판본부장 박진희
편집   양재화 손성원
마케팅   허성권
디자인   엄혜리

등록   2014년 1월 22일 (제2008-000060호)
주소   03385 서울시 강남구 테헤란로 87길 35 금강타워3, 5-8F
전화   02-2286-3813
팩스   02-6008-3980
홈페이지 www.saykorea.co.kr
인스타그램 instagram.com/saykoreabooks
블로그   blog.naver.com/saykoreabooks

ⓒ (주)커리어케어 2025
ISBN 979-11-93239-22-3 03320

SAY KOREA는 (주)커리어케어의 출판브랜드입니다.